리더십만으로는 부족하다

기도, *Prayer*
하늘의 능력을 다운로드하라

한 홍 지음

기도야말로 가장 연약한 사람을 가장 위대한 거인으로 **바꾸어놓는 하나님의 반전**입니다

기도,
하늘의 능력을 다운로드하라

ⓒ 생명의말씀사 2010

2010년 1월 1일 1판 1쇄 발행
2024년 12월 10일   16쇄 발행

펴낸이 | 김창영
펴낸곳 | 생명의말씀사

등록 | 1962. 1. 10. No.300-1962-1
주소 | 서울시 종로구 경희궁1길 6 (03176)
전화 | 02)738-6555(본사)·02)3159-7979(영업)
팩스 | 02)739-3824(본사)·080-022-8585(영업)

지은이 | 한홍

기획편집 | 정순화, 김지혜
디자인 | 박소정
인쇄 | 주손디앤피
제본 | 주손디앤피

ISBN 978-89-04-15886-7 (03230)

저작권자의 허락 없이 이 책의 일부 또는 전체를
무단 복제, 전재, 발췌하면 저작권법에 의해 처벌을 받습니다.

기도, *Prayer*
하늘의 능력을
다운로드하라

| 목 차 |

프롤로그 | 6

Part 1. 기도 워밍업
01 기도의 대상 | 17
02 기도의 준비 자세 | 34

Part 2. 기도 업로드
03 기도의 엔진 | 77
04 기도 코칭 | 91
05 기도의 네 날개 | 111

Part 3. 기도의 신비
06 최고의 기도학교 | 133
07 기도 타이밍 | 147
08 기도 네트워킹 | 164

Part 4. 기도 다운로드
09 반드시 응답되는 기도 | 187
10 하늘의 능력 | 218
11 필요를 채워 주심 | 229
12 땅을 고쳐 주심 | 242

Part 5. 아멘 다음이 중요하다
13 행함이 있는 기도 실천 | 277

Part 6. 기도의 피날레
14 하나님의 영광 | 287

에필로그 | 298

Prologue

| 프롤로그 |

　기도라는 엄청난 주제에 대해 감히 책을 쓴다는 것은 두렵고 떨리는 일입니다. 그건 세상 누구라도 마찬가지일 것입니다. 수많은 영적 거장들이 이미 기도에 관해 수많은 주옥 같은 책들을 펴냈고, 그중에서도 리처드 포스터의 『기도』는 기도에 관한 백과사전이라 해도 될 정도로 아주 풍성하고 탁월한 책입니다. 그럼에도 불구하고 제가 감히 기도에 대한 책을 써야겠다고 마음먹은 것은 그만큼 기도가 중요한 주제이기 때문입니다. 마치 연인들이 서로에게 사랑한다는 똑같은 말을 수없이 많이 반복해도 모자라는 것처럼, 교회가 예수님의 십자가 메시지를 2천년 동안 수없이 반복하고 반복해도 그 메시지가 날마다 새로운 것처럼, 기도 또한 수억 번을 탐험하고 살펴봐도 항상 신선한 감동을 주는 거대한 바다와도 같습니다.

　특히 리더십에 대해 늘 꺼지지 않는 관심을 갖고 있는 저는 크리스천 리더십의 성공과 실패, 아니 사활이 걸려 있는 문제가 바로 기도라고 생각합니다. 능력도 있어야 하고, 지혜도 있어야 하고, 대인관계의 지혜도 있어야 하는 것이 리더임은 분명합니다. 그러나 이 모든 능력들은 반드시 어느 시점에서 한계에 부딪힙니다. 새로운 미래와 새로운 도전은 항상 새로운 능력을 요구하기 때문에, 어제 승리했던 바로 그 능력이 내일의 승리에 치명적인 걸림돌로 작용하기도 합니다. 그래서 내가 나를 이기는 것이 가장 힘듭니다. 하지만 날마다 기도하는 사람은 그 싸움에서 이길 수가 있습니다. 결코 고갈되지 않는 하늘의 능력을 날마다 다운로드 받음으로써 새로운 도전을 새로운 능력으로 이겨낼 수 있는 것입니다. 그래서 기도야말로 가장 연약한 사람을 가장 위대한 거인으로 바꾸어놓는 하나님의 반전(反轉)입니다.

얼마 전 한 성도가 제게 "목사님은 기도에 대해 어떻게 배우게 되셨나요?"라는 질문을 한 적이 있습니다. 그래서 저는 눈을 감고 가만히 제 기억을 더듬어 보았습니다. 아마 처음 기도에 대해서 배운 것은 초등학교 4학년 때라고 기억합니다. 그해 여름, 저는 당시 "손님마마"라고 불리던 천연두에 걸려 버렸습니다. 다른 아이들보다 훨씬 늦게 걸려서 그랬는지 당

Prologue

시 저는 온몸이 붉은 반점들로 뒤덮이고, 40도가 넘는 고열에 2주가 넘도록 시달려야 했습니다. 너무 열이 안 떨어지고 아파서 아무것도 먹지 못하고, 몇 번씩 기절했다가 깨어나곤 했습니다. 의사는 제 병세가 심각해서 잘못하면 죽을 수도 있고 살아나도 곰보가 될 수 있다고 했습니다. 그때 저희 어머니는 계속 제 이마에 물수건을 갈아 주시며 기도하셨는데, 저보고도 기도하라고 하셨습니다. "홍아, 너도 기도해라. 살려 달라고 하나님께 기도해. 네가 기도해야 엄마 기도와 합쳐져서 나을 수 있을 거야."

어린 저는 그때부터 자리에 누운 채로 신음하듯 하나님께 살려달라고 기도했습니다. 어떨 때는 너무 고통이 심해서 살려주지 않으실 것이면 저를 고통 없이 그냥 하늘나라로 데려가 주십사 하는 기도도 했습니다. 그러나 하나님은 기적같이 저를 고쳐 주셨습니다. 며칠도 안 되어 거짓말처럼 열이 떨어졌고, 온몸이 시원해지는 것을 느꼈습니다. 얼굴도 금방 딱지가 앉더니 떨어지면서 깨끗해졌습니다. 저는 그때 저를 만지시는 예수님의 손길을 느꼈습니다. 그때부터 하나님이 살아계시다는 사실을 한 번도 의심해 본 적이 없습니다. 그것이 제가 기도의 깊은 세계에 입문하던 첫 순간이었습니다. 고통은 우리를 자연스럽게 기도에 눈뜨게 합니다.

열네 살 때 가족과 함께 미국으로 이민 갔던 것이 제게는 또 한번 깊은 기도의 세계로 들어가는 계기가 되었습니다. 낯설고 물설은 미국에서 한참 감수성이 예민하던 중·고등학생 시절, 몇 번씩 전학까지 다니는 통에 제대로 친구를 사귈 수가 없었습니다. 아버지가 작은 개척 교회의 목회자였던 까닭에 교회 친구도 거의 없어서 저는 늘 외로움에 시달렸습니다. 그래서 책을 많이 읽게 되었고 기도를 많이 하게 되었습니다. 중세기 수사들이야 광야에서 홀로 있었기에 기도와 묵상을 많이 했다지만, 저는 어쩔 수 없이 홀로 있는 상황이 되어서 할 수 없이 기도와 묵상을 많이 하게 되었습니다. 고등학교 때부터 성경을 몇 페이지씩 읽고 또 노트에 베껴 쓰면서 묵상했습니다. 그리고 잠들기 전이나 걸어 다니면서도 늘 하나님께 기도했습니다. 친구가 많이 없었기 때문에, 말이 잘 통하지 않았기 때문에 하나님밖에는 24시간 마음대로 대화할 상대가 없었으니까요. 돌이켜 보면, 청소년기의 그 외로움이 저로 하여금 남보다 비교적 빨리 기도의 세계로 깊이 들어가게 하지 않았나 생각해 봅니다. 고통과 함께 외로움은 우리를 기도로 인도하는 자연스러운 통로입니다.

지금도 외로울 때면 저는 기도합니다. 그러면 그분의 임재가 가득히 저를 채웁니다. 슬플 때도 기도합니다. 그러면 더 이상 서럽지 않습니다. 기쁠 때도 기도합니다. 그러면 경박해지지 않습니다. 힘이 들 때면 기도합니다. 그러면 한 번 더 일어날 수 있는 힘이 생깁니다. 속에 분노가 끓어오르면 숨을 한 번 고르고 기도합니다. 그러면 마음이 평온해집니다. 힘들지만 용서할 수 있을 것 같습니다. 어렵지만 이해할 수 있을 것 같습니다. 눈앞이 캄캄해질 정도의 태산 같은 장애물이 앞을 가로막을 때도 저는 기도합니다. 그러면 밤하늘을 뚫고 빛나는 별처럼, 하나님

Prologue

의 돌파구가 보입니다. 수많은 청중들 앞에서 설교해야 할 때 저는 기도합니다. 그러면 가슴속에 강 같은 평화와 사자 같은 담대함이 생깁니다. 설교할 때 제가 아닌 어떤 분이 저를 붙잡고 말씀하시는 것을 느끼며, 불같은 능력이 제 언어에 임하는 것을 느낍니다.

기도는 아주 자연스러운 것입니다. 억지로 쥐어짜 내는 것이 아니라 자연스럽게 흘러나와야 하는 것이 기도입니다. 우리는 이미 우리가 생각하는 것보다 훨씬 더 많이 기도하고 있습니다. 밤에 잠자리에 누워서 여러 가지 일을 고민하다가 너무 힘에 겨워서 한숨처럼 주님의 이름을 부를 때가 있습니다. 그것도 이미 기도의 시작입니다. 함께 일하는 사람들과 격한 말다툼을 하고 난 뒤 혼자 사무실에 앉아서 "주님" 하고 하늘을 볼 때 이미 나는 기도하고 있는 것입니다.

유진 피터슨은 기도는 우리가 하나님께 대답하는 언어라고 했습니다. 우리는 기도의 응답을 받기 원하지만 사실 그것은 순서가 잘못된 것입니다. 기도의 시작은 내가 아니라 하나님이십니다. 기도는 하나님과 나와의 대화인데, 가만 보면 하나님이 먼저 우리에게 말을 거십니다. 태초부터 하나님은 우리에게 먼저 다가와 말을 거시고 대화를 시작하셨습니다. 하나님이 어떻게 말을 거셨을까요? 우리가 기도하고 싶은 마음이 생기는 것이 바로 그 증거입니다. 야성의 부름 소리처럼 어떤 거룩한 열망이, 이 세상이 채워 줄 수 없는 어떤 타는 듯한 목마름이 나로 하여금 기도하게 만든 것입니다.

그러니까 기도는 우리가 하나님께 이메일(e-mail)을 보내 놓고 답신을 기다리는 게 아니라, 마치 컴퓨터 스크린에 대화창을 열어 놓고 활발하게 주님과 이야기를 하는 것과 같습니다. 하나님은 '불러도 대답 없는 이름, 부르다가 내가 죽을 이름'이 아닙니다. 오히려 우리가 하나님과 대화하길 원하는 것보다 더 간절히 우리와의 대화를 원하십니다. 그래서 보다 넓은 의미에서 하나님의 말씀을 듣고 묵상하는 QT나 성경 읽기도 다 기도의 일부분이라 할 수 있습니다.

우리는 하나님이 기도에 응답하지 않으신다고 많이 답답해들 하는데, 사실 대화의 단절은 한쪽에만 일방적인 책임을 물을 수가 없습니다. 하나님이 축복으로 대답해 주셨는데 우리가 순종으로 화답하지 않는다면 하나님과 우리 사이에 대화가 단절되는 것입니다. 이처럼 기도가 막히는 것은 우리의 죄와 허물로 인함이 큽니다.

크리스천에게 있어서 기도는 살아 있는 동안 영원히 끊어지지 않는 흐름입니다. 항상 전원에 연결되어 있는 가전제품처럼, 우리는 항상 "기도 모드"에 들어가 있어야 합니다. 항상 하나님과의 대화창이 열려 있어야 하는 것입니다. 삶이 곧 기도이며, 기도가 곧 삶입니다. 기도 모드에 들어가 있는 사람은 자신의 마음대로 하나님을 움직이려고 하지 않고 항상 하나님의 뜻에 자신을 맞추려고 합니다. 그래서 살아 있는 기도와 하나님의 뜻을 분별하는 일은 아주 깊은 연관이 있습니다. 하나님의 음성을 들었다고 하지만 사실은 하나님 이름을 빌어 자신의 이기적

Prologue

욕망을 정당화시키는 사람들이 얼마나 많습니까? 영적으로 철이 없어서 그런 것입니다. 말씀과 기도로 하나님과 지속적으로 교제하면 영적인 저력이 쌓입니다. 그렇게 영성이 깊어지면 질수록, 기도는 우리가 하나님을 설득하는 수단이 아니라 하나님께 우리가 설득 당하는 것임을 깨닫게 됩니다. 성령께서 우리의 기도를 고쳐 주셔서 욕심에서 비전으로, 집착에서 포기로 바꾸시는 것을 느끼게 될 것입니다.

저는 이제 기도라는 거대한 산맥을 막 오르기 시작한 등산가입니다. 하지만 기도를 어렵게 생각하고 힘들게 생각하는 수많은 믿음의 형제자매들과 함께 저의 미약한 깨달음이나마 나누고 싶습니다. 부족한 제가 감히 기도라는 엄청난 주제를 가지고 책을 쓰는 데 있어서, 수많은 영적 거인들의 메시지와 저서들의 도움을 받았음을 미리 고백합니다. 유진 피터슨은 "기도는 하나님이 먼저 시작하신 것이며 우리는 거기에 대답하는 것"이라는 새로운 시각을 제게 열어 주었고, 브루스 윌킨슨은 '야베스의 기도'의 놀라운 비밀을 풀어 주었습니다.

그리고 불가능을 가능케 하는 '4차원적 기도 영성의 파워'를 보여 준 조용기 목사님, 기도 후 크리스천의 세상 속에서의 삶은 어떠해야 하는지에 대한 바울의 에베소서 메시지를 풀어 준 워렌 위어스비와 폴 스티븐슨, 옥한흠, 하용조, 이동원 목사님의 가르침, 민족과 세계를 위한 거대한 비전의 기도를 제게 각인시켜 준 김준곤 목사님과 빌 브라이트 박사님의 영향력이 이 책 곳곳에 녹아 있을 것입니다.

그 외에도 E. M. 바운즈, 허드슨 테일러, 필립 얀시, J. 오스왈드 샌더스, 리처드 포스터, 고든 맥도날드, A. W. 토저, 요한 웨슬리, 그렉 라우리, 짐 쌤발라, 헨리 블랙가비, 찰스 스펄전, IHOP의 마이클 비클 등의 설교와 글들이 이 책을 위한 묵상과 연구에 지대한 도움을 주었습니다.

이 책을 읽으시면서 혹시 '어? 이 글을 어디서 본 적이 있는데?' 라는 느낌이 드신다면, 분명히 지금 망라한 믿음의 거장들의 설교나 글들을 읽어 보셨기 때문일 것입니다. "해 아래 새것이 없다"는 말씀처럼 위대한 신앙의 선배들이 다루지 않은 완전히 새로운 어떤 것은 없습니다. 그저 이 책이 21세기를 사는 우리 시대 한국의 크리스천들이 보다 쉽고 편하게 그리고 보다 다양한 각도에서 기도를 이해할 수 있는 길라잡이가 되었으면 하는 바람입니다.

이 책을 집필하는 과정에서 저는 새로운 교회를 개척하게 되었습니다(교회 이름이 진짜 "새로운 교회"입니다). 이 교회를 태동시키면서 정말 그 어느 때보다 눈물과 정성으로 기도했고, 너무나 많은 응답을 받았습니다. 이 책은 저의 기도 인생 간증과도 같습니다. 부족한 저와 함께 개척에 동참해 준 '새로운 교회' 모든 형제자매님들께 이 책을 헌정하고 싶습니다. 언제나 우리의 기도를 들어주시는 하나님을 내 목숨보다 더 사랑합니다.

2010년 첫날, 한 홍

리더십만으로는 부족하다

Prayer

스포츠건 예술이건 무엇이든지 최고의 전문가에게 기초부터 제대로 배우는 것이 중요하다. 기본기를 아무에게나 대충 함부로 배우면 세월이 지날수록 힘들어지기 때문이다. 영적인 세계에서도 마찬가지다. 기도는 하나님의 아들 예수님에게서 배우는 것보다 더 잘 배울 수 있는 방법은 없을 것이다. 예수님은 "이렇게 기도하라"고 직접 모델을 보여 주셨는데, 그것이 바로 유명한 주기도문이다.

Part 1

기도
워밍업

기도의 대상
기도의 준비 자세

기도야말로 가장 연약한 사람을 가장 위대한 거인으로
바꾸어놓는 하나님의 반전입니다

Prayer

기도워밍업

01
기도의 대상

　　　　스포츠건 예술이건 무엇이든지 최고의 전문가에게 기초부터 제대로 배우는 것이 중요하다. 기본기를 아무에게나 대충 함부로 배우면 세월이 지날수록 힘들어지기 때문이다. 영적인 세계에서도 마찬가지다. 기도는 하나님의 아들 예수님에게서 배우는 것보다 더 잘 배울 수 있는 방법은 없을 것이다. 예수님은 "이렇게 기도하라"고 직접 모델을 보여 주셨는데, 그것이 바로 유명한 주기도문이다.

　주기도문의 시작은 "하늘에 계신 우리 아버지"이다. 기도는 대상이 분명해야 한다. 사람이 들으라고 하는 것이 아니라 실제로 존재하시는 하나님께 드리는 것이다. 사람들은 '하나님이 있느냐, 없느냐'를 가지고서 의견들이 분분하지만 주기도문은 이런 여러 의견들을 시작에서부터 일체 압도해 버리며 당당하게 하나님이 살아계심을 선언한다. "하늘에 계신 우리 아버지"를 너무나 당연하게 선포한 것이다. 사람들이 자기만 살아 있고, 하나님이 살아계신 것은 제대로 인식하지 못하니까 이렇게 방자하고 멋대로 사는 것이다. 그러나 하나님의 임재에 대해 조금이라도 인식한다면 인간은 자신의 옷깃을 여밀 수밖에 없다. 겸허하고 진실한 자세로 삶을 대하고 다른 사람들을 대하게 될 것이다. "주의 임재 앞에 잠잠해, 주 여기 계시니"란 찬양을 나는 참 좋아한다. 그렇다. 하나님이 하늘에 계시다는 것을 아무 의심 없이 인정하는 데서부터 주기도문은 시작한다.

　기도는 주문을 외는 것이 아니라 살아계신 하나님과 대화하는 것이다. 그분은 말씀하시고, 들으시고, 느끼시는 살아계신 인격체이시다. 우리가 침체되어 있을 때 위로하시며, 우리가 잘못된 길로 갈 때 준엄하게 꾸짖으시고, 우리가 상처 입고 신음할 때 다가와 만져 주시고, 치유해 주시는 분이시다. 나의 하루를 시작하는 기도는 "굿모닝, 하나님! 오늘은 제가 무엇을 할까요?"이다.

　나의 기도는 골방에서만 드려지는 것이 아니다. 아침에 세수하고, 면도하고, 식사하고, 커피를 마시고, 운전하는 차 안에서 계속 하나님과 대화한다. 내 마음을 활짝 열어 하나님께서 내 삶에 능력으로 임재하시도록 초대한다. 낮에 사람을 만나고, 메일을 보내고, 운동을 하는 순간순간 계속 하나님과 대화한다. 기도란 크리스천의 삶 전체에 그렇게 스며 있는 것이다. 그것은 시작도 끝도 없이 흘러가는 강물과 같다.

그분은 "아버지"이시다. 이것은 하나님과 우리의 관계의 확실한 정립이다. "아바"(Abba)라는 원어로 기록된 이 말은 티 없이 맑은 어린아이가 자기 아빠를 부를 때 쓰는 가장 순박하고도 자연스러운 언어다.

많은 사람들은 기도를 어렵게 생각한다. 많은 종교 지도자들이 마치 박사 논문을 쓰듯이 어렵고 거창한 언어들로 기도하곤 했다. 그러나 예수님은 마치 어린아이가 자기 아빠를 찾듯, 숨쉬듯이 부드럽게 기도의 문을 여셨다. 하나님이 아버지이심을 확신하는 것은 예수님에게 있어서 너무나 중요했다. 아무것도 아닌 것 같지만 명칭은 관계의 깊이를 드러낸다. 우리 아이가 "아빠" 하면서 하는 얘기는 내 목숨이라도 줄 수 있는 자세로 듣게 된다. 그 아이에겐 나 아니면 안 된다는 절박성이 있기 때문이다.

아들이기에 내게 무슨 말이든, 무슨 부탁이든 할 수 있는 특권이 있다. 어려운 부탁을 할 때도 "아빠" 하고 매달리면 된다. 그러면 나는 아들 녀석의 말이 합리적이거나 탁월해서가 아니라, 부자관계 때문에 마음이 약해져서 들어주게 된다. 나를 설득하는 것은 말의 내용이 아니라 그가 내 아들이라는 사실이다. 무엇을 얘기하느냐 이상으로 중요한 것은 누가 얘기하느냐이다. 삶이 어렵고 힘든 때일수록 관계는 이렇게 중요하다. 우리 또한 예수 그리스도를 통해 하나님을 "아버지"라고 부르면서 나아갈 수 있다. 이 얼마나 엄청난 축복인가?

하나님이 우리의 아버지라는 것은 우리가 아무 두려움이나 거리낌 없이 언제 어디서든지 그분을 만나러 갈 수 있음을 의미한다. 다른 분들은 토요일이면 목사님이 설교 준비하신다고 전화하거나 만나러 오는 것을 어려워하지만, 우리 아들은 그런 것에 전혀 개의치 않고 내 방에 들어온다. 들어와서는 컴퓨터 앞에 앉은 내 무릎 위로 올라와서 아무 죄책감 없이 나를 방해한다. 와서 말할 때 보면 마치 자신의 인생이 걸린 것처럼 열심히 얘기하지만 내용을 들어보면 별 것 없다. "새로 산 장난감 로봇이 왜 안돼? 이 인형은 왜 이렇게 이상하게 생겼지?" 그러나 아들 녀석의 무례한(?) 방해가 나를 기분 나쁘게 한 적은 한 번도 없다. 오히려 기쁘다. 왜냐하면 내 아들이기 때문이다. 그가 아들이고 나는 아버지니까 가능한 일이다. 마찬가지로 하나님이 우리의 아버지시기 때문에, "우리는 그의 긍휼하심을 받고 때를 따라 돕는 은혜를 얻기 위하여 은혜의 보좌 앞에 담대히 나아갈 수 있는 것"이다(히 4:16).

자녀 됨의 축복

기도는 당연한 권리가 아니다. 은혜로 주어진 특권이다. 만약 당신이 대통령을 언제든 만나고 싶을 때 만날 수 있다면 그것이야말로 대단한 특권 아니겠는가? 그런데 기도는 그보다 더한 특권이다. 우주의 왕이신 하나님에게 언제 어디서든 접속할 수 있기 때문이다. 기도야말로 인간에게 주어진 가장 위대한 특권인 것이다. 그런데 이 특권은 모두에게 주어진 것이 아니라 하나님의 자녀에게만 주어졌다. "만약 내 이름으로 일컫는 내 백성이 내게 와 기도하면" 하나님이 하늘에서 듣고 응답하시겠다고 했다(대하 7:14). 하나님은 처음부터 아주 분명하게 선을 긋고 계시지 않는가? 하나님의 백성들이 기도할 때 하나님이 응답하신다. 하나님의 백성이란 예수 그리스도를 믿음으로써 하나님의 자녀가 된 사람들이다. 중요한 것은 "무엇을 어떻게 기도하느냐"가 아니고 "누가 기도하느냐"이다.

우리가 은혜로 하나님의 자녀가 된 것은 엄청난 특권이다. 저 위대하신 하나님의 방 문을 24시간 언제든지 열고 들어가 이야기를 나눌 수 있기 때문이다. 한 찬송가의 가사처럼 "죄 짐 맡은 우리 구주 어찌 좋은 친구"인지 모른다.

성경에 나오는 가장 위대한 기도문 중에 하나는 예수님이 십자가 죽음을 앞두고 드린 요한복음 17장의 '대제사장 기도'이다. 이때 예수님은 하늘을 향해 손을 펴고 기도하셨다. 보통 우리는 심각하거나 중요한 기도를 할 때 무릎을 꿇고, 이를 악물고, 얼굴을 손에 파묻고, 입술을 깨물고, 혹은 부르짖으며 기도한다. 그런데 인생의 가장 무게 있는 기도를 하시는 예수님의 자세는 하늘을 바라보는 것이었다. 기도는 하나님과의 대화다. 진짜 중요한 대화는 상대가 있는 곳을 바라보면서, 눈을 보면서 하기 마련이다. 하지만 죄인인 우리는 우리의 죄가 하나님과의 거리를 내었으므로 감히 그런 자세로 기도하기 쉽지 않다. 그러나 흠 없으신 예수님은 아주 자연스럽게 하늘을 향해 머리를 드시고 기도하셨다. 예수님은 하나님이 아버지라는 100% 확신이 있으셨기 때문에 그렇게 하신 것이다.

거듭 말하지만 기도 응답은 부모의 '자식사랑 원리'로 생각해야 한다. 아무리 악한 인간도 자식이 생선을 달라는데 뱀을 주지는 않는다. 하물며 하늘에 계신 아버지가 너희보다 악하겠느냐고 예수님은 말씀하셨다(눅 11:11-13). 우리는 때로 대표 기도를 유창하게 뜨겁게 잘하는 사람을 보면 상당히 감동을 받는다. 그러면서 "하나님은 저렇게 뜨겁게 기도 잘하는 사람의 기도를 훨씬 더 잘 들어주실거야"라고 생각하게 된다. "나도 저렇게 기도를 잘하고 싶은데…"라는 말도 한다.

그러나 엄밀히 말해서 "잘하는 기도"가 어디 있는가? 기도를 유창하게 잘해야 응답 받는 것이 아니다. 하나님이 아버지이기 때문에 응답해 주시는 것이다. 우리를 사랑하시는 하늘 아버지이시니까 응답하신다는 말이다. 단지 기도가 살아 있지 못한 것은 내가 말을 못해서가 아니라 하나님과의 관계에 먼지가 쌓였기 때문이다.

하나님의 자녀된 우리의 가장 큰 특권이자 무기는 기도다. 요한 1서의 마지막 핵심 주제는 기도다. 요한이 기도로써 편지의 결론을 삼았다는 것은 하나님의 자녀에게 주어진 가장 큰 특권이 기도라는 얘기다. 기도는 아무나 해도 되는 게 아닌 하나님의 자녀에게만 주어진 특권이다. "기도하는 네가 누구냐?"가 중요하기 때문이다. 하나님의 자녀가 기도할 때 하늘 아버지가 온 신경을 집중해서 들으신다.

요한은 "무엇이든지 우리가 그분의 뜻을 따라 구하면 하나님께서 우리가 구하는 것을 들어주신다"(요일 5:15)는 것을 확신한다고 했다. 그래서 그런지, 하나님을 믿은지 얼마 되지 않는 새신자들의 기도를 하나님은 아주 잘 들어주신다. 그것은 우리 아이들이 아주 어렸을 때, 아장아장

걸으며 말도 제대로 못하지만 그 존재만으로도 부모 보기엔 너무 예쁘던 것을 생각하면 이해가 갈 것이다.

지금 우리 애들은 중·고등학생이 되어 어렸을 때보다 훨씬 논리적으로 따지고 든다. 그래서 나도 이제는 녀석들에게 논리적으로 반박하고 아기 때처럼 무조건 응석을 받아 주지만은 않는다. 이 글을 읽고 있는 독자들 중에 기독교에 입문한지 얼마 안 되는 분이 있다면 아주 열심히 기도하기 바란다. 아직은 허니문 기간이니 하늘 아버지께서 당신의 기도는 아주 쑥쑥 응답을 잘 해 주실 것이니 말이다.

우리의 아버지는 땅에 있지 않고 하늘에 계신다. 나쁜 아버지 때문에 고생한 사람은 하나님을 아버지라고 부르는데 거부감을 갖지만 하나님은 차원이 다른 아버지이시다. 능력은 있는데 사랑이 없는 아버지는 비정하고, 사랑은 있어도 뭘 해 줄 능력이 없는 아버지는 안타깝고, 사랑과 능력이 있어도 그것을 베풀 지혜가 없는 아버지는 핀트를 못 맞춘다. 그러나 하나님은 사랑과 능력과 지혜를 다 갖추신 완벽한 아버지시다. 그분은 참으로 인자하시고, 친절하시며, 정확하시고, 오래 참아 주시는 분이다.

그분은 세상사람들이 뭐라고 해도 우리의 조그만 파이팅에도 열광해 주시는 영원한 팬이시다. 우리의 가장 든든한 빽이시며, 언제나 용서하시는 변함없는 사랑의 아버지시다. 그분을 믿고 의지하면 그분은 결코 당신을 실망시키지 않을 것이다.

우리의 아버지가 하늘에 계시다는 것은 그분의 생각과 능력, 활동 범위가 우리와는 본질적으로 다름을 보여 준다. 하늘은 무한을 의미한다. 바울은 "내가 하늘과 땅에 있는 각 족속에게 이름을 주신 아버지"(엡 3:14-15)께 기도한다고 했다. 우리가 기도하는 아버지는 엄청나게 크신 분이다.

최근에 우리는 최초의 한국인 우주인을 탄생시켰다고 기뻐했다. 그러나 하나님은 온 우주를 창조하시고 다스리시는 분이시며 역사의 주관자이시다. 그분은 모든 민족과 열방의 아버지시다. 그분에게 기도할 때 우리는 불가능한 일이 없음을 믿는다. 자신감을 가지고, 흥분과 기대를 가지고 기도하라. 내가 일할 때는 내가 일하지만 내가 기도할 때는 하나님이 일하신다. 특히 주님의 몸된 교회를 위해서 지도자가 드리는 겸손한 기도는 반드시 하나님이 응답하신다.

하나님 아버지는 전지전능하시며 시간과 장소를 초월하신다. 그분은 우리처럼 3차원적인 존재가 아니라, 무한한 4차원적 존재이시다. 인간은 홍해를 배를 타고 건널 생각을 하는데, 하나님은 바다 한가운데로 길을 내 버리신다. 하나님이 인생의 문제를 보시고 해결하시는 방법은 우리와는 차원이 다르다. 그런데도 우린 자꾸 이것을 잊어버리고 조그만 문제 앞에서 고민한다.

우리의 문제는 자꾸 그분을 우리 수준으로 끌어내리는 데 있다. 물고기 두 마리와 보리떡 다섯 개로 오천 명을 먹이시는 것은 질량불변의 법칙에 근거하면 불가능하다. 그러니까 빌립이 예수님을 오히려 질책했던 것이다. 그러나 "하늘에 계신 아버지"를 부르는 순간 우리는 "우리와는 다른 수준에 있는 하나님"을 인정하게 된다. 믿음은 하나님이 하나님 되시게 하는 것, 하나님을 하나님 사이즈로 보는 것이다.

사탄은 끊임없이 기도를 방해한다

우리는 하나님의 가족이요 하나님께 속한 사람들이지만, 우리가 살고 있는 이 세상을 움직이는 쪽은 하나님을 대적하는 악한 사탄의 세력이다. 그들은 온갖 방법을 동원해서 끊임없이 우리를 공격하고 핍박하고 유혹할 것이다. 우리가 그 공격을 이겨내고 승리하기 위해선 정신을 바짝 차리고 하나님께 붙어 있어야 한다.

사탄은 우리의 가장 기본적인 믿음을 흔들어 놓는 데 선수다. 태초에 그토록 하나님과 가까웠던 인간을 뱀이 유혹한 전법도 사실 너무나 간단했다.

"하나님이 참으로 너희에게 동산 모든 나무의 열매를 먹지 말라 하시더냐?" (창 3:1)

멀쩡한 음식도 "야, 이거 냄새 이상한데 안 상했나 한번 먹어 봐라" 하면 열에 아홉은 입맛이 떨어지게 마련이다. 사탄은 이런 심리전의 명수다. 우리는 가장 기본적인 유혹에 넘어가 덜컥 의심하고 불안해한다.

사탄은 항상 하나님의 자녀된 우리의 기본적인 정체성을 의심하게 만든다. 하나님이 항상 뭔가를 숨기고 계신 것처럼, 우리가 받은 구원이 전부가 아닌 것처럼, 뭔가 우리가 좀 더 해야 하는 것처럼 그런 불안과

의심이 들게 한다. 초대 교회 때 영지주의자(Gnostic)들은 바로 그 점을 노렸다. 자신들만이 가진 어떤 고급스런 영적 지식이 있는 것처럼 사람들을 현혹했다. 그래서 성도들로 하여금 불안하게 하고 하나님을 의심하게 하고 예수님을 오해하게 만들었다. 기독교 역사상 파생한 모든 이단들은 이런 하나님에 대한 의심과 불안감을 악용하며 만들어졌다. 이 모두는 참 하나님에 대한 확신이 약하기 때문에 나타난 것이다.

그래서 요한은 교회들에게 보내는 편지에서 이 점을 누누이 강조했다. "너희들은 하나님의 아들을 믿어 거듭난 하나님의 자녀들이다. 하나님은 너희들에게 영원한 생명을 주셨다. 너희들을 지키시며 버리지 아니하실 것이다. 이 사실을 믿고 절대로 흔들리지 말라. 차라리 해가 동쪽에서 뜨는 것을 의심해라.

그러나 내가 너를 사랑하는 것은 결코 의심하지 마라. 너는 하나님이 독생자 예수 그리스도의 생명을 주고 도로 산 천하보다 귀중한 존재다. 강하고 담대해야 한다. 세상을 살면서 기죽지 말고 슬퍼하지 말라. 악한 세력의 꾐에 넘어가 흔들리지 말고 불안해 하지 마라. 너는 하나님의 자녀다. 하나님이 너를 지키신다".

우리는 거짓에 속지 말고 하나님을 제대로 깊이 알아야 한다. 주님께서는 "우리에게 지각을 주사 우리로 참된 자를 알게 하셨다"고 했다(요일 5:20). 하나님은 참 하나님의 음성을 식별할 수 있는 영적 능력을 자녀된 우리에게 주셨다. 야성의 부름 소리처럼, 우리는 어디에 있어도 하나님의 음성을 들을 수 있다. 때문에 항상 하나님 말씀을 묵상하고 하나님 말씀대로 살아야 한다.

세상은 하나님을 알아보지 못한다

"의로우신 아버지여 세상이 아버지를 알지 못하여도 나는 아버지를 알았사옵고 그들도 아버지께서 나를 보내신 줄 알았사옵나이다"(요 17:25). 세상은 하나님을 알아보지 못한다. 영적인 분별력을 완전히 상실해 버렸기 때문이다. 영적인 필요는 절실하지만 사탄은 마치 세상이 하나님을 완전히 망각해 버린 것처럼, 하나님에 대해서 무관심한 것처럼 그렇게 만들어 가려고 애를 쓴다. 왜일까? 사탄은 크리스천들이 은근히 세상의 인정과 갈채를 바라고 있다는 것을 알기 때문이다. 그러므로 세상이 우리의 신앙 때문에 우리에게 등을 돌릴 때, 우리가 얼마나 낙심하고 힘들어 하는지를 잘 알고 있다.

가끔 나도 인간인지라 답답한 마음이 들 때가 있는데, 그것은 언론과 매스컴들이 다루는 핫뉴스가 하나님에 대해서 마치 짜고 한 것처럼 침묵하고 있는 현실 때문이다. 내가 섬기는 교회만 해도 거의 매주, 구제 불능의 사람들이 예수를 믿고 인생이 180도 변하는 일이 일어나고 있다. 하지만 세상의 관심과 언론은 거기에 대해 전혀 반응이 없다. 정치인이나 연예인들의 동향은 사실무근인 것도 서로 앞다투어 보도하면서 정작 영원의 관점에서 중요한 하나님의 일에 대해서는 철저히 무관심하다. 오히려 하나님의 일에 열심인 사람들을 이상한 사람으로 몰아 버리는 경우가 많지 않은가? 그럴 때 정말 섭섭하지 않은가?

그러나 예수님은 그 문제에 대해 초연할 것을, 그것은 너무도 당연한 일임을 말씀하고 계신다. 하나님의 아들인 예수 그리스도께서 이 땅에 오셨을 때도 세상은 그분에게 철저히 무관심했다. 그러나 눈으로 보지 못해도 우주는 존재하듯이, 세상이 보지 못해도 하나님은 오늘도 살아 역사하고 계신다. 용기를 잃지 말고 당당해지도록 하라. 여름에 일하는 개미를 보고 베짱이는 비웃었지만 나중에 운 것은 개미가 아니고 베짱이였다. 겨울이 다가올 것을 깨닫지 못한 자의 비참한 눈물이었다. 마찬가지로 불쌍한 것은 영광의 왕을 보지 못하는 세상이지, 당신이 아니다.

아버지와의 친밀함

세상과 타협하던 크리스천이 하나님께 완전히 순종하는 사람이 되기 위해선 먼저 하나님께 가까이 가야 한다.

"하나님을 가까이하라 그리하면 너희를 가까이하시리라" (약 4:8).

신앙이 식는 것은 하나님과 멀리 있기 때문이다. 삶에서 답답함이 많고, 평화가 없고, 울분이 쌓이는 것은 하나님과의 관계에 금이 갔기 때문이다. A.W.토저가 말했듯이 "하나님과 가까이하면 할수록 우리는 하나님의 형상으로 닮아가게 된다."

어떻게 아브라함은 그렇게 힘든 상황 속에서도 믿음을 지킬 수 있었을까? 그것은 그가 늘 하나님과 친구가 되어 교제했기 때문이다. 말씀을 통해서, 기도를 통해서 하나님께 가까이 가는 것이 필요하다. 하나님의 목소리를, 그분의 임재를 늘 느끼고 살아야 한다.

아동심리학자들의 말에 의하면 아이가 아무리 자유롭게 놀아도 엄마나 아빠가 주위에 있는 것을 확신해야만 자신감을 가지고 평안하고 기쁘게 논다고 한다. 혼자 있는 것 같아도 부모의 존재를 확신할 때 삶에 자신감과 평안이 깃든다는 말이다. 크리스천도 마찬가지다. 하나님이 가까이 있다는 확신, 그것이 바로 믿음이다. 하나님은 늘 우리 가까이에 있으시고 조금 멀어지는 것 같으면 친히 다가오신다. 신앙이 병드는 것은 하나님이 내게서 멀게 느껴지는 때이다. 기도는 하나님 아버지께 가까이 다가가는 일이다.

평소 하나님과 친하게 지내라

목회를 하다 보면 가끔 매우 안쓰러운 상황들이 발생하곤 하는데, 그 중에 하나가 평소 주일예배만 건성건성 드리던 사람에게 사고가 생겼을 때다. 특히 가족이 갑자기 세상을 떠나는 일이 발생할 때 목회자와 거주 지역 공동체 교인들이 달라붙어 줘야 하는데, 본인이 워낙 교회생활을 물에 물탄듯 해서 이게 쉽지가 않다. 당장 목사인 나부터도 이 분이 심방도 잘 안 받으려 하고, 교회 봉사도 전혀 안 하고, 교회 모임에도 거의 나오지 않던터라 무슨 설교를 해 줘야 할지 모른다. 다른 교인들도 이 분에 대해 전혀 아는 것이 없으니 거의 억지로 동원되는 형편이다. 당사자도 미안하고 어려워서, 그렇다고 이런 황망한 상황에 교회장으로 안 할 수도 없고 해서 땀을 뻘뻘 흘리며 미안해 하고 고마워한다. 하지만 이런 것이 계기가 되어 그 뒤부터는 사람이 아주 180도 바뀌어서 성실하게 믿음의 길을 걷고, 교회 일에 적극 동참하게 된다.

하나님과의 관계도 마찬가지다. 평소 늘 하나님과 교제하고 기도하던 사람은 위기가 닥쳐도 하나님께 보다 쉽고 자연스럽게 엎드려 도움을 요청할 수 있다. 그러나 평소에 바쁘다, 힘들다 하면서 기도생활을 거의 하지 않았던 사람은 정말 기도가 필요한 절박한 상황에 부딪쳤을 때 하나님께 와서 기도하기가 참으로 어색하다. 하나님이 "넌 누구냐?" 하실까 봐 은근히 두려운 것이다.

그렇다고 자기 힘만으로 이 힘든 상황을 뚫고 나갈 수도 없고, 참으로 난감하다. 하지만 전화위복이라고 그런 난감하고 죄송한 상황을 거치면서 우리는 제대로 된 기도의 사람으로 다시 태어나게 된다. 제대로 된 기도의 사람이란 기도가 필요 없을 것같이 평온한 현실 속에서도 늘 끊임없이 기도하는 사람이다. 그러면 진짜 기도가 필요한 절박한 때에 파워 기도를 할 수 있게 된다. 오늘 지금 바로 당신이 서 있는 곳에서부터 기도를 시작하라. 자연스럽게 하나님께 당신의 마음을 있는 그대로 표현하라. 하나님은 언제 어디서든 우리와 대화하기를 기다리고 계시는 인자한 아버지시니 말이다.

한번은 영성이 깊은 미국 목사님들이 몇 년 전 한국을 방문해서 내가 사역하고 있던 교회를 찾아오신 적이 있다. 그들은 내 손을 붙잡고 기도해 주었는데 예언의 은사가 있으신 한 분이 그런 말을 해 주셨다. "하나님께서 한 목사님이 골방에서 무릎 꿇고 기도하는 모습을 기뻐하십니다. 특히 하나님은 당신이 아무 가식 없이, 마치 어린아이가 아빠에게 얘기하듯이 그렇게 순수하고 진실하게 기도하는 것을 참 좋아하십니다. 목회생활을 오래하면 종교적 매너리즘에 젖어 그렇게 기도하기가 쉽지 않은데, 당신은 어린아이 같은 순수함으로 하나님께 기도하고 있습니다. 부디 어떤 힘든 일이 있어도 계속 그렇게 기도하십시오."

우리는 하나님의 자녀들이다. 그러므로 기도할 때 우리는 어떤 가식이나 까다로운 격식의 가면을 쓸 필요가 없다. 있는 모습 그대로 와서, 평소 하던 어투 그대로 하늘 아버지께 말씀을 드리면 되는 것이다. 체포되기 직전 예수님께서는 제자들에게 이렇게 말씀하셨다.

"그날에는 너희가 아무것도 내게 묻지 아니하리라 내가 진실로 진실로 너희에게 이르노니 너희가 무엇이든지 아버지께 구하는 것을 내 이름으로 주시리라"(요 16:23).

여기서 "무엇이든 구하면"의 원어적 의미는 "아주 처절할 정도로 간절하고 집요하게, 마치 자신의 운명이 달린 것처럼 구하는 것"을 뜻한다. 그런 간절함으로 기도할 때는 신음하듯이 기도할 수도 있고, 울고, 소리치고, 가슴을 두드리며 기도할 수도 있다. 어떤 방식으로 기도하든 다 괜찮다.

상당히 전통적인 보수 장로교회 배경에서 자란 나는 사실 손을 들고 큰소리로 울면서, 때로는 하나님의 이름만 부르면서 기도하는 '순복음 교회' 스타일의 기도에 상당한 저항감이 있었다. 그러나 예수님은 오히려 그런 스타일의 기도를 장려하시는 듯하다. 무엇을 기도하는가보다 어떻게 기도하는가도 중요하다고 생각했던 나로서는 상당한 충격이었다. 주기도문만 보더라도 예수님은 우리의 기도에 어떤 정갈한 법도가 있어야 한다고 보시지 않았던가?

그래서 나는 우리의 기도가 하나님의 뜻에 맞추어서 절제되고 단정해야 한다고 믿었다. 지금도 나는 그것이 옳다고 믿는다. 하지만 나이가 들면서 나와 다른 사람들의 인생 여정을 많이 접하는 동안 내 생각에 변화가 오기 시작했다. 예수님이 왜 그런 '막기도'의 자유함을 허락하셨는지 조금씩 이해하게 된 것이다.

가끔씩 주위에서 거의 미치지 않으면 다행일 정도의 엄청난 시련에 직면하는 사람들을 만나곤 한다. 오래전 내가 미국 로스앤젤레스에서 한 교회의 대학부를 담당하고 있을 때, 존이라는 학생이 겪었던 고통은 지금도 가슴이 저릴 정도다. 그의 어머니는 오랜 동안 만성 우울증에 시달렸는데, 어느 날 갑자기 찻길로 뛰어들어서 달려오던 자동차에 받혀 즉사했다.

그리고 채 한달도 지나지 않아 그의 아버지가 말기암 진단을 받았다. 3개월도 못 사신다는 것이었다. 그 주말, 나와 대학부 학생들이 함께 산기도를 올라갔을 때 존도 같이 갔다. 밤에 나는 존이 숙소 바깥의 바위에 홀로 앉아 있는 것을 보았다. 그가 가슴을 쥐어뜯으며 그저 비명 같은 울음으로 "하나님 아버지, 하나님 아버지…. 도와 주세요, 도와주세요"만 계속 반복하는 것을 들었다. 몇 시간을 그저 울음 섞인 부르짖음만 되풀이했다.

그것도 기도일까? 물론이다. 나는 그때 존의 기도처럼 하나님의 마음을 절절히 터치한 기도는 없었으리라 생각한다.

인생은 정말 힘들다. 전혀 예상하지 못한 엄청난 시련들이 언제, 어디서, 누구에게나 올 수 있다. 그런 상황이 닥치면 우리의 감정은 완전히 얼어붙어 버리고, 가슴이 터질 듯한 아픔이 밀려온다. 그런 상황에선 도저히 이성적이고 점잖게 기도할 수가 없다. 그럴 때는 비명처럼, 전혀 말도 안 되는 신음 소리로 기도할 수밖에 없다. 내게도 그런 순간들이 많았다.

목회 사역지를 찾지 못해 미래에 대한 두려움으로 가득차 있던 때도 있었고, 믿었던 사람들이 함께 일하지 못하겠다고 떠나가는 아픔도 겪었다. 몇 년 전에는 갑자기 찾아온 안면 마비로 3개월 이상 꼼짝없이 교회 일을 놓고 쉬어야 했던 때도 있다.

그렇게 힘들 때마다 나는 얼굴을 두 손에 파묻고 울면서 기도했다. 때로는 두 손을 하늘로 치켜들고, 몇 시간씩 하나님의 이름을 부르기만 하고 아무 말도 하지 못하던 때도 있었다. 우리가 이렇게 인생의 어두운 터널을 지날 때, 예수님께서는 우리가 마음껏 자신의 영혼을 하나님께 쏟아 놓을 수 있는 자유를 주셨다. 제대로 된 유창한 문장들이 아니라도 괜찮다. 어떨 때는 눈물과 신음 소리, 한숨밖에는 안 나올 때가 있다. 그러나 내 마음이 하나님께로 향하고 있다면 그 모든 것도 다 기도다. 그저 솔직하고 진실하게 하나님께 열려 있기만 하면 된다. 그러니까 우리는 우리가 생각하는 것보다 훨씬 더 많이 기도하고 있는 셈이다.

기
도
워
밍
업

02
기도의 준비 자세

신앙생활을 하면서 나도 그렇고, 다들 제일 자신 없어 하는 것이 바로 기도다. 누가 우리에게 "요즘 기도는 얼마나 하십니까?" 혹은 "요즘 당신의 기도생활은 어떠십니까?"라고 물어 오면 우리는 멋쩍어하면서 속으로 기분 나빠 한다. 그런 질문을 받으면 "도대체 자기는 얼마나 열심히 기도하기에 사람 민망하게 대놓고 그런 걸 묻지?" 하는 생각도 든다.

기도는 정말 어렵다. 예수님도 겟세마네 동산에서 기도하실 때 땀이 피같이 흘러내리셨다고 했다. 몇 시간 찬양을 하고 성경공부는 할 수 있어도 기도를 30분 이상 하기란 여간 어려운 것이 아니다. 기도가 어려운 이유 중에 하나는 기도가 우리 마음의 투영체이기 때문이다. 사람은 보통 하루에 3-4만 가지 생각을 한다고 하는데 그중에 7-80%가 나쁜 생각이라고 한다. 이처럼 죄로 가득한 우리의 마음으로 제대로 하나님께 기도할 수 있겠는가?

그러나 하나님의 사람들은 기도 없인 살 수 없다. 기도야말로 이 험한 세상을 사는 크리스천들이 하늘 아버지로부터 영적 에너지와 영양소를 지속적으로 공급 받는 생명줄이기 때문이다. 기도가 무너지기 시작하면 영적 건강에 금방 빨간불이 들어온다. 기도가 그토록 중요하기 때문에 사탄은 갖은 방법으로 우리의 기도를 방해한다. 예수님께서는 당시 종교 지도자들이 오염시켜 놓은 잘못된 기도의 패턴 몇 가지를 분명히 지적해 주셨다.

첫째, 인간의 눈을 의식해서 하지 말라는 것이다. 당시 바리새인들은 그 힘든 기도를 회당에서 하고, 길거리에 서서 하고, 일주일에 두 번씩 금식하면서도 했다고 한다(마 6:5-8). 기도의 주목적이 사람들에게 자기 신앙을 과시하기 위해서였기 때문이다. 겉으로 보이는 대상만 하나님이었을 뿐 실제 겨냥한 대상은 사람들이었다는 얘기다.

둘째, 쓸데없이 말을 많이 하지 말라는 것이다. 예수님은 우리에게 다른 신들을 섬기는 "이방인과 같이 중언부언하지 말라"고 하셨다(마 6:7). 사실 세상 다른 신들에게 드리는 기도는 정말 처절할 정도로 말이 많다. 불교의 경우는 '나무아비타불'이란 주문을 계속 반복해야 하고, 기도의 양도 굉장히 중시해서 백일 기도, 천일 기도 등으로 기도의 급수를 매겨 정성을 강조한다. 그러나 예수님은 말을 너무 많이 하지 말라고 하셨다. 하나님은 이미 우리가 구하기 전에 우리에게 있어야 할 것(우리의 필요)을 정확히 알고 계시기 때문이다. 이 말은 아주 중요한 의미를 품는데, 그것은 우리의 간구와 우리의 필요가 항상 같지 않다는 것이다. 우리의 기도는 많은 경우 우리의 욕구일 때가 많다. 그러나 하나님은 우리의 필요를 채우시지 욕구를 채우시지는 않는다. 우리의 욕심을 가지고 아무리 말해도 하나님은 조용히 그것을 다 걸러 주시고 우리의 필요만 남게 정리하신다. 그러니까 처음부터 힘 낭비, 시간 낭비는 하지 말라는 것이다.

그렇다면 하나님이 우리의 필요를 이미 알고 계시는데 왜 우리는 기도해야 할까? 그것은 바로 관계를 위해서다. 사랑하는 사람과 대화 없이 살 수 없다. 하나님은 우릴 사랑하시고, 우리 또한 하나님을 사랑하는데 어떻게 사랑하는 사이에 대화 없이 살 수 있겠는가? 이미 용건을 다 알았다 해도 우린 하나님과의 관계를 깊이하기 위해 기도로 들어가야 한다. 예수님은 골방으로 가서 조용히, 은밀하게 기도하라고 하셨다. "나의 사랑, 나의 어여쁜 자야, 일어나 함께 가자"는 신랑 예수님의 데이트 초청인 것이다.

겸손한 기도 자세

하나님은 겸손한 자의 기도를 들으신다.

"만약 내 백성이 그들의 악한 길에서 떠나 스스로 낮추고 기도한다면 하늘에서 듣고 그들의 죄를 사하고 그들의 땅을 고치겠다"(대하 7:14).

기도의 문을 여는 것은 겸손이며, 겸손은 완전한 항복을 의미한다. 자신의 무기력함을 인정하는 것이다. 영혼 깊은 곳에서부터 "나는 모릅니다. 나는 죄인입니다. 나는 할 수 없습니다"를 고백하며 하나님 앞에 엎드리는 것이다. 그래서 교만한 자는 결코 기도할 수 없다. 설령 기도한다 해도 제대로 된 기도가 아니다. 자아가 너무 강한 사람은 기도생활에 분명히 문제가 있을 것이다. 기도는 하나님을 더욱 갈망하는 것이며, 하나님의 임재를 우리 영혼의 더욱 깊은 곳으로 초대하는 것이다. 그러므로 내 속에 내가 너무 많으면 하나님이 거할 공간이 없다. 하늘 아버지께서 예수님의 기도를 들으셨던 이유도 예수님의 겸손한 순종 때문이었다(히 5:7).

그러나 너무나 많은 사람들이 하나님 앞으로 나갈 때 나쁜 태도를 가지고 나간다. 마치 빚을 받으러 온 사람처럼 감히 하나님께 함부로 요구하고, 안 들어주면 어떻게 하겠다는 최후통첩까지 날린다. 그러나 정작 하나님의 아들 예수 그리스도는 그 누구보다 더 당당하실 수 있었음에도 불구하고, 하나님의 보좌 앞에 겸손하고 조용하게 엎드리셨다. 그 지극한 겸손이 하나님의 마음을 감동시켰다. 기도는 곧 마음가짐이며 영혼의 자세다. 그래서 많은 성자들이 항상 무릎을 꿇고 기도했던 것이다. 형식적인 것 같지만 한번 실제로 무릎을 꿇어 보라. 기도하는 마음이 달라질 것이다.

겸손은 약해짐으로 강해지는 것이다

'골골 팔십'이란 말이 있다. 몸이 약해서 잔병치레를 많이 하는 사람이 오히려 강골로 태어난 건강한 사람보다 오래 산다는 역설이다. 그런데 그게 사실이다.

우리 어머니는 고생을 많이 하셔서 그런지 젊은 날부터 병을 몸에 달고 사셨다. 처녀 때는 10년만 더 살면 한이 없겠다고 했고, 결혼하셔서 우리 삼남매를 낳고는 이 아이들 고등학교 졸업할 때까지만 살면 한이 없겠다고 하셨고, 그 다음에는 아이들 시집 장가는 보내고 가야 할텐데 하셨다. 그런데 우리 삼남매 다 결혼하여 맏손주들이 대학생이 된 지금까지도 아주 잘 살고 계신다. 가끔씩 아버지가 "당신 옛날부터 10년만 더 살았으면 좋겠다고 하더니 정말 오래 잘 버티네?"라고 농담을 하시면, 어머니는 자신만의 희한한 비결을 우리에게 말씀하신다.

"그건 내가 일찌감치 내 주제 파악을 잘했기 때문이야. 내 몸이 약하다는 걸 아니까 나는 항상 조심을 하고, 조금만 이상하면 병원에 가고, 의사가 시키는 대로 약을 먹으면서 평생을 조심조심 살았어. 그런데 타고난 건강을 가진 사람들이 오히려 교만하게 자기 건강은 걱정 없다고 큰소리 뻥뻥 치고, 잔병 관리를 잘 안 하다가 큰 코 다치는 경우가 많더라. 너희 아버지 봐라. 항상 건강은 문제없다고 큰소리치시던 강철 체력이었는데, 암 수술만 두 번 하시지 않았니? 건강은 아무도 장담 못한다. 내 친구들 중에도 나보다 건강하던 사람들은 다 먼저 갔는데 나만 남았어."

어머니의 희한한 장수 비결을 나는 웃으면서 들었지만, 어쨌든 핵심은 겸손이다. 자기가 약한 것을 항상 인지하고 있기에 조금만 몸이 이상하면 바로 병원을 찾는다. 영적인 세계에서 기도가 바로 그런 것이 아닐까? 항상 자기 속에 옛사람이 꿈틀거리고 있음을 알기에 쉽게 판단해 버리지 않고 먼저 기도한다. 자신의 죄성을 알고 있기에 자신의 힘을 의지하지 않는다. 조금만 이상하다 싶으면 바로 달려가서 하나님께 기도한다. 인자하신 하나님은 그 겸손이 기특해서 인생의 이런저런 문제들을 직접 손봐 주시고 해결해 주신다. 그렇게 사는 것이 모든 문제에 있어서 다 자기 힘으로 노력하고 해결해야 한다고 믿는 '수퍼맨'적 사고방식보다 훨씬 더 영적으로 안전하다. '골골 팔십'의 겸손으로 평생 기도해야 하리라.

겸손은 자신의 상황을 넘어서는 필사적 부르짖음이다

성경에 나오는 가장 감동적인 기도 가운데 하나는 역대상 4장 9-10절에 나오는 야베스의 기도다. 『야베스의 기도』라는 베스트셀러를 쓴 브루스 월킨슨 박사는 성경이 야베스의 다른 어떤 특별한 은사나 능력, 배경에 대해 전혀 언급하지 않는다는 사실에 주목했다. 그가 돈이 많았다든가, 학벌이 좋다든가, 잘생겼다든가, 인맥이 두텁다든가 하는 이야기가 전혀 없다. 야베스는 그저 비상한 믿음을 가진 보통 사람이었을 뿐이다. 그러니 자신이 많은 것을 가지고 있지 않다고 하여 비관하지 말라. 굳센 믿음만 있다면 하나님은 필요한 힘과 자원을 공급해 주신다. 하나님은 평범한 사람들이 불 같은 믿음으로 자신을 의지하며 인생을 드릴 때 그들을 사용하신다.

또 한 가지, 야베스는 추측컨대 태어날 때부터 몸에 결함이 있거나, 집에 상당한 어려움이 있었던 듯싶다. 어머니가 야베스란 이름을 붙여 준 것은 "내가 수고로이 낳았다"란 의미다. 정상적인 상황이라면 아기가 태어남은 그 집안의 경사요, 축복이다. 그래서 아이의 이름은 할 수 있는 한 최고로 잘 지어 주려고 노력한다.

비슷한 이유로 우리나라 부모들은 '복동이', '복실이' 등 복(福)자 들어가는 이름을 많이 지어 주었다. 그런데 이상하게도 야베스라는 아이의 탄생은 뭔가 큰 슬픔, 큰 고통을 그 가정에 안겨 주었던 것 같다. 그 이유가 정확히 무엇인지는 모른다. 아기가 태어나면서 어머니가 난산으로 죽었을까? 아이가 어딘가 모르게 기형아로 태어났을까? 찢어지게 가난한 집안에 원치 않는 아이가 하나 더 생겨 경제적 부담이 되었을까? 정확히는 모르나 어쨌든 야베스라는 슬픈 이름을 지어 줄 정도로 출생 직후의 상황이 안 좋았던 모양이다.

그러니 야베스라는 아이가 성장하면서도 결코 쉬운 삶을 살지 않았다는 것을 짐작할 수 있다. 자기 이름이 불릴 때마다 거기에 배어 있는 슬프고 힘든 운명을 상기했을 것이다. 그러나 야베스는 모진 운명의 사슬을 끊고 일어섰다. 자신을 둘러싼 그 힘든 상황을 박차고 일어나 하나님의 손을 잡고 위대한 미래를 꿈꾸었던 것이다.

야베스는 이스라엘의 하나님께 울부짖었다. "원컨대 주께서 내게 복에 복을 더하사"(개역한글). 영어 성경에 보면 야베스가 "울부짖었다"고 되어 있다. 그냥 점잖게 넥타이를 매고 앉아서 하는 기도가 아니다. 절체절명의 위기 상황에서 자신의 운명을 걸고 절박한 마음으로 터뜨리는 기도인 것이다. "내게 복에 복을 더하여 주소서." 브루스 윌킨슨 박사는 이것이 히브리어 표현으로 느낌표 5개 정도가 되는 강조법임을 지적한다. 대문짝만하게 쓰고, 굵게 칠하고, 밑줄을 긋고, 치켜들고, 흔드는 것이다. 하나님이 꼭 봐 달라는 뜻이다. 한국어 성경의 "복에 복을 더하여 주소서"라는 번역도 기가 막힌 번역이다.

작고 보잘것없는 모습의 야베스가 눈물이 가득 고인 채로, 땅을 치고 하늘을 향해 팔을 뻗으며 하나님께 울부짖는 모습을 상상해 보라. 아무 도움도, 배경도, 돈도, 남다른 능력도 없는 그는 절박한 심정으로 하나님께 자신의 인생에 돌파구를 달라고 기도하고 있다. "주님, 당신은 아십니다. 제가 태어나던 때부터 제 인생이 결코 쉽지 않았다는 것을…. 모든 면에서 저는 남보다 뒤떨어진 사람입니다. 그래서 당신의 특별한 축복이 있어야 돌파구를 만들 수 있습니다. 저를 불쌍히 여겨 주세요. 좀 살려 주세요."

진짜 자신의 약함을 인식한 사람의 기도는 처절할 정도로 열정적이다. 그 사실을 가장 리얼하게 보여 주는 스토리가 있다. 바로 예수님이 바리새인과 세리가 성전에서 나와 기도하는 모습을 비교하면서 들려주신 이야기다.

겸손은 가식을 버리는 것이다

예수님은 '자기가 의롭다고 생각하며 다른 사람들을 업신여기는 몇몇 사람들'에게 이 비유를 들려주신다고 했다. 자기는 완벽할 정도로 충분하다고 느끼는 엘리트 바리새인이 있었다. 인간적인 기준에서 볼 때는 그 정도 자신감은 가져도 좋을 정도로 대단한 사람이었다. 정기적으로 금식을 하고, 십일조를 내고, 까다로운 예배 제사 규범도 다 지키는 등 유대의 율법과 성전 관습에 따른 하나님의 일들을 열심히 했다. 문제는 그가 이 모든 하나님의 일들을 하나님의 힘이 아닌 인간의 힘으로 했다는 것이다.

그 과정에서 하나님을 의식하기보다는 사람들을 의식하게 되었다. 그래서 사람의 기준으로 스스로를 판단해서 자신이 아주 영적인 고수인 것처럼 자신만만해 했고, 자신 정도의 도덕적 수준을 유지하지 못하는 사람들을 쉽게 업신여기는 태도를 갖고 있었다. 한마디로 그는 하나님을 이용해서 사람들 앞에서 자신을 과시하려 했던 것이다.

아무리 공부를 열심히 해도 시험 범위를 잘못 알면 소용이 없다. 마찬가지로 아무리 종교적이더라도 하나님의 기준, 하나님의 마음을 모르면 소용이 없다. 예수님은 자기 나름대로는 열심히 신앙생활을 하고 있지만, 정작 가장 기본적인 영적 진리를 모르고 있는 바리새인들을 바로 인도하시고자 하셨다. 그래서 세리와 바리새인의 이야기 하나를 들려주셨다. 누가복음 18장에 등장하는 두 주인공은 누가 봐도 극과 극의 대조를 이루고 있다.

한쪽은 당대에 가장 경건한 부류의 사람으로 인정받던 바리새인이었고, 다른 한쪽은 사람 취급도 받지 못했던 세리였다. 이미 두 사람의 신분 자체가 너무나 많은 것을 암시하고 있다. 이 두 계층의 사람이 동시에 기도하는 상황이라면, 일반적인 사람들의 평가와 기대는 이미 결정되었다고 봐도 된다. 누가 세리의 기도에 비중을 두겠는가?

먼저 이 바리새인은 "서서 따로 기도하여"라고 되어 있는데, 어떤 번역본에는 "자신을 향하여 기도했다"고 되어 있다. 이 바리새인의 기도는 처음부터 그 방향이 잘못되었다. 기도는 우리 자신에게 하는 것이 아니다. 기도는 하나님께 하는 것이다. 기도는 나를 생각하는 것이 아니라 하나님을 생각하는 것이며, 세상을 바라보는 것이 아니라 천국을 바라보는 것이다. 그런데 바리새인은 떡하니 버티고 서서 하나님 앞에서 자신을 과시하고 있다. 총신이 구부러진 총으로 아무리 쏴 봐야 다 빗나가듯이, 이런 잘못된 기도 태도로는 아무리 기도해 봐야 헛것이다. 허공을 치는 자기과시형 독백일 뿐이다.

바리새인은 자신의 위대함을 다른 사람들과의 비교로 강조한다. "하나님, 저는 다른 사람들, 곧 남의 것을 빼앗는 사람이나 불의한 사람이나 간음하는 사람과 같지 않고 이 세리와도 같지 않음을 감사합니다." 이런 식의 감사기도는 정말 곤란하다. 자기 외에 모든 사람들은 다 타락한 죄인이라고 몰아붙이는 것이다. 그러면서 자기는 다른 사람들보다 훨씬 깨끗하고 훌륭한 인물임을 감사하고 있다(그것도 하나님이 주신 것이 아니라 자기가 선한 일들을 해서 그렇게 됐다고 한다). 모르긴 몰라도 그는 분명히 이 기도를 큰소리로 했을 것이다. 아마 조금 떨어진 곳에서 불안하게 사방을 두리번거리며 기도하던 세리도 바리새인의 기도를 듣고 흠칫했을 것이다. 참으로 오만방자한 자기과시다. 교만이란 자기 밑을 내려다보는 데 바빠서 자기 위에 계신 분을 인식하지 못하는 것이다.

바리새인과 세리는 다른 곳이 아닌 성전에서 기도하고 있었다. 성전은 바리새인들에게 있어서 홈그라운드와 같은 곳이다. 바리새인은 어렸을 때부터 율법을 읽고, 성전의 여러 가지 의식 교육을 철저히 받았다. 그래서 그 자신은 아주 당당하게 자신이 1주일에 두 번 금식하고, 얻은 것의 십일조를 낸다고 밝힌다. 한 주일에 이틀씩을 하나님께 예배하고 기도하기 위해 금식한다는 것을 상상해 보라. 대단한 헌신이다. 거기에 자신의 수입뿐 아니라 "얻은 모든 것" 즉 전 재산의 십분의 일을 헌금했다는 것을 보라.

당시의 종교적 기준으로는 더 이상 흠 잡을 데가 없다. 그 자신도 스스로가 자랑스러운지 하나님 앞에서 그것을 과시하고 있다. 아이들은 자기 잘난 것을 꼭 과시하고 싶어 한다. 마찬가지로 영적으로 어린 사람들은 조금만 거룩한 일을 해도 스스로 감동하고 과시한다. "내가 어디에 구제 헌금을 했다. 내가 지난주에 주차안내 봉사 몇 시간을 했다" 등등을 끊임없이 자랑하고 다닌다.

그러나 바리새인은 거룩의 형식은 완벽하게 마스터했지만 거룩의 에센스는 놓치고 있었다. 그가 진정으로 율법을 알고 하나님을 알았다면 하나님은 자신의 백성이 "악한 길에서 떠나 스스로 겸비하고 기도하는 것"을 원하신다는 것을 알았을 것이다(대하 7:14,개역한글). "겸비"한다는 것은 겸손히 자신을 낮추는 것을 말한다. 몇 번씩 거듭 말하지만 교만한 자는 결코 제대로 기도하지 못한다. 기도는 하나님을 목말라하는 것이다. 그런데 영혼이 자기 자신으로 가득한 사람이 어떻게 제대로 기도할 수 있겠는가? 아직 아쉬운 게 없는 사람은 제대로 기도하지 못한다. 물은 떨어지는 낙차가 클 때 엄청난 힘을 발휘한다. 기도도 내가 하나님 앞에 곤핍함을 인정하고 한없이 낮아질 때 비로소 하나님의 마음을 터치하는 것이다. 그것이 바로 세리의 기도였다.

겸손은 자신이 죄인임을 인정하는 것이다

성전은 바리새인에게 있어서는 홈그라운드였지만, 세리에게 있어서는 가까이하기엔 너무나 먼 곳이었다. 당시 세리들을 사람 취급도 하지 않던 유대 사회에서, 성전 안으로 걸어 들어왔다는 것만으로도 세리는 수많은 사람들의 조롱과 적대감에 찬 눈초리를 감내해야 했다. "뭐야, 저런 인간도 교회에 오나? 주제에 감히 기도는 하겠다고?" 수많은 수군거림들, 경멸의 눈초리들을 이를 악물고 참아야 했을 것이다. 가엾은 세리는 사람들의 눈치를 보며 그들로부터 떨어져서 멀리 서서 기도할 수밖에 없었다.

그러나 세리의 겸손은 사람들에게 대한 것이 아니라 하나님께 대한 것이었다. 본문을 보면 그가 "감히 하늘을 쳐다보지도" 못했다고 되어 있다. 바리새인이 남과 자신의 종교적 업적을 비교하며 하나님 앞에 고개를 치켜든 데 반해, 세리는 감히 하나님이 계신 하늘을 쳐다보지도 못했다. 그의 마음은 위를 향했으나 그의 눈은 차마 그렇게 하지 못했다. 자신의 주제를 파악했기 때문이다.

"하나님, 이 죄인에게 자비를 베풀어 주십시오." 세리는 자신을 "죄인"이라고 칭했다. 보통 사람들은 어려움에 처해도 자신이 왜 이렇게 되었는지 스스로를 변명하는 말이 많고, 다른 사람이나 환경을 탓하기 쉽다. 망했어도 자존심은 죽지 않았기 때문이다. 그러나 세리는 구태의연한 자기변명을 하지 않았다. 대신 아무 갈등도 없이 자신을 "죄인"이라고 인정했다. 하나님 앞에 아무것도 내어 놓을 것이 없는 사람임을 인정한 것이다. 하나님 앞에 올 때는 자존심을 버리고 와야 한다. 자기변명을 다 걷어 버려야 한다. 하나님은 우리를 이미 다 알고 계시기 때문이다.

그리고 하나님의 "자비"를 구하고 있다. 이 말은 하나님과 화목하게 해 달라는 것이다. 자신은 하나님의 심판을 받아 마땅하지만, 염치없어도 그 분노의 심판을 돌이켜 달라는 간청이었다. 하나님의 용서를 받지 못한다면, 그래서 하나님과 화목하지 못한다면 자신은 가슴이 터져 죽을 지경이었다. 그래서 성전으로 달려와 사람들의 눈길을 피해 구석에 엎드려서 가슴을 두드리고 피눈물을 쏟아내며 기도했던 것이다.

세리는 "주먹으로 가슴을 쳤다"고 했다. 피눈물을 쏟으며 간절히 기도했다는 말이다. 그렇다. 마음이 가난한 사람, 영혼이 목마른 사람은 폼 나고 매너 있게 기도하지 못한다. 눈물, 콧물이 범벅이 되도록 자신의 심장을 하나님 앞에 쏟아 놓는다. 그만큼 절박하고, 그만큼 아프고 괴로운 것이다.

세리는 왜 이토록 애절하게 회개하며 기도했을까? 그것은 그가 분명히 인생을 살면서 넘을 수 없는 엄청난 벽에 부딪쳤기 때문일 것이다. 승승장구하던 직장에서 갑자기 좌천되어 졸지에 사람들의 수군거림의 대상으로 전락했거나, 사랑하는 아내나 아이가 사고를 당했다거나, 큰

병에 걸렸다거나, 비교적 잘해 오던 사업이 부도 위기에 몰렸다거나…. 어느 정도 어려운 일은 우리가 노력하면 해결할 수 있다. 그러나 우리 힘으로 어쩔 수 없는 죽음 같은 문제 앞에 부딪히면 털썩 주저앉아 아무것도 하지 못한다. 그러나 많은 경우 이 죽음과도 같은 고통의 장벽들은 우리 영혼의 비참함을 깨닫게 해 주는 하나님의 방법이다. 그것들은 겉으로 드러난 현상에 불과하고 근본 원인은 하나님 아버지의 집을 떠난 데 있다. 하나님과 화목하지 못한 것이다. 그러나 하나님은 돌아오라는 신호를 보내셨고 세리는 그 부름에 응답했다. 세리는 문제의 핵심을 제대로 짚은 것이다.

모든 것이 잘될 때 회개하고 하나님께 나아오면 좋으련만, 우리 인간은 간사하여 그렇게 하지 못하는 경우가 많다. 그래서 고난이 필요하다. 하지만 막상 구렁텅이에 떨어져서 하나님 앞에 돌아오자니 면목이 없다. 이때까지 하나님 가슴에 못 박고 하나님께 등 돌리고 살아온 세월이 있어, 다 잃어버리고 나서야 하나님 앞에 돌아오기가 너무 죄송스러운 것이다. 하나님이 가장 필요한데, 하나님이 사무치게 그리운데, 감히 하나님 앞에 나올 자격이 없다고 생각하니 슬프고 한스럽다.

IMF 때 양복 입고 서류 가방을 들고 낮에 교회 와서 기도하던 수많은 남성들이 생각난다. 차마 직장에서 해고되었다는 말을 집에 하지 못하고, 어디 가서 하소연하기에도 너무 자존심이 상해서, 평소에 잘나갈 때는 거의 드나들지도 않던 교회당에 낮 시간에 와 앉아 손에 얼굴을 파묻고 운다. 인생의 절망 같은 벽에 부딪혀 하나님밖에는 갈 때가 없어서 왔는데, 자신이 평소에 한 게 있으니 하나님 볼 면목이 없어 "아버지…" 하고는 큭큭 대며 피눈물만 흘리는 것이다. 그런 남자들의 눈물을 보면서 나도 많이 울었다.

그 남자들의 모습과 이 애절한 세리의 모습은 바로 누가복음 15장에 나왔던 돌아온 탕자의 모습과 같다. 아버지를 배신하고 싸들고 떠났던 돈을 다 잃어버린 채 돼지우리에서 쥐엄 열매를 먹고 나서야 비로소 아버지의 사랑을 생각했다. 하지만 감히 아버지 앞에 아들로 다시 나설 자격이 없다고 생각하여 자신을 그저 "아버지의 종으로 보아 달라"고 한다. 감히 하나님을 쳐다보지도 못하고 자신을 죄인이라고 부르며 가슴을 두드리며 울부짖는 세리의 심정인 것이다.

하지만 중요한 것은 세리가 그래도 기도하러 성전에 왔다는 사실이다. "저런 못된 놈의 세리 같으니, 저런 놈이 성전엔 왜 왔어?"라는 사람들의 빈정거림에도 아랑곳하지 않았다. 감히 하늘을 쳐다보지 못하고, 눈치를 보며 구석에 숨어 엎드려서라도 그는 하나님께 기도해야 했다. 매달려야 했다. 그렇다. 자격이 없어도 하나님 앞에 나와야 한다. 사람들이 뭐라고 눈치를 줘도, 아무리 면목이 없어도 결코 물러나면 안 된다. 하나님의 은혜를 받지 않고는 다른 길이 없기 때문이다.

본문에는 세리가 얼마나 긴 시간 동안 자신의 가슴을 두드리면서 통회하며 기도했는지 설명이 없다. 그러나 예수님이 그가 하나님으로부터 "의롭다 하심"을 받고서야 돌아갔다고 말씀하신 것으로 보아, 하나님이 응답하실 때까지 부르짖으며 매달렸음이 분명하다.

제대로 회개하고 하나님의 용서를 체험한 사람은 겸손하게 산다

가슴 아프게도 오늘날 교회에는 너무나 많은 사람들이 예수님의 이름으로 스타가 되려고 한다. 진실하게 예수님의 심정으로 하나님께만 영광을 돌리며 양떼들을 섬기는 종은 적고, 자신에게 스포트라이트를 쏠리게 하는 리더들이 많다. 그래서 그런지 성경은 영적 지도자에게 가장 요구되는 자질로 겸손을 강조한다. 하나님께 순복한다는 것은 그분 앞에서 겸손하라는 것이다.

"주 앞에서 낮추라 그리하면 주께서 너희를 높이시리라"(약 4:10).

그저 사람 앞에서 행하는 외형적인 겸손의 모양이 아니라, 정말 마음 깊은 곳에서부터 자신의 무력함과 악함을 인정하는 자세가 겸손이다. 하나님 없이는 아무것도 못한다는 철저하게 하나님을 의지하는 자세다. 교만은 자신을 의지하는 것이고 겸손은 하나님을 의지하는 것이다. 사탄은 "모든 것은 내가 할 수 있다"는 생각으로 영적인 일도 하라고 유혹한다. 그는 우리의 자아를 부추겨서 기도 없이, 말씀 묵상 없이 마구 사역을 하도록 부추긴다. 교만은 사탄의 가장 무서운 무기다. 인간의 타락도 "너를 하나님같이 만들어 주겠다"는 유혹 때문이었다.

세상은 스스로를 자꾸 의지하게 하는 법칙, 자기 힘으로 살아가는 인생의 법칙을 가르친다. 구원을 받아 교회의 지체가 되긴 했지만 아직도 옛사람의 생각, 세상적 가치관에 젖어 있기 때문에 하나님의 몸된 교회는 세상과 다른 법칙으로 움직인다는 것을 잘 모른다. 이것을 깨닫기까지는 상당한 시간이 소요되는 기도와 말씀, 영적 훈련이 필요하다. 그래서 바울은 믿음이 어린 자들을 교회의 리더로 쓰지 말라고 하면서 "교만하여져서 마귀를 정죄하는 그 죄에 빠질 위험"(딤전 3:6 참조)이 있기 때문이라고 했다.

하나님을 가까이 하라 함은 자신이 늘 용서 받아야 할 죄인임을 인정하고, 항상 그분의 은혜에 의지하며 살라는 것이다. 그러면 하나님의 용서와 은혜의 축복을 풍성하게 누리게 된다.

"그러나 더욱 큰 은혜를 주시나니 그러므로 일렀으되 하나님이 교만한 자를 물리치시고 겸손한 자에게 은혜를 주신다 하였느니라"(약 4:6).

하나님은 자신의 자녀가 오만하게 되는 것을 결코 방치하지 않으시며, 겸손하게 될 때까지 매를 드신다. 그 매를 달게 받고 겸손히 자신의 죄를 회개하면 그 사람에게 축복이 임한다.

"나 여호와가 말하노라 내 손이 이 모든 것을 지었으므로 그들이 생겼느니라 무릇 마음이 가난하고 심령에 통회하며 내 말을 듣고 떠는 자 그 사람은 내가 돌보려니와"(사 66:2).

당신은 은근히 속으로 너무 오만하지 않은가? 당신의 회개는 진실한가? 늘 하나님의 말씀 앞에서 자신의 부끄러운 모습을 솔직하게 인정하는가? 이제라도 하나님 앞에 겸손히 엎드리도록 하라.

사도 바울을 보라. 하늘의 가장 높은 곳도 기도와 환상 속에서 체험한 사람이다. 그런데 그런 거룩한 환상을 보고 나서 자신이 무슨 대단한 사람인 양 떠들고 다니지 않았다. 오히려 에베소서를 보면 더욱 하나님의 영광과 섭리만을 말하고 자신에 대한 말은 확 줄였다. 기도 중에 제대로 하나님을 체험한 사람은 지극히 겸손해진다.

사람이 놀라운 하나님의 비밀, 하늘의 깊은 진리를 깨닫고 나면 할 말을 잃고 겸손해진다. 자기가 기도 중에 하늘의 계시를 받았다고 사방팔방 뻐기고 과시하는 사람은 제대로 하나님을 만나지 못한 사람이다. 진짜 제대로 하나님을 만나고 하나님의 음성을 들은 사람은 한없이 겸손하고 조용하다. 그는 조용히 몸과 마음을 다 드려서 늘 하나님께 기도하는 자세가 된다. 특히 그가 지도자라면 리더십이란 자신이 사람들을 위해서 뭔가 하는 존재가 아니라, 하나님께 간절히 기도하며 그분을 의지하는 것임을 깨닫게 된다. 큰소리 내지 않아도 그 존재만으로도 은은한 권위와 감동을 풍기는 것이다.

그 밖의 준비 자세

기도하기 위해서 인생을 심플하게 정리해 놓아야 한다

수영이나 육상 경기를 할 때 선수들은 가장 가볍게 옷을 입는다. 그래야 최고의 스피드를 낼 수 있기 때문이다. 기도도 마찬가지다. 이것저것 다 하면서 기도의 사람이 될 수는 없다. 기도의 중요한 준비 자세로는 우리의 삶을 기도할 수 있도록 말끔히 정리해 놓는 일이다.

세계 최고의 경영 컨설턴트 중 한 명인 하버드 경영대학원의 모스 캔터(Kanter) 교수는 거대한 기업이나 정부조직 연구의 권위자다. 그녀는 21세기 글로벌 시대에 살아남는 경쟁력을 갖추려면 거대 조직들도 민첩하고 유연해야 한다고 주장했다. 그러기 위해서는 표준화(standardize)를 해야 한다는 것이다. 그녀는 이렇게 주장한다.

"표준화는 오히려 우리를 자유롭게 한다. 굉장한 열정을 필요로 하지 않는 대부분의 일상적인 일은 쉽게 처리되도록 표준화하는 것이 옳다. 업무 과정을 간단하게 함으로써 오히려 창의적으로 생각할 시간을 벌어 주는 셈이다. 예를 들어 멕시코계의 다국적 시멘트 회사인 시멕스(Cemex)의 파이프는 전 세계 어디를 가든지 색깔이 같다. 천연가스를 운송하는 파이프는 파란색, 공기를 수송하는 파이프는 흰색으로 통일하면 매니저들이 바뀔 때마다 기본 구조를 파악하느라 힘을 뺄 필요가 없다. 그러면 그들이 그 힘으로 다른 창의적 혁신에 몰입하면 되는 것이다."

나는 캔터 교수의 지적이 비단 기업 조직뿐 아니라 우리의 영적인 삶에도 그대로 적용될 수 있다고 생각한다. 매일 칼같이 똑같은 시간에 산책했다는 독일의 철학자 칸트가 고리타분하고 틀에 박힌 사람이라고 생각하는가? 아니다. 바로 캔터 교수가 말한 창의적 혁신을 위한 삶의 표준화를 했을 뿐이다. 칸트는 자신의 일상생활 패턴을 아주 심플하게 함으로써 나머지 모든 역량을 창의적인 철학적 사고에 쏟아 부을 수 있었다.

오늘날 자신이 원하든, 원하지 않든 우리들의 삶은 너무나 복잡하게 구성되어 돌아간다. 참석해야 할 회의들이 너무 많고, 처리해야 할 일들이 너무 많고, 대답해 주어야 할 이메일과 전화, 내가 얼굴을 내밀어야 할 자리들, 유지해야 할 관계들, 내려야 할 결정들이 너무 많다. 게다가 가난하던 시절에는 별로 선택할 옵션이 없던 것들이 이제는 너무 선택의 폭이 넓어져 버렸다.

예를 들어 옛날에는 "빵이 있느냐, 없느냐"였는데 요즘은 빵가게에 가 보면 고를 수 있는 빵 종류가 수십, 수백 가지나 된다. 노트북 컴퓨터나 휴대폰 하나 구입하려 해도 그 종류와 가격대가 수십 가지가 넘어서 엄청나게 많이 고민해야 한다. 그러나 생활의 이런 작은 일들 하나하나를 신경 쓰기 시작하면 진이 빠져서 진짜 중요한 일은 못하게 된다. 바로 기도가 쉽게 간과 당하는 가장 중요한 일인데도 말이다.

무서운 허리케인도 그 중심은 '허리케인의 눈'이라고 하여 지극히 조용하다. 마찬가지로 이토록 빠른 변화와 창조성을 요구하는 시대에도 정작 그 변화를 주도해 가는 리더들은 일상의 틀에 묶여 정신없이 살아가지만은 않는다. 빌 게이츠나 스티브 잡스 같은 CEO들은 모두 일 년에 몇 주씩 세상과 소통의 줄을 끊고 조용한 곳으로 들어가 깊은 사색과 고민을 한다. 그 침묵과 고민 끝에 시대를 끌고 나가는 새로운 변화의 흐름을 시작하는 것이다.

왜 CEO들에게 비서들과 행정 스태프들이 필요한가? 왜 회사들이 아웃소싱을 하는가? 어지간한 것들은 다 표준화하고 간결하게 함으로써 자신들의 역량과 시간을 가장 중요한 일에 투입하고 싶어서다. 바쁘고 힘들수록 우리는, 우리 영혼 속에 허리케인의 눈과 같은 공간을 확보해야 한다. 아무리 열심히 노력해도 방향을 잘못 잡으면 아무 소용이 없기 때문에 방향을 제대로 잡기 위해서는 영혼의 공간이 필요하다. 하나님께 기도함으로써 하늘의 능력을 다운로드할 수 있는 확실한 틈새가 필요하다. 기도를 위한 공간을 몸부림쳐서라도 확보해야 제대로 기도할 수 있지 않겠는가?

그래서 나는 기도의 사람이 되고 싶다면 삶을 심플하게 먼저 정리해 놓는 것이 필수라고 생각한다. 내 경우는 이렇게 하고 있다.

첫째, 매일 하나님과 교제하고 스스로를 다듬으며 연구하는 시간, 그리고 일주일에 3번 이상 가족과 함께하는 저녁 시간은 무슨 일이 있어도 건드리지 않는다. 이 두 축이 내 모든 시간 관리의 기본이 된다.

둘째, 외부에서 들어오는 모든 집회와 강의 요청을 일단은 나를 도와주는 스태프 간사를 통해 한 번은 걸러서 정리하게 한다. 다 나름대로 중요하고 화급한 요청들이겠지만, 그렇다 해도 그것들이 다 하나님이 내가 하길 원하시는 요청들이라고는 감히 믿지 않기 때문이다. 좋은 자리라 해도 내가 안 가야 할 곳이 있고, 힘든 자리라 해도 내가 가야 할 곳이 있다. 이것을 제대로 판단하기 위해서 시간이 필요하고, 기도가 필요하며, 현명한 제3자 스태프들의 조언이 필요한 것이다.

셋째, 각종 자료를 읽고 보고 연구한 것들(독서, 연구, 지인들과의 대화, 여행 경험, 영화 감상 등을 포함)은 될 수 있는 한 즉시 정리해서 한 파일에 자료로 보관하고, 애써 기억해 두려 하지 않는다. 오히려 잊어버리기 위해서 기록한다고 해야 맞을 것이다.

넷째, 인간관계를 넓게 하기보다 깊게 하려 노력한다. 하루에 너무 많은 사람과 만나지 않는다. 한 사람에게 최고의 정성을 줄 수 없기 때문이다. 이 사람 저 사람을 적당히 사귀고 다니지 않고, 인간관계를 깊이 있고 안정되게 한다. 일단 사람을 만나는 시간에는 들락날락하지 않고 그 사람의 이야기에만 집중한다. 정말 나를 도전하고 격려하며 함께 팀워크를 이룰 수 있는 핵심 인재들과 정기적으로 많은 시간을 보낸다. 복잡한 인간관계처럼 사람의 정신을 빼놓고 심신을 지치게 하는 것은 없다. 인간관계를 심플하게 만들어 놓아야 하나님과 정기적으로 충분히 교제할 수 있는 정신적 여유가 생긴다.

다섯째, 설교 준비나 일을 처리할 때 스스로 만들어 놓은 매뉴얼 시스템대로 최대한 빨리 기본 골격을 만든다. 수없이 많은 경험과 연구를 거쳐 구축한 이 노하우 패턴을 따름으로써 많은 시간과 에너지 낭비, 불안감을 줄인다. 물론 이 기본 골격은 경직되지 않도록 항상 새롭게 업그레이드 시킨다. 중요한 것은 이렇게 함으로써 창의력 있는 새로운 연구를 위한 시간과 여유를 더 확보할 수 있게 되는 것이다.

여섯째, 비서를 두지 못한다 해도 각 분야마다 전문성이 있는 인맥을 평소에 좀 더 사귀어 놓아서 그 방면의 일들은 아예 그쪽에 믿고 일임한다. 첨단기기를 구입한다거나 집을 수리한다거나 할 때 내 스스로도 조금은 노력해야겠지만, 역시 좋은 사람의 도움을 요청하고 그의 인도를 따르는 것이 최고다. 내가 전혀 문외한인 분야에서 무조건 애쓴다고 되는 것이 아니다. 예를 들어 나는 물건을 조립하고 고치는 데는 최악이다. 내가 만지면 충분히 재활 가능한 것도 반드시 부서지고 만다. 그래서 차라리 잘하는 사람에게 과감히 믿고 맡기고, 나는 내가 잘하는 일에 집중한다.

이렇게 내 나름대로의 어떤 분명한 철학을 가지고 매일매일의 일상을 최대한 심플하게 정리해 놓음으로써, 많은 일을 해도 허둥지둥 정신없이 일에 쫓기지 않는다. 그리고 무엇보다도 이렇게 함으로써 하루에 묵상하고 기도할 수 있는 시간을 많이 확보했다. 특히 아침저녁 출퇴근 중에 운전하는 시간은 내겐 너무나 소중한 묵상과 기도의 시간이다. 차 안은 내게 있어서 마치 도심 속의 움직이는 작은 기도원과도 같다.

약속 시간에 좀 일찍 도착했다거나 공항에 비행기가 연착되어 기다려야 할 때라거나, 어쩔 수 없이 혼자 있게 되는 시간이 내게는 다 기도 시간이다. 눈을 뜬 채로 조용히 앉아서 숨을 고르고 하나님과 대화한다. 그러면 놀라울 정도로 감정이 가라앉고 생각이 정리되면서 하늘의 평화가 나를 감싸는 것을 경험할 수 있다. 처음엔 쉽지 않아도 자꾸 하다 보면 익숙해진다. 기도할 시간이 없다는 것은 말도 안 된다. 마음먹기 나름이다. 정말 하겠다면 언제 어디서든 할 수 있는 것이 기도다.

진정한 회개가 있어야 한다

성경에 보면 기도하지 말라는 말이 의외로 많이 나오는 것을 아는가? 하나님이 우리의 기도를 듣지 않겠다고 선포하신 말씀이 성경 곳곳에서 툭툭 튀어 나온다. 어떨 때는 하나님이 너희들의 기도를 더 들을 수가 없으니 당장 기도를 멈추라고 말씀하시는 과격한(?) 경우도 있다. 아, 이런 상황은 어떻게 해석해야 하는가?

그러나 하나님이 이런 무서운 말씀들을 쏟아내던 당시 정황을 곰곰이 살펴보면 사람들의 고백하지 않은 죄와 회개할 줄 모르는 뻔뻔한 마음 상태가 문제의 원인임을 알 수 있다. 예를 들어 하나님은 이렇게 말씀하신다.

"네가 뇌물 받고 악한 자의 편을 들어주는 일과 불륜을 저지르는 일과 가난한 자를 핍박하는 일과 과부와 고아를 무시하는 일을 중단하지 않으면 나는 너의 기도를 듣지 않겠다. 하나님을 믿는다고 하면서 자신의 형제자매와 계속 원수처럼 으르렁대고 있다면 예배 드리는 도중에라도 당장 가서 화해하고 와라. 그래야 내가 네 기도를 들을 것이다. 남편들은 자기 아내를 하나님의 소중한 선물로 알아서 귀하게 여기고, 눈에 눈물이 고이게 하지 말아라. 안 그러면 너희들의 기도가 막힐 것이다."

"너희 이스라엘 백성의 지도자라는 사람들아. 일주일에 두 번씩 금식하고 온갖 규례는 다 만들어 지키고 있지만, 나는 거기에 감동 받지 않는다. 네가 금식할 때 그것은 다른 사람에게 과시하기 위한 것이지 결코 나를 위해서 하지 않았음을 나는 안다. 내가 진정 네 기도를 듣기 원한다면 금식하기 전에 네 삶부터 뜯어 고쳐라. 나는 네가 이웃에게 자비를 베풀고 네 마음속에서부터 서로를 향해 악을 도모하지 않기를 원한다."

성경 곳곳에서 하나님의 이런 말씀들이 폭포처럼 쏟아져 나온다. 우리가 아무리 유창한 언어로 오랫동안 기도해도, 우리의 위선을 깨 버리지 않는 한 하나님은 귀를 막으시고 우리의 기도를 듣지 않으신다. 용서를 위해서는 기도 속에 진실한 회개가 있어야 한다. 진실한 회개만이 하나님의 용서를 끌어올 수 있다. 하나님의 은혜의 강물, 용서의 물줄기는 항상 풍성히 넘쳐흐른다. 기도를 통해 그 은혜의 생수가 우리 안으로 흘러들어 오는데, 그때 오는 자유함과 기쁨과 평화는 이루 말로 표현할 수가 없다.

미국 대학에서 교수로 있으면서 많은 젊은이들에게 복음을 전하고 있는 K교수는 오래전 회심하던 날 밤, 하나님의 영에 의해 얼마나 강한 감동을 받았던지 눈물을 흘리며 정신없이 자신의 죄를 종이에 적어 내려갔다. 나중에 정신을 차리고 세어 보니 무려 53장이나 되는 종이를 가득 채웠다고 한다.

그 순간 그는 너무나 부드럽고 따뜻한, 보이지 않는 팔이 자신을 감싸 안는 것을 느꼈다. 그리고는 은은하고 아름다운 음성이 들려왔다. "내가 너를 용서한다. 내가 너를 용서한다." 그 순간 엄청난 기쁨과 평화의 파도가 그를 채우는 것을 느낄 수 있었다. 눈물이 왈칵 솟구쳤다. 평소 그토록 냉정하고 터프하던 그가 밤새 손을 들고 하나님을 찬양하며 울었다고 한다. 진정한 회개의 기도는 하나님의 용서를 폭포처럼 끌어낸다. 그리고 한 번 그것을 경험한 사람의 인생은 180도 달라질 수밖에 없다.

자신의 죄를 가슴에만 묻고 하나님께 고백하지 않으면 수많은 기도가 다 중간에서 떨어져 버린다. 삶으로 드러나는 진실하고 철저한 회개만이 기도의 문을 활짝 열어젖힌다. 회개는 자신의 죄를 인정하는 것과 죄를 끊어 버리는 것, 두 부분으로 이뤄진다. "만약 내 백성이 자신의 악한 길에서 돌아서서 나의 얼굴을 찾으면"이라고 했다. 히브리어 원어로 "하나님 얼굴을 찾는다"는 것은 "하나님의 자비를 구한다"는 뜻이다. 겸손하고 부서진 마음으로 하나님 앞에서 우리의 죄를 고백한다. 그리고 하나님의 용서를 구한다.

　"악한 길에서 돌아선다." 목욕한 다음에 바로 진흙탕에 뛰어드는 사람은 없다. 하나님께서 당신을 용서하신 뒤에 당신은 결단하고 죄의 습관들을 끊어 버려야 한다. 진정한 회개는 완전히 변화된 삶으로 확인되는 법이다. 더러운 컵에 물을 붓지 않는 것처럼 하나님의 능력도 더러운 영혼에 담기지 않는다. 당신의 기도가 하늘 끝까지 올라가 하나님의 마음에 닿기를 원하는가? 확실하고 진실한 회개로 시작하라.

　그렇다면 무엇이 우리가 하나님과 가까이하는 것을 막을까? 선지자 이사야는 말했다.

"여호와의 손이 짧아 구원하지 못하심도 아니요 귀가 둔하여 듣지 못하심도 아니라 오직 너희 죄악이 너희와 너희 하나님 사이를 갈라 놓았고 너희 죄가 그의 얼굴을 가리어서 너희에게서 듣지 않으시게 함이니라"
(사 59:1-2).

그렇다. 하나님과 우리 사이의 거리를 내는 것은 바로 우리의 죄다. 그래서 하나님과 가까이하기 위해선 먼저 진정한 회개가 필요하다. 야고보는 위선적인 당시 크리스천들을 보며 가슴이 미어지는 듯한 마음으로 외쳤다.

"…죄인들아 손을 깨끗이 하라 두 마음을 품은 자들아 마음을 성결하게 하라 슬퍼하며 애통하며 울지어다 너희 웃음을 애통으로, 너희 즐거움을 근심으로 바꿀지어다"(약 4:8-9).

우리는 자신의 죄의 실체를 보고 놀라고, 통곡하는 마음을 가져야 한다. 요즘은 양심이 화인 맞은 것 같은 사람들이 많다. 잘못을 저질러 놓고도 잘한 척하고 다들 살아간다.

누가 내 잘못을 지적해 주면 "너는 의롭냐?"고 대든다. '그래도 나 정도면 괜찮은 크리스천 아니냐?'는 은근한 자기도취적 착각 속에 살아간다. 그래서 사람들은 오늘날의 기독교를 '팝 기독교'(PoP-Christianity)라고 부른다. 한마디로 경박한 종교라는 의미다. 그저 듣기 좋은 종교적 엔터테인먼트를 제공해 주는 곳이 교회라는 것이다. 복음을 원색적으로 그대로 전하여 우리의 폭력적이고, 음란하고, 이기적이고, 더러운 죄의 실체를 드러내는 살아 있는 말씀이 전해지는 곳이 점점 줄어들고 있다. 이러니 교회가 힘이 없다.

오늘날 크리스천들에게 참된 회개가 있는가? 참으로 제대로 된 하나님의 사람들은 완벽하게 흠 없는 사람들이 아니라 자신의 죄를 하나님 앞에 솔직히 인정하고 피를 토하는 회개를 했던 사람들이다. 하나님의 사람 다윗은 밧세바와 간음한 뒤 나단 선지자를 통해 자신의 죄가 드러나자 그 자리에 엎드려 울면서 자신의 죄를 통회했다.

"하나님께서 구하시는 제사는 상한 심령이라 하나님이여 상하고 통회하는 마음을 주께서 멸시하지 아니하시리이다"(시 51:17).

"여호와는 마음이 상한 자를 가까이하시고 충심으로 통회하는 자를 구원하시는도다"(시 34:18).

낙차가 큰 폭포가 떨어지는 힘이 크듯이, 회개의 깊이는 영성의 깊이가 된다. 제대로 회개한 사람은 그만큼 엄청난 용서의 감격, 못난 인간에게 베풀어 주시는 하나님의 은혜의 감격을 체험한다. 그의 신앙은 180도 달라지게 된다.

믿음의 거인들은 다 뼈저린 참회록을 썼고, 항상 역사가 어두워질 때 교회가 정말 엎드려 참회하고 회개하면 영적 대각성, 위대한 부흥의 바람이 불었다. 교회가 그렇게 안으로부터 변하고나야 비로소 사회가 개혁되었다. 그런데 오늘날 우리는 문제를 거꾸로 보고 있다. 교회는 회개하고 스스로 각성하지 않으면서 세상이 썩었다는 말만 열심히 하고 있으니 참으로 서글픈 일이다.

우리가 회개해야 할 일들이 참으로 많지만, 특히 기도의 문을 열기 위해서 먼저 하나님이 요구하시는 회개는 분노와 다툼을 버리는 일이다.

바울은 말했다. "그러므로 각처에서 남자들이 분노와 다툼이 없이 거룩한 손을 들어 기도하기를 원하노라"(딤전 2:8). 분노는 인간의 죄성에서 흘러나오는 악한 노(怒)를 가르키며, "다툼"은 의심이나 남을 비판하는 데서 일어나는 적대 관계를 뜻한다. 기도하기 전에 먼저 분노와 다툼을 버려야 제대로 된 파워 기도가 나올 수 있다.

분노를 버려야 한다

우리 크리스천들이 특히 조심해야 할 옛사람의 잔재는 분노다. 바울은 이렇게 말했다.

"분을 내어도 죄를 짓지 말며 해가 지도록 분을 품지 말고 마귀에게 틈을 주지 말라"(엡 4:26-27).

사람과 사람이 항상 부대끼며 살아가야 하는 세상에서 분노는 언제나 풀 수 없는 숙제와 같이 인류를 괴롭혀 왔다. 성격과 상황에 따라서 분노는 다양한 형태로 나타난다. 어떤 사람은 자그마한 일에도 툭하면 버럭 소리를 지르며 화를 낸다(너무 빈번하게 터지는 분노다). 그렇지만 자신은 지나가면 그만이고 뒤끝이 없다고 한다(하지만 앞끝이 너무 길면 뒤끝이 있는 것만 못하다).

반면 어떤 사람은 화가 나도 잘 표현을 안 하고 꾹꾹 눌러 참는다. 그러다 한번 폭발하면 활화산같이 팡 터지기 때문에 무슨 일이 일어날지 알 수가 없다. 또 어떤 이들은 대놓고 분노를 폭발시키지 않지만 조용히 속으로 분노를 삭이며 복수를 꿈꾼다. 가슴에 한으로 맺혀 버린 내적 분노는 속병을 만든다. 당신은 주로 어떤 케이스에 해당되는가? 어떤 케이스건 분노는 자신과 주위 사람들 모두에게 씻을 수 없는 해악을 끼친다. 특히 분노를 가슴에 품고 있으면 기도생활에 심각한 방해를 받는다.

예배하고 기도하면서 받은 은혜를 가장 잘 쏟아 버리는 방법이 바로 화내는 것이다. 그것도 뭐 큰일로 화내는 것도 아니다. 집회에서 은혜 충만하게 받고 나오는 길에 내 차 앞에 연락처도 안 남기고 이중 주차해 놓고 파킹 브레이크까지 걸어 놓고 간 차를 보면 울분이 솟구치고 욕이 나온다. 하지만 치밀어 오르는 화를 억제할 수가 없을 때 한 번 숨을 돌이키고 주님을 생각하자. 입을 열어 화를 내기에 앞서 상황에서 한 발짝 뒤로 물러나 보자. 그리고 기도하자. 그러면 달라질 것이다. 아주 오래전에 들었던 복음성가의 가사를 나는 아직도 잊을 수가 없다. "맘에 분이 가득 찰 때 기도했나요. 나의 앞길 막는 친구 용서했나요. 기도는 우리의 안식, 빛으로 인도하니 앞이 캄캄할 때 기도 잊지 마세요."

우리 생각엔 상황이 우릴 화나게 만들었다고 하는데 실은 그렇지 않다. 내 속에 이미 내재되어 있는 증오와 상처들이 어떤 상황에 의해서 폭발한 것 뿐이다. 남한테 무시 당했던 경험, 잘 풀리지 않는 내 현실에 대한 불만족, 나를 잘 이해해 주지 않는 것 같은 주위 사람들에 대한 섭섭함 등이 우리 속에 조금씩 쌓여 영혼을 병들게 한다. 그런 병든 영혼을 계속 방치해 두면 우리는 이미 성낼 준비를 하고 다니는 것이다. 누가, 무엇이 건드리기만 하면 언제 어디서든 폭발할 수 있다. 때문에 항상 이렇게 기도해야 한다. "주님, 폭발하기 일보직전인 제 영혼의 독을 씻어 주세요."

　물론 살다 보면 불의에 항거하는 정당한 분노, 거룩한 분노를 느낄 때가 있다. 링컨은 청년 시절, 시장에서 짐승처럼 사고 팔리는 흑인 노예들을 보면서 형언키 힘든 거룩한 분노를 느꼈다. 그러나 이 정당한 분노, 거룩한 분노라 할지라도 우리는 아주 조심해야 한다. 정말 그런 분노라 할지라도 우리 속에 있는 옛사람의 잔재가 악용될 수 있기 때문이다. 명분은 정당한데 그것을 이루는 과정에서 우리가 종종 지나치게 공격적이고 감정적이 되는 것은 그 때문이다.

　혹자는 "주님도 성전에서 장사하는 사람들을 보고 채찍을 들고 상을 엎으셨다"고 말한다. 그러나 우리는 예수님이 아니다. 우리는 예수님처럼 전지전능한 존재가 아니기에 모든 사실을 정확하게 다 모르고 설불리 화를 내는 경우가 대부분이다.

　또한 우리 자신도 잘못이 많아 자신도 모르게 남을 화나게 하는 경우가 부지기수여서 그렇게 화낼 자격이 없다. 7-80년대 대한민국 초, 중, 고등학교 교육에서 뭘 가르쳤는가? "때려잡자 김일성! 무찌르자 공산당!" 하면서 우리가 다음 세대들을 얼마나 폭력적으로 만들었는지 모른다. 교회를 탄압하고, 동포들의 인권을 유린한 공산 독재정권은 나쁘지만 그들과 같은 언어나 행동 방식으로 그들을 이기려 해선 곤란하다. 악으로 악을 이기지 말고 선으로 악을 이겨야 한다. 사람들에게 분노를 충동하거나 가르쳐서는 안 된다.

교회 안에서도 다른 교파, 다른 신학을 가진 사람들에 대해서 너무 함부로 비난하고 미워한다. 이단이 아닌 이상 우리는 다 한 형제다. 의미 없는 분노를 버리고 서로 수용해야 한다.

성경은 "해가 지도록 화를 품지 말라"고 했다. 화를 오래 품고 있으면 죄가 된다. 아무리 의로운 분노의 불길도 빨리 꺼버리지 않으면 사람이 분노를 지배하는 게 아니라, 분노가 사람을 지배하게 된다. 꺼지지 않는 분노는 영혼을 병들게 하고 하나님의 일을 파괴시킨다. 하루 이상 쌓아두는 분노는 "마귀에게 틈을 주는 것"이다. 서로 용서하지 않고 적대시하며 쓴 뿌리를 가진 마음은 사탄이 가장 좋아하는 놀이터다. 사탄은 아무것도 아닌 작은 분노에 기름을 부어서 큰 재앙으로 확대시키는데 천재다.

남미의 어느 나라들은 월드컵 경기 판정 결과 때문에 시비가 붙어 전쟁까지 간 적도 있다. 멀쩡하게 잘 살던 부부들이 이혼하고, 괜찮은 좋은 교인들이 서로 싸우고 갈라지는 것도 최초의 발단은 알고 보면 사소한 것들이다. 그날 화나게 한 모든 일들, 모든 사람들은 밤에 자기 전에 깨끗이 하나님 앞에서 털어 버리길 바란다.

특히 분노는 하나님의 교회를 깨는 가장 무서운 독소 중 하나다. 하나님은 형제들끼리 분노의 마음을 품고 있는 것을 살인죄와 같이 보신다.

"그 형제를 미워하는 자마다 살인하는 자니 살인하는 자마다 영생이 그 속에 서하지 아니하는 것을 너희가 아는 바라"(요일 3:15).

여기서 "영생이 그 속에 거하지 않았다"함은 형제를 향해 미움을 품고 있으면 구원을 잃는다는 뜻이 아니고, 그 마음을 회개하기 전까지는 마치 하나님이 안 계시는 지옥과 같다는 뜻이다.

크리스천이 가장 크리스천 같아 보이지 않는 때는 언제인가? 바로 가슴속에 형제를 향한 분노를 갖고 있을 때다. 그때 그에게는 지옥의 냄새, 마귀의 냄새가 난다. 지금 이 순간 어떤 형제자매를 향해 미운 감정, 분노의 감정을 갖고 있다면 주님 앞에서 남김 없이 다 회개하고 털어 버리길 바란다.

다툼을 버려야 한다

손을 들고 기도하기 전에 분노를 버림과 동시에 다툼을 버려야 한다. 전쟁 중에서 제일 무서운 전쟁이 종교 전쟁이라고 한다. 양쪽 다 자신들이 진정한 신(神)의 대변인이라고 믿으면서 "거룩한 전쟁"을 치르고 있다고 주장하며 피를 흘릴 때 그 전쟁은 정말 잔인하고 파괴적이 된다.

수년전 로마 교황청에서 이 문제로 공식적인 사과를 했던, "십자군 전쟁"이 바로 그랬다. 성지를 이교도들의 손에서 구해 낸다는 허울 좋은 명분 아래 유럽의 군대들이 콘스탄티노플과 예루살렘에 가서 눈뜨고 볼 수 없는 파괴와 살상을 일삼았다.

그런데 슬프게도 총과 칼을 안 들었다 뿐이지 교회 안에도 형제자매들 간의 다툼이 위험 수위를 넘는 경우가 많다. 우리가 이상적인 교회라고 하여 추앙하는 초대 교회에도 이런 상황이 극히 심각했다. 고린도 교회에선 교인들끼리 파벌을 형성해서 대립이 심각했고, 재판을 걸어 서로를 고소하는 법정 공방까지 벌어졌다.

또 에베소 교회도 자꾸 나눠지려 하는 바람에 바울이 에베소에 보내는 편지들에선 제발 예수 안에서 하나가 되라고 호소하기도 했다. 바울이 어렵게 복음을 심어 초창기 놀라운 성장을 맛보았던 빌립보 교회도 극심한 엘리트주의와 분열에 시달려서, 바울이 감옥에 갇힌 사이 양분되어 분쟁이 아주 심하기도 했다.

지난 2천 년간 교회의 역사를 보면 세상 못지않은 많은 분열과 다툼의 아픔들이 있었다. 한국 교회도 이제 갓 기독교 역사가 백 년을 넘은 젊은 교회인데도 수없이 많은 교단의 분열, 교회 내부의 다툼의 아픔들을 겪어 왔다. 하나님의 지혜가 세상의 지혜와 다른 것은 첫째는 하나님의 지혜는 거룩하며, 둘째는 무엇보다 하나님의 지혜가 화평케 한다는 점이다. 초대 교회 내에서 다툼이 그토록 많다는 사실은 교회 내의 지도자들이 하나님의 지혜가 아닌 세상의 지혜로 오염되어 있었음을 말해 준다. 우리 안에 있는 분쟁과 다툼을 버릴 때 우리는 비로소 살아 있는 기도를 할 수 있다.

원래 그리스도 안에서 만난 형제자매들처럼 아름다운 관계는 없다. 남녀노소, 인종과 국경을 초월해서 그리스도 안에서 만나면 다 평등하게 만난다. 서로가 어떤 이해관계로 만나는 것이 아니라 서로를 사랑의 대상으로 품어 주게 되므로 세상에 정말 교회 같은 모임이 없다. 크리스천 그룹의 작은 모임들을 방문할 때마다 예수의 이름으로 모인 모임들이 얼마나 따뜻하고 아름다운지 감탄을 금치 못한다.

"보라 형제가 연합하여 동거함이 어찌 그리 선하고 아름다운고"(시 133:1).

그러나 가장 아름다운 것이 타락하면 가장 무섭고 추한 존재가 된다. 사탄은 오리지널이 없고 항상 하나님이 좋게 만들어 놓은 것을 오염시키고 타락시키는 데 명수다. 하나님의 교회 안에서 형제들이 만나 교제하며 하나가 되는 것이 그토록 아름답고 좋은 까닭에, 반대로 그것이 타락하면 그만큼 추해진다. 세상에서 가장 추한 다툼이 함께 구원 받은 믿음의 형제자매들 사이에서 일어나는 다툼들이다. 은혜의 자리가 말할 수 없는 고통과 갈등의 자리가 되어버리는 것이다.

교회 내부의 다툼의 종류도 가지가지다. 부자와 가난한 자들 간의 갈등, 고용주와 노동자들 간의 갈등, 교회 내에서 영적 리더십을 차지하려는 야심가들의 정치 싸움, 또한 묵은 개인 감정으로 인해 서로 뒤에서 헐뜯고 비방하는 양상도 많다. 전투적인 세상의 모습들이 교회 안으로 그대로 흘러 들어와 버린 것이다.

하나님을 모르는 세상 사람들이 서로 헐뜯고 싸우는 것은 그렇다 치고, 왜 하나님의 교회 내에서 형제들끼리 이런 다툼이 생길까? 사람들은 대부분 서로 간의 다툼의 원인을 환경에 돌린다. 표면에 드러난 문제들을 가지고 원인 추궁을 해 나간다. 그러나 하나님의 말씀은 분명하게 말한다. 형제들 간의 다툼의 원인은 바로 우리 속에 있는 내면의 욕망 때문이라고 말이다.

"너희 중에 싸움이 어디로부터 다툼이 어디로부터 나느냐 너희 지체 중에서 싸우는 정욕으로부터 나는 것이 아니냐"(약4:1).

여기서 "정욕"이라고 번역된 헬라어 원어는 "쾌락주의"란 단어의 어원이 되는 말이다. 즉 자기 자신의 동물적인 욕구, 감각적 욕구, 이기주의적 욕구를 의미한다. 죄의 본질은 바로 이 이기적인 욕망이다. 이브가 선악과를 따 먹는 죄를 범한 이유는 그것을 먹고 하나님과 같이 되려는 뒤틀린 욕망 때문이었다. 모든 신은 제사를 요구하기 때문에, 자기 자신을 스스로의 신으로 만든다는 것은 스스로의 욕구를 만족시키기 위해 산다는 뜻이다.

그러면서도 우리는 많은 경우 우리의 이기적인 욕망, 자기중심적 죄성을 그럴듯한 종교의 마스크로 가장하는데 그것은 다 위선이다. 옥합을 깨는 마리아를 꾸짖으며 "그 돈이면 가난한 사람들을 많이 도울 수 있다"고 한 가룟 유다는 실은 금고를 맡아 가지고 있다가 개인용으로 빼돌렸던 자신의 죄를 위장한 것이었다. 12세기 십자군 전쟁도 성지를 이교도들로부터 되찾는 전쟁이라고 했지만, 실은 부패한 교황청의 내부 문제를 밖으로 돌리고 동시에 유럽의 군주들에게서 교황청의 권위를 확보하기 위함이었다.

우리 속에 있는 이런 이기적인 욕망들은 은혜의 샘물이 우리 안에 흘러드는 것을 차단한다. 신앙의 성숙, 인격의 변화란 말씀이 내 마음속에서 제대로 자라나야 가능한 것이다. 예수님도 말씀하시기를 하나님의 말씀이라는 씨앗이 우리 마음에 떨어졌을 때 이 세상의 쾌락을 추구하는 욕망이 가시가 되어 그 씨앗이 싹을 트고 자라는 것을 막아 버린다고 하셨다. 이렇게 되니까 교회를 그렇게 오래 다녀도, 그 많은 설교를 들어도 정작 인격과 삶은 별로 바뀌지 않는 껍데기 신자가 되는 것이다. 하나님의 말씀으로 온전히 다스려지지 못한 영혼의 삶, 자신의 욕망을 충족시키기 위해 좌충우돌하는 사람의 삶은 끊임없이 문제를 야기할 수밖에 없다.

자신의 이기적 욕망을 충족시키기 위해 사는 사람의 삶은 계속 남과 부딪치게 되어 있다. 욕망과 욕망은 결코 공존할 수 없고 서로 충돌하게 되어 있기 때문이다. 그래서 그의 인생에는 다툼이 있을 뿐 평화가 없다. 자신의 욕구 충족을 인생의 최우선 순위로 두고 살다 보니 눈에 보이는 것이 없다. 자연히 다른 사람들의 사정과 필요에 둔감해지게 된다. 서로 자기밖에 모르는 사람들이 함께 모이면 다툼이 생기고 전쟁이 생기는 것이다. 항상 남과 다투는 사람의 기도에 힘이 생길 수가 없고 기도에 힘이 없으니 믿음이 병들어 간다.

분노와 다툼을 버려야 거룩한 손을 들고 기도할 수 있다. 특히 남자들이 분노와 다툼의 죄를 범하기 쉬운 까닭에 바울과 베드로는 집중적으로 남자들을 대상으로 이 메시지를 던지고 있다. "거룩한 손"이란 전혀 시비와 다툼이 없고 깨끗한 삶을 살면서 기도하라는 것이다. 불의를 행한 손을 들고 기도하면 하나님을 모독하는 죄를 짓는 것이다. 그러한 기도에 대해서 하나님은 등을 돌리시고 귀를 막아 버리신다.

이 책의 후반부에서 우리는 하나님의 가장 놀라운 기도 응답 중의 하나가 우리 내면세계의 치유임을 배우게 될 것이다. 우리 안의 분노와 다툼은 사실 우리의 의지로 없애기가 불가능하다. 깊은 기도의 결과로 하나님께서 우리 영혼을 만져 주셔야만 한다. 단 기도하기 전에 반드시 필요한 워밍업으로 분노와 다툼을 버려야 하는 것도 사실이다.

기도한 후에 오는 평강과 화목도 중요하지만 불완전할지라도 기도하기 전에 우리의 의지로나마 분노와 다툼을 내려놓아야 한다. 너무 가슴에 화가 가득할 때는 조용히 산책을 하면서 아름다운 찬양을 듣는 것도 좋은 방법이다. 그리고 다른 이들과 불화 관계에 있다면 화목하기 위해서 내가 할 수 있는 노력은 다해야 한다. 잘 안되면 분노와 다툼을 내려놓을 수 있게 해 달라고 기도하자.

운동선수들이 워밍업을 해서 최상의 몸 컨디션을 만들어 놔야 경기할 수 있듯이, 영적으로도 그렇게 워밍업을 해서 최선의 영적 상태를 만들어 놔야 제대로 기도할 수 있는 것이다.

고난 속에서 드리는 기도
Prayer

사랑하는 아버지,
저를 좀 붙잡아 주십시오.
너무 지치고, 힘들어서 당장이라도 쓰러질 것 같습니다.
몸이 아프고 마음이 아픕니다.
나의 계획이 실패하고, 나의 소망이 끊어졌습니다.
인생이 힘들고, 고난이 겹쳤습니다.
하고 싶은 것들을 하나도 할 수 없는 어두운 밤입니다.
사람이 두렵고, 세상이 무섭습니다.

가장 믿었던 사람들이 내게 등을 돌렸습니다.
나에 대해서 전혀 모르는 사람들이 뒤에서 나를 음해합니다.
내 안에 쌓인 서러움을 누군가에게 한없이 하소연하고 싶은데,
그토록 많았던 친구들이 주위에 아무도 없습니다.
한없이 억울하고, 사무치게 서럽고, 처절하게 외롭습니다.

그러나 이제야 알겠습니다.
이제야 느껴집니다.
내 안에 시퍼렇게 살아 있는 자아의 무서운 독성을.
작은 능력을 믿고 펄펄 날뛰었던 나를

당신이 얼마나 오래 참아 주셨는지를.
모든 것을 다 잃고 나서야 아버지의 집이
얼마나 고마운 곳인지 기억이 납니다.
지독한 고통 속에 몇 번씩 까무라쳤다 일어날 때마다,
조금씩 내 안에서 나는 죽고 예수님이 살아계심을 느낍니다.
손에 든 것 다 내려놓고 나니, 마음에 평안이 가득합니다.
핏대 섰던 내 눈빛에 이제 천국의 눈물이 가득 고였습니다.
목소리에서 완전히 힘이 빠졌지만, 새로운 능력이 솟아남을 느낍니다.

어느 순간부터인가, 하늘의 언어로 기도하게 되었습니다.
가슴에 뜨거움을 주는 언어요, 나를 살리는 언어가 쏟아져 나옵니다.
생각이 줄어들고, 기도가 많아졌습니다.
놀람과 두려움이 사라지고, 은은한 담대함으로 바뀌었습니다.
사람들을 믿지 않고 사랑하게 되었습니다.
불 같은 시련의 시간이지만,
함께하시는 당신이 있기에 절망하지 않습니다.

이제 약속의 땅으로 이끌어 주십시오.
아버지, 나의 아버지.

리 더 십 만 으 로 는 부 족 하 다

Prayer

오래전 차 한 대가 길 옆 도랑으로 미끄러져 옴짝달싹 못하는 것을 본 적이 있다. 마침 근처를 지나던 소방 트럭이 있어 체인을 차와 엮어서 길 위로 끌어올리려 했다. 그런데 좀 올라오다가 그만 체인이 툭 끊어져 다시 미끄러지고 말았다. 체인이 약했기 때문이다. 그래서 누가 훨씬 두껍고 강한 체인을 가지고 와서 연결시켰을 때, 비로소 차가 끌려 올라올 수 있었다. 결국 문제는 끌어올리는 트럭이 아니라 약한 쇠사슬이었다.

Part 2

기도
업로드

기도의 엔진
기도 코칭
기도의 네 날개

기도야말로 가장 연약한 사람을 가장 위대한 거인으로
바꾸어놓는 하나님의 반전입니다

Prayer

기
도
업
로
드

03

기도의 엔진

오래전 차 한 대가 길 옆 도랑으로 미끄러져 옴짝달짝 못하는 것을 본 적이 있다. 마침 근처를 지나던 소방 트럭이 있어 체인을 차와 엮어서 길 위로 끌어올리려 했다. 그런데 좀 올라오다가 그만 체인이 툭 끊어져 다시 미끄러지고 말았다. 체인이 약했기 때문이다. 그래서 누가 훨씬 두껍고 강한 체인을 가지고 와서 연결시켰을 때, 비로소 차가 끌려 올라올 수 있었다. 결국 문제는 끌어올리는 트럭이 아니라 약한 쇠사슬이었다.

영적인 세계에도 똑같은 원리가 적용된다. 예수님의 능력은 무한대다. 그리고 우리를 향한 그분의 사랑도 무한대여서 항상 그분의 능력을 우리를 위해 쓰고 싶어 하신다. 도랑에 미끄러져 옴짝달싹 못하는 그 차처럼 우리가 병들고, 실패하고, 난관에 부딪혔을 때, 예수님은 우리를 건져내 주고 싶어 하신다. 그 예수님의 손과 연결하는 체인의 이름은 믿음이다. 믿음의 크기에 따라서, 믿음의 진실함에 따라서 예수님의 능력을 끌어내는 정도가 달라진다. 우리의 마음이 진실하고 겸손하다면, 그래서 오직 예수의 이름만을 붙잡으려는 간절한 믿음이 있다면 우리는 기적을 체험할 것이다. 그리고 무엇보다도 예수님이 그걸 원하신다. 기도가 자동차라고 한다면 기도의 엔진은 믿음인 것이다.

끝까지 구하는 믿음

포기하지 않고 계속 구할 수 있는 것은 믿음이 있기 때문이다. 기다림의 시간 동안, 하나님이 우리에게 요구하시는 것은 믿음이다. 응답 받는 기도는 믿음으로 하는 기도다.

"그러므로 내가 너희에게 말하노니 무엇이든지 기도하고 구하는 것은 받은 줄로 믿으라 그리하면 너희에게 그대로 되리라"(막 11:24).

우리가 백화점에 갈 때 자동문 앞으로 그냥 막 걸어 들어가지 않는가? 가까이 가면 장치된 센서가 작동하여, 쏵 하고 열릴 것을 믿기 때문이다. 이처럼 최소한 백화점 자동문 앞으로 걸어가는 정도의 믿음은 갖고 기도해야 하지 않겠는가? 우린 너무 의심이 많다. "설마 이렇게 힘든 일도, 이렇게 귀찮은 일도 하나님이 들어주실까?" 하지만 그런 생각이 드는 순간 떨쳐 버려라. 그것은 하나님의 생각이 아니다. "오직 믿음으로 구하고 조금도 의심하지 말라 의심하는 자는 마치 바람에 밀려 요동하는 바다 물결 같으니 이런 사람은 무엇이든지 주께 얻기를 생각하지 말라"(약 1:6-7). 의심하는 순간, 하나님이 우리에게 준 엄청난 영감과 축복을 우리 스스로 막아 버리는 것이다. 예수님은 분명히 약속하셨다. "너희가 기도할 때에 무엇이든지 믿고 구하는 것은 다 받으리라"(마 21:22). 사람도 자기를 믿어 주는 사람이 정말 고맙지 않은가? 그런 사람에게 최선을 다해 주지 않는가? 그 기대에 부응하기 위해서라도 말이다. 하나님도 그렇다. 의심하지 말고 믿어라. 하나님은 당신의 믿음대로 응답하실 것이다.

"구하는 이마다 받을 것이요 찾는 이는 찾아낼 것이요 두드리는 이에게는 열릴 것이니라"(눅 11:10). 복음서에서 예수님은 이 말을 몇 번이나 거듭 반복하며 강조하셨다. 이것은 하나님이 얼마나 우리의 기도를 기다리고 계신가를 암시한다. 하나님은 찾는 자에게 기꺼이 발견되시는 분이다. "너희가 내게 부르짖으며 내게 와서 기도하면 내가 너희들의 기도를 들을 것이요 너희가 온 마음으로 나를 구하면 나를 찾을 것이요 나를 만나리라"(렘 29:12-13).

우리가 기도 응답을 받기 원하는 것보다 훨씬 더 하나님이 우리에게 기도 응답을 해 주고 싶어 하신다. 우리에게 무한정 축복을 주려고 대기하고 계신다는 말이다. 그러니까 우리의 갈증은 하나님이 주시지 않아서 생기는 것이 아니라 떠 마시지 않아서 오는 갈증이고 믿음이 없는 데서 오는 갈증인 것이다.

믿음은 적극적인 행동이다

"구하라 그러면 너희에게 주실 것이요 찾으라 그러면 찾아낼 것이요 문을 두드리라 그러면 너희에게 열릴 것이니"(눅 11:9). 이 말은 가만히 있는 자에게 주시겠다는 뜻이 아니라, 적극적으로 믿고 행동하는 자에게 주시겠다는 뜻이다. 하나님이 가장 싫어하는 사람은 무관심한 자, 하나님을 신뢰하지 않는 자, 하나님께 간구하지 않는 자이다. 간절함으로 항상 주님을 목말라해야 한다.

꼭 큰소리로 기도하라는 것이 아니다. 조용히 기도해도 마음 깊은 곳에서부터 주님을 갈구해야 한다. 주님을 애타게 찾아야 한다. 지금 우리 상황이 그렇게 점잖게 가만히 앉아 있어도 될 만큼 좋은가? 그렇지 않다면 타는 듯한 목마름으로 주님께 나오라. 간절하고 진실하게 기도하라. 진실한 목마름이 있는 적극적인 기도에 주님이 응답하실 것이다. "하나님을 가까이하라 그리하면 너희를 가까이하시리라"(약 4:8), "천국은 침노를 당하나니 침노하는 자는 빼앗느니라"(마 11:12)고 했다. 당장 움직이라. 고민은 이제 그만하고 즉시 기도를 시작하도록 하자.

믿음은 목숨을 거는 절박한 열정이다

마가복음 5장에서, 하루는 야이로라는 회당장이 예수님을 찾아왔다. 회당장 하면 당시 이스라엘을 다스리는 큰 어른이었다. 그런 사람이 사색이 된 얼굴로 나아와 겸손히 예수님을 집으로 청했다. 하나뿐인 딸이 병으로 죽어 가기 때문이었다. 예수님은 그 가련한 아버지의 얼굴을 보시고 마음이 측은해져서 흔쾌히 그를 따라나섰다.

그런데 야이로의 집으로 가는 길이 만만치 않았다. 원래 예수님을 따라다니는 군중이 많은 데다가, 가버나움 최고의 어른인 야이로의 딸을 고치러 가신다니 호기심에 사로잡힌 군중들이 한꺼번에 거리로 몰려나와 그야말로 인산인해를 이루었다. 야이로의 입장에선 너무 속상한 일이었다. 한시라도 빨리 예수님을 모시고 가야 하는데 사방에서 군중들이 밀어 대는 통에 걸음을 옮기는 게 여간 어렵지 않았다. 게다가 엎친 데 덮친 격으로 야이로가 전혀 예측치 못했던 새로운 변수가 기다리고 있었다.

남루한 옷차림의 한 여인이 군중 속에서 필사적으로 예수님께 접근하고 있었던 것이다. 그녀는 12년이나 혈루병을 앓던 여인이었다. 혈루병은 문자 그대로 피가 계속 흘러내리는 끔찍한 병으로, 육체적 고통도 고통이지만 율법적으로 불결하다 하여 사회적으로 거의 매장 당해 살아가야만 했다. 그런 상황이 12년이나 계속되었으니 얼마나 힘들었겠는가? 그래서 그 여인은 자신의 전 재산을 털어서 여러 의사들을 찾아다니며 병을 고쳐 보려고 했다. (탈무드에 기록된 그 당시 정통 의사들의 처방을 보면 기가 찰 정도로 어처구니없는 것들이 많다.) 그러나 돈은 돈대로 다 날리고 아무 효험도 보지 못했다.

참으로 가슴 아픈 일이다. 아픈 것도 서러운데 의사를 잘못 만나서 상황이 더 어려워졌으니 말이다. 목마르다고 마신 물이 소금물이었으니 갈증이 더 심해졌다. 차에 문제가 있어서 카센터에 맡겼는데 잘 못 고치는 곳이리서 문제가 더 심각해졌다. 회사에 문제가 있어 전문가의 조언을 구했는데 그것이 오히려 상황을 더 악화시켰다. 이런 일들이 우리 인생에서 얼마나 많은가? 잘못된 처방 때문에 안 그래도 아픈 상처가 더 악화된 것이다.

이 여인이 12년 동안 그 고생을 하면서 전 재산을 다 쓰고, 몸 고생 마음 고생은 얼마나 했겠는가? 그녀는 이제 지쳐서 포기하기 일보 직전이었다. 그런데 바로 그때, 예수님 얘기를 들은 것이다. 야이로처럼 유명한 사람, 존경 받는 어른은 당당히 예수님께 나가 말할 수 있었지만 여인은 차마 그럴 수가 없었다. 돈도 없고, 빽도 없는 자기 같은 사람이 저 바쁘고 유명한 예수님께 감히 어떻게 나갈 수 있겠는가? 그래서 여인은 빽빽이 에워싼 군중들 틈에 몰래 숨어들기로 했다. 야이로에겐 참으로 원망스런 군중이었지만, 이 여인에겐 자기같이 미천한 사람이 예수님께 다가갈 수 있게 해 주는 완벽한 도움이었다.

하지만 결코 쉽지 않은 일이었다. 거리를 가득 메운 흥분한 군중들 속으로 한번 뚫고 들어가 본 적이 있는가? 건강한 장정도 몇 미터 들어가기가 힘들 정도로 쉽지 않은 일이다. 그런데 혈루병을 앓아 연약할 대로 연약해진 여인이 어떻게 그럴 수 있었겠는가? 이 여인은 그야말로 자기 목숨을 걸고 달려들었음이 틀림없다. 예수님을 만지지 못하면 이제 죽는 길밖에 없다는 각오로 달려든 것이다. 만약 그렇게 뚫고 들어가서 예수님을 만졌어도 낫지 못한다면 지쳐 쓰러져 죽을 수도 있었다. 그러나 여인은 상관하지 않았다. 자신의 인생을 걸고 목숨을 걸었다.

이 여인이 마침내 예수님의 옷자락을 만졌다. 그리고 기적이 일어났다. 즉시로 출혈이 멈춘 것이다. 온몸에 새로운 힘이 밀려 들어왔다. 순간 예수님이 멈춰 서셨다. 그리고 말씀하셨다. "누가 내게 손을 댔느냐?" 믿음의 터치는 예수님의 능력을 이끌어 낸다. 그리고 예수님을 멈춰 서게 한다. 예수님의 능력을 끌어 내는 터치에 예수님의 관심이 집중된다.

사람들은 아무도 예수님이 무슨 말씀을 하시는지 이해하지 못했다. 이때 나서기 좋아하는 베드로가 또 벌컥하고 나섰다. "예수님, 이 수많은 사람들이 다 선생님을 둘러싸고 밀어 대고 있습니다." 아마 베드로는 이렇게 말하고 싶었을 것이다. "아니, 이 많은 사람들이 우릴 둘러싸고 밀어 대는 통에 압사하기 일보직전인데 그게 무슨 말씀입니까? 누가 선생님을 만졌냐고요? 누가 안 만졌냐고 물어보셔야죠."

그러나 예수님은 군중들이 호기심에서 예수님을 만지는 그런 터치를 말씀하시는 게 아니었다. "내게서 능력이 나가는 것을 내가 느꼈다." 즉, 수많은 사람들이 예수님을 만졌어도 예수님의 능력을 끌어 내는 터치가 따로 있었다는 것이다. 장난으로, 호기심으로, 매너리즘에 빠져서 적당히 예수님을 만지는 터치로는 아무 일도 일어나지 않는다. 예수님도 그런 자세로 자신에게 나아오는 사람들에겐 별 관심이 없으셨다. 그러나 이 여인은 달랐다.

당해 보지 않은 사람은 결코 이해할 수 없는 고통을 12년이 넘게 겪었다. 병 때문에 돈도, 친구도 다 잃었다. 차라리 죽는 게 나은 삶을 12년이나 살면서, 이젠 지칠 대로 지쳐 있었다. 눈물도 말랐고, 매달릴 사람도 없다. 그래서 오직 예수님에게 모든 것을 걸고 그 약한 몸으로 그 억센 군중 속으로 뛰어들었다. 한걸음 한걸음 숨이 차고 힘들었지만 결코 포기할 수 없었다. 서러움은 간절한 믿음이 되었고, 그 처절한 몸부림으로 예수님께 왔다. 예수님이 아니시면 이젠 죽을 수밖에 없다는 그 목숨을 건 터치, 이것이 예수님의 능력을 끌어 낸 것이다.

"가련하고 가난한 자가 물을 구하되 물이 없어서 갈중으로 그들의 혀가 마를 때에 나 여호와가 그들에게 응답하겠고 나 이스라엘의 하나님이 그들을 버리지 아니할 것이라"(사 41:17).

오늘날도 그렇다. 수많은 사람들이 교회에 오지만 다 같은 은혜, 다 같은 축복을 경험하는 것은 아니다. 다 같은 예배를 드린 것 같은데 어떤 사람은 병이 치유되고, 방언이 터지고, 악한 영이 떠나가고, 더러운 죄를 뽑아 내고, 성령의 바람을 느끼며, 새로운 인생의 비전을 찾는 놀라운 기적을 체험한다. 하나님의 임재를 느끼며 그 영광에 압도되는 감동을 체험한다. 그런데 어떤 사람은 그저 냉랭하다. 무엇이 차이인가? 바로 어떤 마음가짐으로 예수님을 만졌느냐의 차이다. 한번 스스로에게 물어보라. 과연 나는 주님께 나올 때 가난하고 겸손한 마음으로, 오직 하나님만 바라보는 절박한 열정으로 나오는가?

어떤 교회는 설교하러 가 보면 마치 벽에 대고 이야기하듯, 메시지가 퉁겨 나오고 설교하는 내가 더 힘이 빠지는 곳이 있다. 반면 어떤 교회는 내 능력 이상의 파워로 설교가 흘러나오는 곳이 있다. 정말 하나님의 말씀을 스펀지처럼 빨아들이는 그들의 모습에서 엄청난 영적 감동을 느낀다. 받는 사람들의 영적 목마름에 따라서 축복의 강도가 달라져 버린다. 나는 당신이 예수님을 만질 때 간절한 믿음으로 만지기를 바란다. 그래서 예수님의 능력을 끌어 내길 바란다. 기적을 체험하길 바란다. 결코 재미삼아, 적당히, 장난처럼, 혹은 마지못해 예수님께 나아가서는 안 된다.

예수님은 자신의 능력을 끌어 낸 믿음의 주인공에게 관심이 있으셨다. 그래서 한시라도 빨리 야이로의 딸을 고치러 가야 하는 그 화급한 상황에서도 굳이 멈춰 서서 누가 자기를 만졌는지를 알기 원하셨다. 여인은 그제야 두려움에 떨며 앞으로 나와서 자신을 밝힐 수밖에 없었다. 자신이 왜 여기까지 왔는지를 속속들이 말했다.

예수님은 왜 이 여인을 굳이 군중 앞에서 드러내셨을까? 그녀의 몸을 치료하신 예수님은 이제 그녀의 영혼을 치료하길 원하셨기 때문이다. "딸아, 네 믿음이 너를 구원했다. 평안히 가거라." 예수님의 말씀 한마디 한마디가 얼마나 엄청난 축복인지 모른다. "딸아." 이 말은 이제 그녀가 하나님의 자녀가 되었음을 의미했다. 몸뿐 아니라 영혼까지 구원받아 천국 자녀가 된 것이다. "네 믿음이 너를 구원했다." 참 고마운 말씀이다. 분명히 예수님의 은혜로 구원해 주셨으면서, 정작 말씀은 "네 믿음이 너를 구원했다"고 해 주신다. 여인의 믿음이 대단했지만 그래도 예수님의 은혜 없이 어찌 자기 믿음만으로 구원 받았겠는가? 하나님은 우리의 작은 믿음도 그렇게 크게 보시고 인정해 주신다.

"평안히 가거라." 기적을 베풀어 주신 예수님은 이제 이 땅에서 그녀의 남은 인생도 축복해 주신다. 하나님의 임재가 평생 그녀를 따라다니며 지켜 주시고, 도와주실 것을 간구해 주셨다. 얼마나 큰 축복인지 모른다. 주님께서는 정말 우리의 "영혼이 잘됨같이 우리의 모든 일이 잘 되고 강건하기를" 원하신다(요삼 1:2). 예수님은 모든 사람 앞에서 이 여인이 영육간에 완전히 회복되었음을 선포해 주신 것이다. 그래서 이제 이 여인이 더 이상 사람들에게 무시 당하지 않고, 당당하고 아름답게 살 수 있도록 길을 터 주신 것이다. 오늘 하나님의 그 축복이 당신에게도 임하기를 바란다.

믿음은 비전을 품는 것이다

축복의 성경적 의미는 초자연적인 부탁을 하거나 들어줌을 뜻한다. 우리가 하나님의 축복을 구할 때, 우리는 조금 더 노력하면 이룰 수 있는 그런 것을 말하는 게 아니다. 하나님의 축복을 구할 때는 우리 자신도 그 정확한 내용과 크기를 알 수 없는, 오직 하나님만이 아시고 주실 수 있는 초자연적인 어떤 것을 말씀드린다. 그리고 하나님께서 복을 주실 때는 "사람을 부하게 하고 근심을 겸하여 주지 않으신다"(잠 10:22). 사람이 억지로 무리수를 둬서 이룬 성공은 뒤탈이 많다. 그러나 하나님이 주시는 축복은 뒤탈이 없다.

구약성경의 야베스는 기도하면서 오직 하나님께 모든 것을 맡겼다. "주께서 내게 복에 복을 더하사 나의 지경을 넓히시고"(역상 4:10, 개역한글)라고 기도했다. 즉 야베스는 이렇게 말하고 있는 것이다. "주님, 당신이 결정해 주세요. 제게 어떤 복이 필요하고, 언제 어디서 어떻게 그 복을 받아야 하는지 오직 당신께만 맡깁니다."

오직 하나님께 모든 것을 완전히 일임하는 야베스의 자세를 본받아야 한다. 많은 경우 우리는 하나님의 팔을 비틀어서라도 자신의 욕심 가 득찬 기도를 들어달라고 한다. "하나님, 이번에 로또 당첨되게 해 주세요. 저 고급차 하나 사게 해 주세요. 우리 아이 일류 대학에 들어가게 해 주세요." 야베스는 정확하게 이런 것을 달라고 하나님께 명령하지 않았다. 오히려 야베스는 겸허히 종의 자리에 가 앉는다. 축복의 내용을 하나님께 온전히 맡긴 것이다.

"먼저 그의 나라와 그의 의를 구하라 그리하면 이 모든 것을 너희에게 더하시리라" (마 6:33).

하나님은 우리가 하늘의 축복을 구하길 원하신다. 하나님은 우리가 하나님 사이즈의 꿈을 꾸길 원하신다. 그런데 우리는 너무 빨리 하나님의 축복의 한계를 그어 버린다. 우리 욕심으로 최고를 구한 것 같은데, 그건 오히려 하나님의 축복의 한계를 긋는 행위다. 예를 들어 자녀의 장래를 놓고 기도할 때 "하나님, 우리 아이 서울대학교만 들어가게 해 주세요. 그러면 더는 소원이 없겠습니다"라는 안타까운 기도를 하는 부모들이 있다. 미안하지만 그러면 그 아이의 장래에 하나님이 주실 축복을 서울대학교 입학으로 끝내 버리겠다는 말인가? 아니다. 우리 아이들은 명문 대학을 들어가는 정도가 아니라, 세계를 누비며 복음을 전하고 거룩한 영향력을 열방에 퍼뜨릴 아이들이 되어야 한다. 왜 하나님의 축복을 우리의 성급한 욕심으로 제한시켜 버리려 하는가?

하나님의 선하심에는 끝이 없지만 만약 당신이 어제 하나님께 축복을 구하지 않았다면, 당신은 어제 당신이 당연히 누릴 수 있었던 하늘의 축복을 받지 못한 것이다. 하나님의 축복의 파워를 제한할 수 있는 것은 아무것도 없다. 하나님은 하나님의 자녀된 우리에게 최고의 것을 항상 주고 싶어 하신다. 야베스는 선하신 하나님의 그 본성을 알고 믿었던 것이다.

바울은 "우리 가운데서 역사하시는 능력대로 우리가 구하거나 생각하는 모든 것에 더 넘치도록 능히 하실 이"(엡 3:20)라고 했다. 즉 우리가 아무리 크게 생각해도 하나님 생각보다 더 클 수는 없다. 우리의 상상력과 믿음을 최대한으로 펼쳐도 하나님보다는 못하다. 이 얼마나 흥분되는 일인가!

믿음은 자신의 지경을 넓혀 달라는 것이다

야베스는 또한 자신의 "지경을 넓혀 달라"고 기도했다. 여기서 지경(boundary)이란 말의 원어를 번역하면 "영토, 국경, 활동 범위, 행동 반경, 영향력의 크기"를 말한다. 즉 야베스는 여기서 자기 인생의 범위를 최대한 넓혀 주셔서 하나님을 위해 더 큰 영향력을 행사할 수 있게 해 달라고 기도하고 있다. "하나님, 제게 더 많고 큰일, 주님을 위해 더 많은 일을 할 수 있는 기회를 주십시오. 안주하지 않고 더 많고 다양한 사역, 주님을 위해 섬길 기회들을 주세요."

어떤 사람들은 이렇게 말할지 모른다. "아니, 지금 하고 있는 사역 감당하기에도 허리가 휘는데 그게 무슨 소리냐? 내 행동 반경을 넓혀서 더 많은 사역을 할 수 있게 해 달라니?" 대부분의 영적 지도자들은 이미 자신이 하고 있는 일만으로도 벅차다고 생각할 것이다. 실제로 많은 이들은 정반대의 기도를 하고 있다. "주님, 제 짐을 좀 줄여 주십시오. 사역을 좀 줄여 주세요."

그러나 역설적으로 야베스는 정반대의 기도를 하고 있다. "하나님, 주님을 섬길 좀 더 많은 기회를 주세요. 더 많은 사람들에게 주님의 거룩한 영향력을 미칠 수 있도록 저를 더 많이 써 주세요." 실제로 많은 영적 지도자들이 탈진되는 것은 너무 사역이 많아서라기보다는 스스로를 관리하는 영적 훈련이 안 되어 있어서거나, 아니면 그들의 사역이 자신의 영적 은사나 열정과 맞지 않기 때문이다. 제대로 된 사역은 하면 할수록 힘이 나게 된다.

당신 생각으로는 현재의 스케줄 북이 가득찼다고 느낄지 모른다. 그러나 그것은 당신의 인간적 생각, 상식의 한계일 뿐이다. 만약 당신이 믿음을 가지고 주님을 더 섬길 수 있는 기회를 달라고 기도하기 시작하면 놀라운 일들이 생길 것이다. 당신은 그런 기도를 하는 당신을 기뻐하시는 하나님의 기쁨을 느낄 수 있을 것이며, 당신을 통해 일하고 싶어 하시는 그분의 흥분을 느낄 수 있을 것이다. 당신에게 더 많은 사역의 기회들이 주어지면서 하나님은 동시에 그것을 감당할 수 있는 초자연적인 능력과 자원들을 공급해 주실 것이다. 그리고 당신 삶의 많은 쓸데없는 부분들을 정리함으로써, 당신의 모든 신경을 주님의 사역을 위해 집중할 수 있도록 도와주실 것이다.

겸손과 두려움을 혼동하지 말라. "아, 저 같은 것이 어떻게 그런 일을 할 수 있습니까?"라고 한 뒤에 그게 겸손이라고 생각한다. 하지만 그것은 두려움일 뿐이다. 믿음이 없는 것이다. 겸손은 내 힘으로는 안 되지만 하나님의 축복과 도우심으로는 할 수 있다고 믿는 것이다.

"만군의 여호와께서 말씀하시되 이는 힘으로 되지 아니하며 능력으로 되지 아니하고 오직 나의 영으로 되느니라" (슥 4:6).

기
도
업
로
드

04

기도 코칭

에베소서는 신약성경에 실린 바울의 많은 편지들 가운데서도 구원론과 교회론의 핵심을 다룬 아주 무게 있는 책이다. 오늘날 모든 교회들의 비전과 목회와 사역의 핵심이 되는 많은 신학적 토대들이 에베소서에 그 뿌리를 두고 있다. 에베소서의 결론을 바울은 기도에 초점을 맞췄다. 기도는 그만큼 중요하다. 특히 바울이 "모든 기도와 간구를 하되 항상 성령 안에서 기도하고"(엡 6:18)라고 한 점을 깊이 음미해 볼 필요가 있다. 기도에도 여러 가지 다양한 종류가 있다. 주신 은혜와 축복에 감사해서 터뜨리는 축제의 기도가 있는가 하면, 인생이 너무나 슬프고 어려울 때 간절히 주님 앞에 마음을 쏟아 놓는 눈물의 기도가 있다. 병든 자를 위해 예수의 이름으로 기도하는 치유의 기도가 있는가 하면, 악한 영들을 꾸짖고 떠나게 하는 영적 권위의 기도가 있다. 하나님의 마음을 천천히 깨닫는 묵상기도가 있는가 하면 너무나 긴박한 상황 속에서 하나님께 비상 도움을 요청하는 화살 기도가 있다. 고통 받고 있는 주위 사람들을 위한 애절한 중보기도도 있다. 하나님은 이 모든 기도들을 축복하시고 기름 부으신다.

성령 안에서 하는 기도

바울은 이 모든 기도들을 "성령 안에서" 해야 한다고 강조한다. 성령 안에서 하는 기도란 첫째, 나의 조급한 마음과 생각을 내려놓고 잠잠히 성령의 인도하심에 내 영혼을 맡겨 드리는 것을 말한다. 그러면 어느 시점에서 성령께서 인생의 적재적소에 이 모든 기도들을 우리가 자연스럽게 할 수 있게끔 인도하실 것이다. 하나님은 우리가 너무 지쳐서 말이 안 나올 때에도 우리 마음의 소리를 들으신다. 하나님은 우리가 얼마나 어려운지를 아신다.

그분은 "우리의 연약함을 동정하지 못하실 이가 아니요 모든 일에 우리와 똑같이 시험을 받으신 이로되 죄는 없으신 분"(히 4:15)이기 때문이다. 그분이 이 땅에 사셨을 때도 너무나 많은 순간들에서 가슴이 찢어지는 아픔을 견디셔야 했다. 그분은 "육체에 계실 때에 자기를 죽음에서 능히 구원하실 이에게 심한 통곡과 눈물로 간구와 소원을 올렸다"(히 5:7). 우리네 인생이 얼마나 힘든지 아시는 주님께서는 그냥 우리가 있는 모습 그대로 엎드리기를 원하신다. 얼굴의 가면을 벗어버리고 말이다.

둘째, 성령 안에서 기도한다는 것은 성령의 능력으로 기도함을 말한다. 혼자 힘으로는 10분도 제대로 기도하지 못한다. 계속 온갖 잡념에 시달리고 시계만 보게 된다. 그러나 성령으로 충만하면 집중력이 생기고, 마음에 뜨거운 것이 생기며, 눈물이 생긴다. 잠깐 기도하고 일어난 것 같은데 금방 1-2시간이 휙휙 지나가 버린다. "힘으로도 능력으로도 안 되고 오직 나의 영으로 되느니라." 이 말씀이 가장 확실하게 적용되는 곳이 바로 기도다. 그러므로 우린 먼저 이렇게 부르짖어야 한다. "성령이여, 내게 기도할 수 있는 능력을 주옵소서. 거룩한 집중력을 주시고, 하늘의 언어를 입술에 올려 주셔서 내 영혼을 쏟아 놓는 진실하고 뜨거운 기도를 하게 하소서."

성령의 능력이 임하면 가장 기도하기 힘들 것 같은 사람들도 엄청난 기도의 열기에 휩쓸리게 된다. 내가 생각하기에 가장 기도 안 할 것 같은 사람들이 요즘의 신세대들이다. 하루 종일 휴대폰으로 문자나 보내고, 아이팟에 이어폰을 꽂고 다니며 음악이나 흥얼거리고, 닌텐도 게임 아니면 인터넷 앞에 붙어 사는 이 젊은 세대들. 단 몇 분도 제대로 집중해서 남의 말을 듣지 않는 친구들이 과연 10분이라도 하나님 앞에 마음 잡고 기도할 수 있을까? 사실 인간적인 생각으로는 말도 안 된다고 생각했다. 그러나 그것은 나의 인간적인 생각에 불과했다.

2000년 6월, 미국의 수도 워싱턴 D.C의 시청 앞에는 미국 전역에서 몰려든 50만에 가까운 대학생과 청소년들이 12시간 동안 금식하고 기도하며 미국의 부흥을 위해서 눈물로 기도했다. "더 콜"(The Call)이라는 학생기도운동 단체가 인도한 이 모임은 21세기 벽두에 전세계 젊은이들에게 부어 주시고 계신 하나님의 새로운 부흥의 파도의 일부분에 불과했다. 2002년 6월, 미국 뉴욕 퀸즈에 위치한 풀러싱 미도우 공원에서는 8만 5천의 젊은이들이 모여 하루 종일 함께 금식하며 미국의 젊은 세대에 새로운 부흥을 달라고 기도했다. 미국뿐만이 아니다. 홍콩에도, 말레이시아에도, 인도네시아에도 하나님의 엄청난 기도 부흥의 불길이 젊은이들 사이에 지난 10년 동안 퍼지고 있다. 나는 인도네시아에서 3만 명이 넘은 청년 부흥 운동을 주도하는 젊은 목사를 대만에서 만난 적이 있다. 이처럼 성령의 능력이 임하면 젊은이들이 그야말로 겁나게 기도하기 시작한다.

성령은 불이다. 불에는 땔감이 필요하다. 성령의 불이 내게 계속 역사하며 나타나게 하는 동력이자 연료는 바로 기도다. 기도를 계속하고 있는 한 성령의 역사는 계속될 것이다. 그러나 아무리 능력이 많아도 기도를 멈추면 성령의 역사는 사라지고 말 것이다. 성령의 사람은 곧 기도의 사람이다. 성령과 기도는 떼려야 뗄 수 없는 관계다. 어려운 일은 내가 조금 노력하면 할 수 있다. 그러나 불가능한 일은 노력하면 할수록 절망감만 생긴다. 이때는 하나님의 개입이 필요하다. 기도의 사람은 하나님의 능력을 끌어낸다.

셋째, 성령 안에서 기도한다는 것은 성령의 인도하심을 따라 기도함을 말한다. 하나님께서는 가만히 들어주시는 것 같으면서도 우리의 기도를 바르게 조금씩 조절을 해 주신다. 우리 마음은 안 그런데도 우리의 기도는 항상 불완전하다. 우리가 죄인이기 때문이다. 기도할 때 꼭 인생의 힘든 상황들이 뇌리에 떠오르면서, 우리의 생각을 분산시키고 감정을 흔들어 놓는다. 예를 들어 마음을 잡고 기도를 시작하려고 하면 꼭 어제 일어났던 자동차 접촉 사고가 생각나면서 기분이 나빠지고 분노가 솟구쳐 오르는 것이다. 그래서 더 이상 기도할 수 없도록 만들어 놓는다. 그러나 그래도 포기하지 말라. 그런 때에도 나는 어떤 크고 아름다우신 분이 잠잠히 나를 안아 주시며 대신 기도해 주시는 것을 느낀다. 아주 능력 있고, 지혜롭고, 사랑스러운 분이 나와 함께하고 계신 것을 느끼며 마음을 가라앉힌다.

우리 안에는 옛사람이 너무 시퍼렇게 살아 있다. 그래서 우리는 인간적인 기도를 너무 많이 한다. 빚을 받으러 온 사람처럼 그냥 "주시옵소서!"만 계속 연발하는가 하면, "주님, 다음 주까지 시간을 드리죠" 하며 하나님을 협박하기도 한다. "하나님 그렇게 하시면 안 되죠" 하면서 하나님을 야단치기도 하고, "이러실 수 있느냐"고 하나님께 항의도 한다. 새벽 기도회에 나왔다가 본의 아니게 옆자리에 앉은 분들의 그런 기도를 엿듣게 된 어떤 분은 "저런 기도도 해야 합니까?"라고 눈살을 찌푸렸다. 그럴 때 내 대답은 "예, 그런 기도라도 해야 합니다"이다. 그렇게라도 기도를 시작해야 한다. 제대로 된 기도가 아니면 아예 안 하겠다고 하는 것은, 마치 골프를 배우면서 제대로 칠 수 있기 전에는 안 치겠다고 하는 어리석은 말과 같다. 처음엔 제대로 못 쳐도 수없이 쳐 봐야 언젠가는 제대로 칠 날이 올 것 아닌가?

자비로운 아버지가 철없는 아들의 말도 안 되는 투정을 다 받아 주시듯이, 하나님은 얼굴 가득 웃음을 머금고 말씀하셨다. "말이 안되도 좋다. 어쨌든 네가 계속 내게 나와 기도한다는 사실 자체가 나는 좋다. 거칠고 불완전한 부분들은 내가 다 알아서 고쳐 들으마. 그러니 두려워하지 말고 마음껏 기도해 봐라." 달에 로켓을 쏠 때 일단 큰 방향만 제대로 잡아서 쏘면, 로켓이 가면서 컴퓨터로 계속 궤도 수정을 한다. 마찬가지로, 일단 하나님께 기도하기 시작하면 우리의 불완전한 기도를 성령님이 고쳐 주신다.

"이와 같이 성령도 우리의 연약함을 도우시나니 우리는 마땅히 기도할 바를 알지 못하나 오직 성령이 말할 수 없는 탄식으로 우리를 위하여 친히 간구하시느니라 마음을 살피시는 이가 성령의 생각을 아시나니 이는 성령이 하나님의 뜻대로 성도를 위하여 간구하심이니라"(롬 8:26-27).

내가 아는 분 중에 재수생 아들을 둔 어머니가 계셨는데, 처음엔 새벽 기도에 나와서 "내 아들 이번엔 반드시 서울대에 붙여 주십시오" 하면서 열심히 자기 아들 기도만 했다. 그러다 몇 달 있다가 주위를 보니, 옆에서 기도하는 다른 엄마들이 측은히 여겨지더란다. 그래서 "저 집 아이들도 좀 같이 붙여 주십시오" 하면서 다른 집 아이들을 위해서도 기도하기 시작했다. 그러다가 시험을 몇 주 앞두고는 마음에 평안이 오면서, "주님, 그리 아니 하실지라도 감사하겠습니다"로 기도가 바뀌었다고 한다. 그러니까 "내가 기도 제대로 하는 걸까?"라고 너무 고민하지 말고 일단 그냥 기도하기 시작해야 한다. 동기가 순수하기만 하면 성령께서 우리의 불완전한 기도를 다듬고 보완해 나가서서 하나님 아버지

보시기에 기쁜 기도로 바꾸어 주신다.

　성령께서 기도 중에 우리를 변화시켜 주시지만, 사실 우리의 의지가 꺾이고 하나님의 뜻에 순종하는 과정이 결코 쉽지는 않다. 어지간한 일에는 다 주님께 순종한다. 하지만 결정적인 일, 너무 비싼 대가를 치러야 하는 일에서 하나님께 순종하기란 쉽지 않다. 예수님도 힘드셨다. 인간을 치유하고 보살피는 다른 사역은 다 하셨지만, 십자가 죽음만큼은 예수님도 쉽지 않으셨다. 육체적 고통에 대한 두려움보다도 아버지 하나님과의 단절되는 아픔 때문이었다. 그래서 겟세마네 동산의 피나는 기도가 시작된 것이다. 하나님이 보여 주시는 길이 너무 버거울 때 당신도 겟세마네 기도로 들어가야 한다. 솔직하게 "할 수만 있다면 이 잔을 내게서 옮겨 주옵소서"라고 사정해 보라. 시작은 그렇게 하는 것이 정직하다. 그러나 "내 뜻대로 마옵시고 아버지의 뜻대로 하옵소서"의 고백이 터질 때까지 기도해야 한다.

　걱정하지 말라. 하나님이 기도하는 당신 곁에서 도와주실 것이다. 복음서에 보면 땀을 피같이 흘리시며 기도하시는 겟세마네의 예수님 옆에 하나님의 천사가 나타나 도왔다고 했다. 자신의 의지를 꺾고, 하나님의 뜻에 순종하려는 기도를 하면 하나님의 천사가 옆에서 도와줄 것이다. 마음이 괴로웠는데 기도 중에 나를 짓누르던 중압감이 어느새 사라져 힘이 나고, 평화와 기쁨이 갑자기 흘러나온다면 그것은 바로 하나님의 천사가 당신의 기도를 돕는다는 증거다. 어떤 크고 아름다운 분, 강하신 분의 팔이 나를 안고 있는 듯한 느낌. 그것은 하나님이 당신의 기도 중에 당신을 만지시고 계시다는 증거다.

하나님의 뜻대로 하는 기도

한 남자가 하나님께 이렇게 기도했다. "주님, 저는 평생을 아주 신실한 크리스천으로 당신을 섬기며 살아왔습니다. 그러니 이제 제 소원 하나만 들어주십시오."

그랬더니 하나님이 대답하셨다. "그래, 원하는 것이 무엇이냐?"

"여기서부터 하와이까지 다리를 하나 놔 주십시오. 그러면 언제든지 제가 원할 때 신나는 휴가를 다녀올 수 있을 테니까요."

그러자, 하나님이 대답하셨다. "뭐? 하와이까지 다리를 놔 달라고? 어떻게 그런 이기적인 기도를 할 수 있느냐? 그렇게 할 때 당장 얼마나 심각한 환경 파괴가 일어날지 생각해 봤느냐? 그러지 말고 다른 소원을 말해 보아라."

그러자 그 남자는 한참을 생각하더니 말했다. "주님, 그렇다면 제게 여자를 이해할 수 있는 능력을 주십시오. 무엇이 여자들을 화나게 하는지, 왜 여자들이 그렇게 말하고 행동하는지, 어떻게 여자들의 기분이 그렇게 자주 바뀌는지? 여자들의 심리를 정확히 이해할 수 있도록 해 주십시오." 그러자 하나님이 한참을 침묵하시더니 이렇게 말씀하셨다. "차라리 하와이까지 다리를 놔 주겠다."

하나님의 자녀가 기도하면 하나님이 들어주시지만 거기에는 중요한 전제 조건이 하나 붙는다. 하나님의 뜻대로 구해야 한다는 것이다. "그를 향하여 우리가 가진 바 담대함이 이것이니 그의 뜻대로 무엇을 구하면 들으심이라"(요일 5:14). 기도는 하나님의 팔을 비틀어서 내 뜻을 관철시키는 도구가 아니다. 가끔씩 "제 기도가 주님의 보좌를 흔들게 하소서"라고 기도하는 것을 듣는데 참 당혹스럽다. 우리의 욕심이 가득찬 기도가 올려질 때마다 하늘 보좌가 흔들린다면 얼마나 황당하겠는가? 주기도문을 자세히 보라. "뜻이 하늘에서 이루어진 것같이 땅에서도 이루어지이다." 즉, 기도란 하나님의 뜻이 나를 통하여 땅에서 이뤄지게 하는 도구다.

그렇다면 하나님의 뜻대로 기도한다는 것은 어떤 의미일까?

첫째, 하나님의 뜻은 이해하기 어려운 때가 많다. 마리아에게 준 하나님의 메시지는 아기를 잉태할 것이라는 청천벽력 같은 소식이었다. 아직 남자를 모르는 십대 처녀 마리아에게 마른하늘에 날벼락 같은 소리였다. 기도 응답도 아닐 뿐더러, 전혀 가능하지도 않은 일이고 원하지도 않던 일이었다. 특히 이미 요셉이라는 엄연한 약혼자가 있는 처녀의 몸으로는 도덕 기준이 엄격한 당시 율법 사회에서 있어서는 안 될 일이었다. 그런데 하나님은 임신할 마리아가 "하나님께 은혜를 얻었다"고 말씀하신다. 2천년이 지난 오늘, 그녀가 예수 그리스도의 어머니가 되었다는 것을 안 지금에야 이해가 되지만 당시 그녀에게는 "이것이 무슨 은혜인가?" 했을 것이다.

하나님의 '굿 뉴스'는 당장은 전혀 굿 뉴스가 아닌 것처럼 느껴질 수도 있다. 인간적 상식으론, 당사자의 입장에서 전혀 이해가 안 될 경우가 있다. 하나님 음성을 분명히 들었는데 아무래도 이해가 안 가는 것이다.

하나님의 뜻은 항상 내가 받아들이기 편하고 좋은 것이 아니다. 정말 안 받았으면 하는 하나님의 뜻도 있다. 마리아가 바로 그 심정이었을 것이다. 그러나 마리아는 섣불리 반응하지 않았다. 당신도 이해가 안 되도 섣불리 반응하지 말라. 인내를 가지고 잠잠히 하나님을 기다리길 바란다.

둘째, 우리는 우리 마음에 들지 않는 하나님의 뜻을 거부하는 경향이 있다. 사람들은 자주 "하나님의 뜻이 무엇인지 모르겠다"고 한다. 그러나 많은 경우 이미 하나님의 뜻은 분명히 내려왔고, 본인도 알고 있다. 하나님의 뜻을 몰라서 순종치 않는 게 아니고, 하나님의 뜻이 마음에 들지 않아서 움직이지 않는 것이다. 그렇다면 왜 하나님의 뜻이 마음에 들지 않을까? 그건 내 마음이 딴 데 가 있기 때문이다. 내 마음이 지극히 세상적이기 때문이다. 발람이 그랬다. 발람은 주술사로써 많은 돈을 벌었고 영향력도 끼쳤다. 그런데 큰돈을 벌 수 있는 기회에 하나님이 이스라엘을 저주하러 가지 말라 하시니 그게 못마땅했던 것이다. 분명히 하나님의 뜻을 들어 놓고도 모압 왕의 사신들을 잘 대접하며 하룻밤을 묵게 한 것은 발람의 욕심 때문이었다. 우리는 어떤가? 정말 하나님의 뜻을 몰라서 움직이지 않는가?

셋째, 하나님의 뜻은 우리가 회개하며 기도하는 것이다. 우리는 이미 기도의 준비 자세를 다룰 때, 회개의 중요성에 대해서 언급한 바 있다. 회개함 없는 위선적 기도를 하나님은 외면하신다. "너희가 손을 펼 때에 내가 내 눈을 너희에게서 가리고 너희가 많이 기도할지라도 내가 듣지 아니하리니 이는 너희의 손에 피가 가득함이라"(사 1:15). 매주일 아파트 단지마다 쓰레기 치우는 차가 온다. 차가 오기 전에 집집마다 일주일 동안 쌓인 쓰레기들을 봉지에 묶어서 내어 놓아야 한다. 자칫 게으르거나 착각해서 제때에 쓰레기를 내놓지 못하면 집에 쌓인 묵은 쓰레기들이 냄새를 풍긴다. 회개란 바로 그런 것이다. 날마다 하나님 앞에 그날그날 쌓인 묵은 쓰레기와 같은 죄들을 남김없이 고백하며 내려놓아야 한다. 그러면 성령의 생수가 깨끗이 그 쓰레기를 치우시고 내 영혼을 정결케 한다. 그러면 내 영혼이 상쾌해지며, 힘이 생기며, 파워 기도를 할 수 있는 최상의 컨디션이 유지되는 것이다.

넷째, 하나님의 뜻은 우리의 욕심이 아닌 필요를 채워 주시는 것이다. "나의 하나님이 그리스도 예수 안에서 영광 가운데 그 풍성한 대로 너희 모든 쓸 것을 채우시리라"(빌 4:19). 여기서 "모든 쓸 것"을 영어 성경으로 보면 "너희 모든 필요"이다. 우리는 자주 너무 욕심을 내어 구한다. 그러면 성령께서 우리의 욕심은 걸러 내시고 우리에게 꼭 필요한 것을 정리해서 주신다. 광야 생활에서 딱 하루 먹을 만큼만 만나를 집으로 가져가라고 했는데, 욕심을 내어 더 갖고 가서 쌓아 두면 반드시 그 다음날 냄새가 나서 못 먹게 되었다. 하나님은 더도 덜도 말고 정확히 우리 필요대로 채워 주신다. 하나님은 우리 육체의 필요와 영혼의 필요를 그때마다 기가 막히게 알아서 채워 주신다. 여기에 대해서는 이 책 후반부에 기도 응답에 대해서 다룰 때 좀 더 자세히 생각하기로 하자.

다섯째, 하나님의 뜻은 크고 광대하다. 우리는 우리 인생이 걱정이지만 하나님은 전 인류의 인생을 걱정하신다. 그분은 열방을 복음으로 구원하길 원하신다. 미움과 폭력과 불의가 중단되고, 화목과 평화와 정의가 세워지길 원하신다. 고아와 과부와 가난한 자들이 보살핌을 받길 원하신다. 우리 개개인의 기도를 하나님은 들으시고 조각조각을 맞추셔서 하나님만이 아시는 그 크고 광대한 그림을 그려 나가신다. 내 기도를 들으사 축복을 주시는 것도 그 큰 하나님의 뜻을 위한 도구로 쓰시기 위함이다. 그러므로 기도하는 자는 하나님의 꿈을 함께 꾸는 자여야 하며 그를 위해 헌신하는 자여야 한다.

여섯째, 하나님의 뜻대로 기도하기 위해서는 하나님과 깊이 교제해야 한다. 하나님은 우리가 구하기도 전에 우리의 필요를 알고 계신다. 그런데 왜 우린 기도해야 하는가? 그것은 관계를 위해서다. 사랑하는 사람과 대화 없인 살 수 없다. 하나님은 우릴 사랑하고 우리 또한 하나님을 사랑하는데 어떻게 사랑하는 사람들끼리 대화 없이 살 수 있겠는가? 이미 용건을 다 알았다 해도 우리는 하나님과의 관계를 위해 기도로 들어간다. 예수님은 골방으로 가서 조용히, 은밀하게 기도하라고 하셨다. "나의 사랑, 나의 어여쁜 자야, 일어나 함께 가자"는 신랑 예수님의 데이트 초청이다. 그래서 기도 응답을 받으려면 항상 하나님 아버지 안에 있어야 한다. 그분과 늘 교제해야 한다. 그분의 말씀을 순종하며 살아야 한다. 그러면 무엇이든지 기도하는대로 응답받을 것이다. 예수님은 자신 있게 약속하셨다. "너희가 내 안에 거하고 내 말이 너희 안에 거하면 무엇이든지 원하는 대로 구하라 그리하면 이루리라"(요 15:7).

  일곱째, 하나님의 뜻을 구한다는 것은 그 뜻에 순종하겠다는 헌신을 전제로 한 것이다. 자기 자신을 완전히 하나님의 손에 맡겨 드리는 철저한 자기 포기다. 자기의 마음을 하나님의 나라와 그의 의에 고정시킨다. 자기 전 존재를 영적인 것, 하나님의 뜻을 추구하는데 집중시켜 놓는 것이다. 이제 자신의 인생을, 자신의 시간과 재능과 돈과 인맥을 다 쏟아 부어서 하나님의 뜻을 이루는 도구로 쓰겠다는 결심이다. 그런데 이것이 정말 쉽지 않다.

  지난 몇 년 동안 계속된 인기 연예인 자살 사건들을 보면서 나는 정말 마음이 힘들었다. 90년대 중반부터 시작된 한류 열풍이 21세기에 들어와 본격적으로 아시아와 중동 지역까지 휩쓸고 있는 것은 우리가 다 아는 사실이다. 중국의 상해나 홍콩, 대만을 가 봐도 한국의 드라마들이 몇 개씩 골든 타임에 계속 방영되고 있다. 한국의 가수나 배우, 탤런트들은 이제 한국 밖에서까지 스타가 되어 가고 있다. 그런데 이런 인기스타들이 젊은 나이에 너무 쉽게 목숨을 버리는 일들이 계속되고 있다. 그리고 더 기가 막힌 것은 그중에 많은 이들이 교회를 다녔거나, 어떤 형태로든 기독교와 관련이 있는 사람들이 많다는 사실이다. 이는 곧 그들의 죽음에 대해 한국 교회의 리더들도 어느 정도 책임을 져야 한다는 말이 된다.

  한국 교회는 그동안 인기 연예인들이 교회에 오면 그들을 무대에 세워서 집회에 군중을 동원하는 일에만 치중하지 않았던가? 세상이 스타를 대하는 것과 똑같은 방식으로 교회도 그들을 대했던 것이다. 한국 교회의 영적 리더들이 누가 이들 한 사람 한 사람을 붙잡고 앉아서 기도와 말씀으로 양육하고, 한 걸음 한 걸음 하나님의 사람으로 성장할 수 있도록 코치해 주었던가?

나부터도 이 점에 있어서 너무나 부끄럽다. 자살한 수많은 인기 연예인들 중에 한 유명한 여자 탤런트는 지난 몇 년 동안 내가 세 번 만나서 영적인 터치를 줄 수 있는 기회가 있었다. 처음 한 번은 나를 소개해 주려고 친구가 데리고 왔는데 마침 내가 외국에 나가고 없어 만날 수가 없었다. 그 다음도 이런저런 이유로 만남이 무산되었다. 그녀는 친구들을 따라 이곳저곳 교회를 다니고 있었지만, 정말 말씀을 제대로 배우고 믿음 안에 서지는 못했다고 알고 있다.

마지막 세 번째 기회는 어느 날 내가 오랜만에 그녀가 출연한 드라마를 보던 때에 찾아왔다. 마음이 너무 이상했던 것이다. 화면에 비친 그녀의 모습 속에 그 영혼이 울고 있는 것처럼 느껴지면서, 하나님께서 그녀를 만나서 말씀으로 인도해 주라는 어떤 압박을 주시는 것 같았다. 마침 그 드라마를 연출한 감독님을 개인적으로 잘 알고 있었기에 즉시로 그에게 전화를 걸어서 그녀를 만나야겠다고 했다. 그 분은 그러자고 하더니 지금은 촬영 스케줄이 너무 빠듯해서 조금 있다가 약속을 확정 짓자고 했다.

나는 마음이 불안해졌다. '빨리 만나야 하는데, 하나님께서 영적 부담감을 주시는데….' 그러나 한편으로는 '뭐 그래도 교회를 다녔다는데 괜찮겠지. 그리고 그런 인기스타니까 주위에 좋은 크리스천 친구들이

나 목사님들도 많을 테니 잘 인도해 주겠지. 나까지 나서서 부담 줄 것은 없겠지. 지금은 바쁘다니까 조금 한가해지면 만나서 영적 컨디션이나 한번 체크해 보지 뭐'라고 생각하고는 나도 바쁜 일상으로 돌아갔다. 그리고 2주도 채 되지 않아 매스컴을 통해 그녀의 자살 소식을 들었다. 나는 망치로 뒤통수를 쾅 하고 얻어맞는 것 같았다.

자리에 털썩 주저앉아서 한동안 아무 생각도 하지 못했다. 눈물이 났다. '아무리 바쁘다고 해도, 우겨서라도 그때 만났어야 했는데… 그래서 하나님이 그토록 강한 영적 부담감을 주신 것인데… 내가 너무 쉽게 생각했어.' 그 생각을 하니까 너무나 하나님 앞에 죄스럽고, 그녀에게 미안했다. 물론 나는 내가 그녀를 만났으면 그런 일은 결코 없었을 것이라고 감히 말하는 것이 아니다.

다만 내 마음속에 하나님이 주신 부담감 앞에 확실히 순종하지 못했던 내 모습을 회개하고 있는 것이다. 비단 나만이 아닐 것이다. 그녀가 여러 교회를 몇 번씩 나왔다면 얼마나 많은 영적 리더들이 그녀를 붙잡고 앉아 하나님의 말씀을 제대로 가르치며 양육할 기회가 있었겠는가? 그러나 우리 모두가 이런저런 핑계로 그렇게 하지 못했다. 하지만 아무리 상황이 힘들고 불편해도 하나님의 뜻은 내려오는 즉시로 순종해야 하는 것이다. 그렇지 않고 이 핑계 저 핑계 대며 미루고 넘어가다 보면 이런 비극적 사태들이 생길 수 있다.

여덟째, 하나님의 가장 크고 결정적인 뜻은 열방의 자식들이 하나님께로 돌아오는 것이다. 하나님의 뜻(will of God)은 여러 가지로 해석할 수 있지만, 그 깊은 의미는 의외로 간단하다. 성경 전체에서 하나님의 뜻을 표현할 때 대부분 복수가 아닌 단수형으로 쓴다. 성경 전체를 관통하는 어떤 거대하고 변함없는 하나님의 뜻이, 목적이, 비전이 있다는 얘기다. 그것이 무엇인지는 하나님의 뜻이라는 단어가 등장하는 부분들의 전체 콘텍스트를 보면 뚜렷이 드러난다. 이것을 주제로 한 박사학위 논문에 따르면, 하나님의 뜻을 언급한 성경 말씀들의 대부분이 잃어버린 영혼들을 집으로 데려오는 데 초점을 맞추고 있다고 한다. 다른 모든 뜻들은 마치 수없이 많은 작은 지류들이 모여 큰 강을 만들어 대양으로 흘러 나가듯, 그 큰 뜻을 위한 수단이요 전야제일 뿐이다.

이 기도는 우리의 삶을 하나님의 그 크신 뜻, 곧 열방을 주님의 품으로 되돌아오게 하는 도구로 써 달라는 세계 복음화의 기도요, 땅끝까지 덮은 세계 선교의 꿈이다. 예수님은 "추수할 것은 많되 일꾼이 적으니 그러므로 추수하는 주인에게 청하여 추수할 일꾼들을 보내 주소서 하라"(눅 10:2)고 하셨다.

당시 주위에는 예수님과 제자 몇 명밖에 없었는데 "추수할 일꾼들"이 누구였겠는가? 제자들이 전도하여 하나님을 믿게 될 사람들을 말하는 것이었다. 그들은 하나님을 믿는 즉시 우리들의 동역자가 되어 함께 그들과 같은 잃어버린 영혼들을 찾아 나서게 된다. 영혼들을 추수하는 것은 주님의 꿈이기 때문에 추수할 일꾼들을 달라는 기도를 주님은 너무나 잘 들어주신다. 교회 성장과 부흥은 우리보다 주님이 더 원하시는 주님의 뜻인 것이다.

오늘날 교회 개척과 성장을 가르치는 많은 프로그램들은 아주 치밀한 시장 분석과 전략 등을 많이 강조하는데, 그보다 중요한 것은 잃어버린 영혼을 향한 하나님의 마음을 알아서 먼저 하나님께 추수할 일꾼들을 달라고 간절히 기도하는 것이다. 하나님이 직접 그런 기도를 하라고 명하셨기 때문에, 우리가 그 기도를 진심으로 드리면 즉시로 들어주시고 축복해 주실 것이다. 그래서 우리는 전도하고 교회를 개척할 때 가장 먼저 기도해야 하고, 도중에도 끊임없이 기도해야 하고, 끝까지 기도해야 한다.

나의 친구 제이슨 마는 아직 서른도 안 된 젊은 중국계 미국인 목사인데, 산호세 대학에 다닐 때 일 년에 백 명이 넘는 대학생들을 전도하여 하나님의 자녀가 되게 했다. 매일 많은 시간을 기도와 말씀 묵상으로 보내는 그는 인생의 목적을 잃고 방황하는 미국 대학생들을 향한 하나님 아버지의 마음에 접속했기에, 그런 놀라운 전도의 열매를 거둘 수 있었다. 오늘 우리도 우리가 서 있는 자리에서 기도를 통해 우리 주위를 향한 하나님의 마음을 느껴야 한다. 그러면 무엇을 해야 할 것인지를 알게 되고, 그것을 실천에 옮길 때 형언할 수 없는 하늘의 기쁨과 능력으로 가득차게 될 것이다.

하나님의 뜻에 내 뜻을 맞추는 기도

주님의 겟세마네 기도의 엑기스는 무엇이었는가? "아버지여 만일 아버지의 뜻이거든 이 잔을 내게서 옮기시옵소서 그러나 내 원대로 마시옵고 아버지의 원대로 되기를 원하나이다 하시니"(눅 22:42). 여기서 우리는 인간의 육체를 입고 오신 주님의 극히 인간적인 고뇌와 슬픔을 본다. 여기서 "잔"은 물론 십자가 죽음을 의미한다. 그런데 예수님이 두려워하시는 것은 육체적 고통이나 죽음이 아니었다. 많은 사람들이 대의를 위해 두려워하지 않고 기꺼이 죽었다. 예수님은 제자들의 배신과 매 맞음과 수치를 두려워하고 위축되신 것이 아니다. 주님께서 십자가의 그 쓴 잔을 거두어 달라고 한 진짜 이유는 하나님 아버지로부터 분리되는 것이었다.

우리 모두의 죄를 소멸하시기 위해서 자신이 그 죄의 무게를 몽땅 짊어지시고, 대신 하나님의 심판을 받으셔야 했다. 너무나 거룩한 분이시기에 죄가 얼마나 끔찍한 것인지를 너무나 잘 아시는 주님. 그 주님이 모든 인류의 죄를 끌어안으셨으니 얼마나 고통스러웠겠는가? 죄는 하나님과 공존할 수 없기에 우리 죄를 짊어지신 주님은 십자가에서 철저히 하나님 아버지로부터 버림받으셔야 했다. 영원부터 지금까지 한 번도 하늘 아버지와 떨어져 본 적이 없는 사랑하는 하나님의 아들이셨으니, 하늘 아버지와 격리되는 그 고통이 얼마나 싫었겠는가?

지옥이 달리 지옥인가? 하나님 아버지가 안 계시면 그곳이 바로 지옥이다. 하나님이시면서도 인간의 육체를 입으셨던 주님은 하나님으로부터 분리되는 그 고통이 너무나 가슴 아프셨던 것이다. 그래서 할 수만 있다면 그 잔을 옮겨 달라고 하셨다.

어떻게 주님이 그렇게 나약한 기도를 하실 수 있냐고 하지 말라. 기도는 원래 내 모습 그대로를 하나님 앞에 쏟아 놓는 것이다. 그렇지만 하나님이 그 기도 그대로를 받으시면서 우리 기도를 고쳐 주신다. 주님이

"할 수만 있으면 이 잔을 옮겨 달라"고 하시자마자, 주님의 눈 앞에 시간과 공간을 초월한 환상이 펼쳐진다. 주님이 십자가 그 쓴 잔을 받지 않으시면, 영원히 지옥으로 떨어지게 될 수많은 얼굴들이 주님의 눈앞을 스쳤다. 그중에는 당신과 나의 얼굴도 있었을 것이다. 주님의 십자가 보혈이 아니면 소망이 없을 그 수많은 얼굴들을 보면서 주님은 기도를 바꾸셨다. "그러나 내 뜻대로 하지 마시고 아버지의 뜻대로 되게 하십시오."

이것이 진짜 기도다. 기도는 하나님의 팔을 비틀어서 내 뜻을 이루게 하는 도구가 아니다. 참된 기도는 내 자신을 꺾어서 아버지의 뜻에 맞추는 것이다. 세상에서 가장 무서운 적은 내 안에 있는 자기 자신이다. 외부의 적은 아무리 강해도 노력하고 애를 쓰면 꺾을 수가 있다. 그러나 내부에 있는 자기 자신은 참으로 싸우기 어려운 대상이다. 우리 내부의 자아는 본능적으로 자기중심적이다. 내가 편한 것, 내가 좋은 것, 내가 드러나는 것, 내게 이익이 되는 것만 하려고 한다. 외형적으로는 성공을 하고서도, 내부의 자기와의 싸움에서 좌절하고 실패하는 경우가 얼마나 많은가? 예수님도 십자가를 져야 하는 것을 아시면서도, 막상 눈앞에 닥치니까 인간적으로 피하고 싶으셨던 것이다. 십자가를 지기 위해선 자기 자신을 부인해야 하는데, 그게 인간적 노력으론 불가능하다. 그래서 기도하셨던 것이다.

기도하면 내부의 적을 이길 수 있다. 기도하기 전에는 내 자존심이 시퍼렇게 살아 있고, 내 뜻이 분명하다. 그러나 기도하기 시작하면 아버지의 뜻이 내 뜻 위로 치솟기 시작한다. 생각하고, 회의하면 내 계획이 많다. 그러나 눈을 감고 기도하면 하나님의 비전이 보이기 시작한다. 기도란 하나님의 뜻이 자연스럽게 내 뜻을 덮는 것이다. 그래서 처음에는 내 뜻이 중요하지만 기도하면 할수록 "아버지의 뜻이 내 뜻을 꺾게 해 주십시오"라고 고백하게 된다.

그러면 그때 하나님이 힘을 주신다. 주님이 하나님의 뜻대로 잔을 받기로 하시니까, 하늘로부터 천사가 나타나 예수께 힘을 북돋아 드렸다고 했다. 천사는 십자가를 치워 준 게 아니다. 십자가를 감당할 수 있는 힘을 공급해 주었다. 어렵고 힘들어도 하나님의 뜻이기 때문에 순종하기로 결심하라. 기도하면 힘들어도 순종하겠다는 결심을 하게 된다. 그러면 그 순간부터 하나님의 천사가 당신 옆에 서서 순종할 수 있는 능력을 주신다. "힘으로도 능력으로도 안 되고 오직 나의 영으로 되느니라!" 이 말씀이 그대로 현실이 된다.

우리도 우리 앞에 놓인 십자가를 피하고 싶다는 기도를 많이 한다. 각오는 하고 있었지만 막상 현실로 눈앞에 닥치면 기가 차는 것이다. 그러나 당신이 꼭 져야 하는 십자가라면, 하나님이 주신 십자가라면 도망가지 말자. 감당하기 힘들면 엎드려 기도하자. 기도하면 하나님께서 십자가를 감당할 능력을 주신다. 도와줄 수 있는 사람도, 돈도, 아이디어도 주신다. 오늘 우리 자신의 뜻이 부서지고 하늘 아버지의 뜻에 순종하는 결단이 일어나길 바란다.

기
도
업
로
드

05

기도의 네 날개

　　　　　　우리가 보통 새나 비행기를 보면서 하는 생각은 날개가 두 개라는 것이다. 그러나 에스겔서 1장에서 말씀하는 하나님의 보좌 앞에 있는 네 생물들은 각각 네 얼굴과 네 날개를 가지고 있다. 하나님을 보좌하는 존재들은 그 모습부터 우리의 선입관과 기존 개념을 완전히 깨어 버리는 존재들이다. 하나님은 하나님의 일을 하는 이들에게 원하시는 만큼 자유롭게 날개를 달아 주신다. 적당히 현상 유지를 하면서 무겁게 걸어가는 것이 아니라 하나님이 주신 독수리의 날개로 비상하는 것이다.

　　기도도 마찬가지다. 축축 늘어지는 매너리즘에 빠진 맥없는 기도가 아닌 살아서 번뜩이는 생명력 있는 기도가 되도록 하기 위해서는 하나님이 주신 기도의 날개를 달아야 한다. 하나님이 주신 기도의 네 날개는 감사, 찬양, 예수님의 이름, 그리고 말씀이다.

감사

성령 안에서 깨어 기도할 때 반드시 옆에 붙는 게 있다. 바로 감사다. 바울은 "기도를 계속하고 기도에 감사함으로 깨어 있으라"고 했다(골 4:2). 사는 게 힘드니까 우리는 보통 기도할 때 애절하고 힘든 자세, 한풀이를 하는 것 같은 자세를 많이 취한다. 충분히 이해는 간다. 오죽 힘들면 그러겠는가? 그러나 성령의 사람은 감사함으로 기도해야 한다. 같은 말도 어떻게 하느냐에 따라서 듣는 쪽에선 하늘과 땅 차이로 느껴진다. 불평불만은 세상의 방식이고 감사는 하늘의 언어다. 희한하게도 감사하면 염려와 불만이 줄어든다. 차가운 감방에 갇혀 사형을 선고 받을지도 모르는 상황에서도 사도 바울은 교우들에게 감사의 기도를 하라고 권했다.

"아무것도 염려하지 말고 다만 모든 일에 기도와 간구로, 너희 구할 것을 감사함으로 하나님께 아뢰라 그리하면 모든 지각에 뛰어난 하나님의 평강이 그리스도 예수 안에서 너희 마음과 생각을 지키시리라"(빌 4:6-7).

현실적으로는 전혀 소망이 없는데도 축복된 미래를 전제하고 선포하는 것, 그것이 믿음이다. "믿음은 바라는 것들의 실상이요 보이지 않는 것들의 증거"(히 11:1)라고 했다. 하나님은 그런 믿음을 어여삐 여기신다. 예수님이 오병이어로 오천 명을 먹이실 때도 먼저 감사기도를 드렸다고 되어 있다. 믿는 자에게 미래는 이미 과거 완료형인 것이다. 이미 된 것을 받아들이는 일은 사실 인정하는 것이지 믿음은 아니다.

또한 아직 시커먼 물고기 뱃속에 갇혀 있을 때, 요나는 하나님께 이미 구원해 줘서 감사하다는 찬양을 드렸다.

"나는 감사하는 목소리로 주께 제사를 드리며 나의 서원을 주께 갚겠나이다 구원은 여호와께 속하였나이다 하니라"(욘 2:9).

발사대에서 엔진 걸고 발사를 기다리는 로켓처럼, 요나는 컴컴한 물고기 뱃속에서 나갈 준비를 하고 있다. 자신은 아무 힘도 없으면서 김칫국부터 마시고 있는 것이다. 그러나 요나는 깊은 회개기도를 통해 어떤 말할 수 없는 성령의 확신을 얻은 것이 분명하다. 그렇지 않고서는 처음 시작할 때와는 전혀 다른 이런 자신감 넘치는 기쁨과 감사, 확신에 찬 기도를 할 수가 없다. 진정으로 하나님을 체험하는 기도를 드린 사람의 얼굴은, 목소리는, 삶을 대하는 태도는 기도 전과는 판이하게 다르다. 상황은 당장 아무것도 달라진 게 없는데, 뭔가 큰 빽이 생긴 것 같고, 왠지 모르지만 돌파구가 생길 것 같은 확신 속에 평화를 얻는다. 요나에게 지금 그런 놀라운 영적 변화가 일어나고 있는 것이다.

우리 중에 남모르는 걱정 근심 몇 개쯤 안고 살지 않는 사람이 누가 있겠는가? 그러나 상황을 보지 말고 하나님을 바라보며 감사하라. 그리고 기도하라. 그때 염려 대신 평강이 나를 채운다. 그때부터 내 상황을 내가 아닌 하나님이 책임지신다. 누군가 "주책"은 "주님이 책임지신다"는 말의 준말이라고 농담하는 것을 들은 적이 있다. 그렇다. 기도하면 주님이 내 인생을 책임지신다. 그래서 기도하는 사람은 수많은 문제와 위기 속에서도 침착하고 평안하다. 당신이 그런 "주책"있는 사람 되기를 바란다.

찬양

성경에서 가장 긴 책인 시편은 거의가 기도문이면서 동시에 찬양이다. 어떤 학자 역시 시편에서는 "과연 무엇이 기도이고 무엇이 찬양인지 분별이 안 될 때가 많다"고 했다. 다윗은 찬양의 사람으로 알려져 있는데, 그것은 곧 그가 기도의 사람이었다는 이야기다. 기도는 단순히 눈을 감고 두 손을 모으고 같은 자리에 앉아서 시간을 보내는 행위가 아니다. 나의 영혼을 쏟아 놓으며 하나님께 찬양을 올려 드리는 것 또한 기도인 것이다. 이를 보다 잘 이해하기 위해서는 먼저 찬양에 대한 깊은 이해가 필요하다.

찬양은 하나님을 칭찬해 드리는 것이다. 2002년 월드컵 때, 전 국민이 한 달 동안 축구 열기에 휩싸였던 것을 우리는 아직도 생생하게 기억할 것이다. 선수들의 몸동작 하나하나에 수천만의 사람들이 마음을 졸이고 고함을 지르고 환호성을 지르며 우레와 같은 박수를 보냈다. 하나님을 칭찬해 드리는 것도 그런 것이다. 우리는 보통 칭찬이라고 하면 윗사람이 아랫사람에게 하는 것으로 생각하기 때문에 "하나님을 칭찬한다"는 표현 자체를 어색하게 생각한다. 그러나 찬양은 쉽게 말해 칭찬이다. 칭찬은 당연히 칭찬 받을 만한 일을 한 사람을 공식적으로 인정해 주는 것이다. "할렐루야"라는 히브리어의 뜻은 "모든 하나님의 백성들아, 하나님을 찬양하라"는 의미인데, 이 말의 어근이 되는 "할랄"은 "아주 크게 자랑한다"는 뜻이다. 우리는 보통 우리의 학위나 재산, 외모 같은 것들을 자랑한다. 그러나 우리가 정말 자랑해야 할 것은 크신 하나님께서 우리 삶에서 행하시고 있는 위대한 일들이다. 그분은 정말 우리가 자랑스러워할 만한 분이시다. 찬양의 마음은 하나님을 진심으로 자랑스러워 하는 마음이다.

　그런데 왜 우리가 하나님을 찬양할 때는 축구팬들이 자기들의 연고팀을 응원할 때 뿜어내는 열기와 신바람과는 비교도 안 되게 맥이 없는 것일까? 우리는 너무나 습관적인 종교 언어인 "할렐루야"라든가 "주님을 찬양합니다"라는 말을 계속 반복하는데, 얼굴과 목소리는 매너리즘으로 가득차 있다. 그 이유는 하나님이 자신의 삶에 어떤 일을 행하셨는지를 감지하는 영적 체험이 없기 때문이다. 후안 카를로스 오르티즈(Juan Carlos Ortiz)는 이것을 아이가 선생님을 찬양하는 것에 비교한다.

> 다른 사람들은 그저 "좋은 선생님입니다" 하겠지만, 이 선생님 밑에서 오랜 세월 공부한 아이는 말하는 것이 다를 것이다. "선생님은 제가 슬플 때는 오셔서 직접 손수건으로 눈물을 닦아 주시고, 제가 속이 상해 있는 때는 맛있는 아이스크림도 사 주시면서 제 이야기를 들어주세요. 제가 성적이 떨어

질 때는 야단치지 않으시고, 부족한 과목의 공부를 늦게까지 따로 가르쳐 주세요. 선생님은 최고예요!" 제3자들이 그냥 "좋은 선생님입니다"라고 하는 것과는 말하는 내용이 다르고, 표정이 다르고, 섬세함이 다르지 않은가? 이 아이는 관계를 통해서 선생님을 깊이 체험해 아는 것이다. 그것을 바탕으로 선생님을 칭찬하니까 벌써 그 언어가 살아 있는 것이다.

하나님을 찬양하는 것도 이와 같다. 찬양은 하나님의 자녀들에게 주어진 특권이다. 우리는 하나님의 은혜로 다시 거듭나는 뜨거운 중생의 체험을 했다. 그리고 그때부터 매일 기도와 말씀을 통해 하나님과 교제해 왔다. 삶의 고비고비마다 하나님의 특별한 은혜를 체험했다. 진정한 찬양은 하나님을 그렇게 깊이 알고, 체험한 지식에서 비롯된 것이다. 그래서 우리의 "찬양의 주제는 하나님께로부터 나오는 것"이다(시 22:25).

음악이 있기 전에 체험이 있어야 하고, 간증이 있어야 한다. 그러니까 찬양이란 우리의 간증에 음악을 옷 입힌 것이다. 기독교 역사에서 찬양의 가사가 항상 먼저 있었고, 그 다음에 음표와 박자가 있었다. 초대 교회에서는 시편 전체가 찬양가였다. 죄인이 예수님을 그 삶에 모셨을 때, 그의 영혼은 강 같은 평화, 바다 같은 사랑, 샘솟는 기쁨으로 가득차게 된다. 찬양은 변화 받은 영혼의 표현이다.

그런데 오늘날 기독교 음악을 하는 많은 젊은 뮤지션들을 보면 음악적 기교에 너무 신경을 많이 쓰느라고 자신들의 영혼을 하나님의 말씀과 기도로 깊이 적시는 일을 등한시하는 경우를 본다. 그러면 찬양의 영감이 확연히 떨어진다. 실제로 나는 국내 정상급 테너가 "여호와는 나의 목자"라는 찬양을 녹음한 것을 들었는데, 몇 소절 듣지 않아서 가슴이 섬뜩했다. 음성은 너무나 뛰어난데 찬양에 감동이 하나도 없었던 것이다. 그 순간 나는 이 테너가 음악 실력은 뛰어날지 몰라도, 이 찬양의 주인이신 예수님을 깊이 사랑하지도 예배하지도 않는 사람인 것을 직감할 수 있었다. 이런 찬양은 하나님께 모욕이요, 듣는 하나님의 사람들에게도 전혀 도움이 안 된다.

찬양을 설명하는 또 하나의 히브리어는 "자말"인데, 이것은 "사용할 수 있는 모든 것들을 다 동원하여 아름다운 하모니를 만든다"는 의미다. 다윗은 비파와 수금으로 하나님을 찬양한다고 했고, 또 다른 시편들에서는 북과 심벌과 탬버린 등의 악기들이 등장한다. 요즘은 전자 기타와 키보드와 드럼과 피아노 등의 다양한 첨단 악기들이 다 사용되고 있다. 소리를 낼 수 있는 모든 것들은 하나님을 찬양하는데 사용될 수 있다. 그러나 정말 중요한 것은 우리 마음속에 있는 모든 것들이 하나님을 찬양하는 것이다.

우리는 가끔 성가대가 음정이나 박자가 조금 틀리면 마치 큰 문제가 난 것처럼 이슈로 삼는다. 로마나 밀라노에 있는 한인 교회들은 성가대들이 대부분 성악을 전공하는 톱클래스 음악가들로 구성되어 있어서, 매주 헌금송 솔로 정하는게 보통 어려운 일이 아니라고 한다. 아무리 잘해도 일주일 내내 그 사람 노래에 대해서 이러쿵 저러쿵 말들이 많기 때문이다. 그러나 우리가 정작 심각하게 다루어야 할 문제는 찬양하는 자의 마음의 상태요 영혼의 컨텐츠다. 하나님의 성령이 우리의 마음을 지속적으로 점검하고 정결하게 하시지 않으면 내 속에 있는 것들이 어찌 부끄러워서 주님을 찬양할 수 있겠는가?

날마다 말씀과 기도를 통해 하나님의 영이 우리의 더러운 생각과 악한 마음을 정결하게 하시고, 거룩한 불로 태우시고 씻기셔야 한다. 찬양은 말할 수 없는 특권이지만, 함부로 막 다루어서도 안 된다. 우리 영은 늘 하나님께 접속하고 있어야 한다. 우리는 목소리로 찬양하기 전에 영으로 찬양해야 하기 때문이다.

하나님을 깊이 체험하게 되면, 우리 주위의 모든 것에서 하나님을 발견하게 되고 하나님을 찬양하게 된다. 저 서해안의 아름다운 석양을 보면서도, 엄청난 나이아가라 폭포의 장관을 보면서도, 하얗게 부서지는 남극의 겨울 바다와 밤하늘을 수놓는 별들을 보면서도 우리는 하나님을 느끼게 된다. 그리고 무엇보다 주위 형제자매들의 변화하는 인생을 보면서 우리는 하나님의 살아계심을 느끼게 된다. 그래서 우리는 운전하면서도, 일하면서도, 집에서 쉬면서도, 단순히 이 순간에 살아 숨쉰다는 그 사실만으로도 하나님께 감사하며 찬양 드리게 되는 것이다. 그것이 바로 기도이기도 하다.

힘 있는 찬양은 대게 고난의 풀무에서 만들어진다. 우리 인생은 참으로 많은 어둠의 골짜기와 광야를 지나가야 한다. 다윗은 말했다. "우리에게 여러 가지 심한 고난을 보이신 주께서 우리를 다시 살리시며 땅 깊은 곳에서 다시 이끌어 올리시리이다"(시 71:20). 그는 고난이 무엇인지를 뼈저린 체험으로 알고 있었고, 그것이 얼마나 사람을 탈진시키는지를 알고 있었다. 동시에 오직 하나님께서만이 그 고난 속에서 그를 지켜 주실 수 있다는 것도 알고 있었다. 그 지독한 시련 속에서 하나님의 은혜를 체험한 다윗이었기에 가장 위대한 찬양의 사람, 기도의 사람이 될 수 있었다. 가장 지독한 어둠을 겪은 사람만이 가장 찬란한 빛을 만들 수 있기 때문이다.

기독교 역사에서 수많은 사람들의 심금을 울린 가장 위대한 찬양들도 말할 수 없이 힘든 고난 속에서 만들어졌다. 유럽 전역을 초토화시킨 백년전쟁 기간 동안 가장 많은 찬양들이 쏟아져 나왔고, 현대 복음성가의 원조가 된 흑인 영가들은 그 처절한 미국 남부농장의 노예생활 속에서 만들어졌다. 이 땅에서는 지옥 같은 시련을 살았지만, 그들의 영혼은 영원한 하늘나라를 갈망했다. 그래서 그들의 음악은 오늘날의 세련된 엘리트 뮤지션들이 감히 흉내내지 못하는 영적 깊이가 있는 것이다.

전에는 불평불만만 일삼던 우리의 입술이 이제는 영광의 하나님을 찬양하는 데 사용된다. 얼마나 가슴 벅찬 일인가? 찬양은 최고의 특권이다. 우리를 먼저 사랑하신 그분에게 우리의 모든 열정과 사랑을 쏟아 고백하는 것. 찬양하는 자는 영혼이 살아 있는 자이며, 영혼이 살아 있는 자의 기도는 역사를 바꿀 것이다. 기도가 답답하고 잘 안 되면 혼자서 조용히 좋은 찬양 앨범을 틀어 놓고 잠잠히 들어보라. 피아노나 기타를 연주할 수 있다면 본인이 직접 찬양을 몇 곡 계속 불러 보아도 좋다. 그러면 막막한 영혼 속에 새로운 힘이 살아나기 시작할 것이다.

예수님의 이름

주기도문에서 예수님은 "이름이 거룩히 여김을 받으시오며"라고 기도하는 모범을 보이셨다. 유대 문화에서 이름은 그 사람의 인격, 생각, 가치관, 운명, 삶 전체를 의미했다. 그러므로 그 사람의 이름은 그 사람의 존재 그 자체였다. 히브리어로 하나님을 의미하는 단어들이 열 몇 개가 되는데 제각기 하나님의 다른 면을 설명해 준다. 예를 들면 여호와 샬롬(주는 평화), 여호와 라파(치유하시는 하나님), 여호와 닛시(그는 나의 승리의 깃발), 여호와 이레(예비하시는 하나님) 등이다.

하나님의 아들이신 예수님은 "세상 중에서 내게 주신 사람들에게 내가 아버지의 이름을 나타내었나이다"(요 17:6)라고 했다. 영어 성경 NIV는 이 부분을 "내가 아버지를 나타냈었다"라고 번역했는데, 여기엔 그만한 이유가 있다. 예수님은 이 땅에 계시면서 하나님이 어떤 분이신지를, 하나님의 본질을 우리에게 보여 주신 분이다. 주님이 오시기 전까지 사람들은 하나님은 항상 너무나 멀리 계신 분이라고 생각했다. 어떤 분인지 말만 들었지 잘 감이 오지 않았다.

바다에 대해서 아무리 세미나를 듣고 책을 읽어도 실제로 가 보고 그 속에 뛰어 들어가 보는 게 훨씬 낫다. 예수님이 육체를 입고 오심으로써 우리는 하나님이 어떤 분이신지, 그분의 생각은, 그분의 지혜는, 그분의 능력은 어떤 것인지를 정확하게 보고 체험하게 되었다. 즉 성난 파도를 잠잠케 하시는 예수님을 보며 제자들은 "엘 샤다이"(전능의 하나님)를 봤다. 오천 명을 먹이시는 기적을 보면서 제자들은 "여호와 이레"(예비하시는 하나님)를 봤다. 병든 자들을 치유하시는 기적을 보면서 "여호와 라파"(치유하시는 하나님)를 봤다. 악한 영들을 쫓아내시는 예수님을 보면서 "여호와 닛시"(승리의 깃발 되시는 하나님)를 목도했다. 이와 같이 예수님을 보면 하나님을 알 수 있었다.

그러나 중요한 것은 주님께서 하나님의 이름을 드러낸 대상이 명확하게 한정되어 있었다는 사실이다. 수많은 사람들이 사과가 나무에서 떨어지는 것을 보았지만 뉴턴(Sir Isaac Newton)은 거기서 만유인력의 법칙을 보았다. 본다고 다 보는 게 아니다. 예수님의 기적을 수많은 군중이 보았지만, 그들 대부분은 기적을 보았지 기적을 일으키시는 분이 하나님이심을 알지 못했다. "마음이 청결한 자는 복이 있나니 그들이 하나님을 볼 것"이라고 했다. 주님의 보혈로 씻기어진 심령이 아니면, 제대로 된 영적 분별력을 가지지 못한다. 하나님이 하나님이심을 알 수 있다는 것보다 더한 축복은 없다. 신앙이란 삶 속에서 나와 함께하시는 하나님을 보는 것이다.

하나님의 이름은 너무나 귀중한 선물이다. 왜냐하면, 그 이름은 능력이 있어 우리를 세상의 악한 권세로부터 지켜주기 때문이다. "아버지의 이름으로 그들을 보전하사"(요 17:11). 직역하면, 하나님의 이름의 능력으로 저 사람들을 지켜 달라는 얘기다. 이름은 하나님의 본질 자체를 의미하기 때문에 그 이름에는 우리가 상상할 수도 없는 능력이 담겨 있다.

"내가 그들과 함께 있을 때에 내게 주신 아버지의 이름으로 그들을 보전하고 지키었나이다"(요 17:12).

예수님은 하나님의 이름으로 제자들을 지키셨고, 이제 하늘로 돌아가실 이 시점에도 하나님께서 계속 그 보호막을 제자들 위에 쳐 주실 것을 간구하고 계신 것이다.

하나님의 이름은 단순히 하나님을 부르는 명칭의 차원을 넘어서 하나님의 본질 자체를 가리킨다는 것을 우리는 이미 살펴본 바 있다. 예수님의 사역과 모습은 하나님의 이름의 능력을 입증했다. 그 이름의 능력이 그대로 우리에게 주어지기를 예수님은 기도하신 것이다. 힘들고 어려울 때마다 하나님의 이름을 부르면, 그 이름을 의지하여 기도하고 찬양하면 놀라운 기적이 일어날 것이다.

내가 존경하고 사랑하는 지인 중에 미국 뉴욕에 있는 브룩클린 태버네클의 짐 심발라(Jim Cymbala) 목사님이 있다. 그는 20명도 안 되는 뉴욕 빈민가의 교회를 맡아, 현재 장년 출석 만 명에 가까운 교회로 성장시켰다. 그 교회의 살아 있는 예배, 그리고 절망 같은 인생을 살고 있던 사람들을 변화시키는 능력 있는 사역은 세계적으로 유명하다. 그의 지론은 어렵고 힘들 때는 특히, "하나님의 이름의 능력을 주장하면서 다 함께 열심히 기도하는 것"이다.

한 번은 목회가 너무 바빠서 가정에 큰 신경을 못 쓴 사이 큰 딸 크리스티가 방황을 했다고 한다. 부모 말을 거역하고 가출하고 함부로 살기 시작하는데 도저히 대화도 안 되고, 야단을 쳐도 말을 듣지 않아 너무 힘들었다는 것이다. 그 문제 때문에 1년 넘도록 시달리며 탈진할 정도로 힘들었는데, 어느 화요일 전체 교인 기도모임의 날에 전 교인이 집중해서 가출한 목사님의 딸 문제를 놓고 하나님의 이름을 부르며 기도했다. 기도하는 도중 심발라 목사는 형언키 힘든 하늘의 평화가 자신을 사로잡는 것을 느꼈고, 하늘 아버지께서 분명히 간섭하시기 시작하셨음을 확신했다. 집으로 돌아온 그는 아내에게 "이제 크리스티 문제는 끝난 것 같아"라고 말했다.

바로 며칠 되지 않아 딸이 집으로 돌아왔다. 그리고 크리스티는 울면서 부모 앞에 엎드려, "내가 하나님과 엄마 아빠에게 죄를 지었다. 나를 용서해 달라"고 했다. 그러면서 아버지에게 묻는 말이 지난 화요일 밤에 무슨 일이 있었냐고 했다. 그러더니 화요일 저녁에 갑자기 자기 앞에 너무나 선명한 환상이 비췄는데, 하나님의 모습을 봤다고 했다. 하나님은 크리스티가 계속 이렇게 거역하는 삶을 살면 어떤 파멸의 구렁텅이로 가게 될지, 어둠의 세력의 종말을 너무나 선명하게 보여 주셨다고 했다. 그래서 크리스티는 너무 두렵고 떨려서 어쩔 줄을 몰랐다는 것이다. 그 시각이 바로 전 교인이 하나님의 이름을 부르며 크리스티를 위해 중보기도한 시각이었다. 현재 그 딸아이는 미 중부의 훌륭한 젊음 목회자와 결혼, 세 자녀를 낳고 믿음 안에서 행복하게 잘 살고 있다.

당신의 인생에서도 너무 사방이 꽉 막힌 것 같은 어려움과 고통이 있다면 하나님의 이름을, 예수 그리스도의 이름을 부르며 기도하라. 부르짖으라. 응답될 것이다.

하지만 하나님의 이름에 담긴 능력이 너무 크기 때문에 이 이름을 함부로 일컬어서는 안 된다. 십계명 첫 계명이 "내 이름을 망령되게 부르지 말라"고 한 것은 그 이름이 하나님 자체를 의미하는 귀중한 것이기 때문이다. 사도행전 19장에 보면 제사장의 아들들이 바울의 예수의 이름을 부르면서 귀신을 내쫓으려 하다가 혼찌검이 난 사건이 나온다. 예수의 보혈로 죄 사함을 받은 적이 없는 사람, 예수님과 투명하고 깊은 관계를 가지고 있지 않은 사람, 불순종하는 사람, 하나님 앞에서 해결하지 않은 죄 문제가 있는 사람, 교만한 사람 등이 함부로 하나님의 이름을 들먹여선 안 된다.

그러나 예수의 피로 거듭난 사람, 지속적으로 주님과 긴밀한 관계를 유지하고 있는 사람, 늘 진실하게 회개하고 겸손히 순종하고 있는 사람이라면 누구나 기도하면서 주의 이름을 불러 주님의 보호하심과 능력 주심을 받을 수 있다. 사도행전의 모든 기적들은 주님의 이름으로 행해졌다. 하나님의 자녀로써 우리는 그분의 이름으로 악한 세력들을 결박할 수 있는 권세를 받았다.

말씀

예수님은 말씀이 육체가 되신 분이다. 그러므로 예수님의 이름으로 기도한다는 것은 곧 말씀을 붙잡고 기도하는 것이다. 말씀은 하나님이 예수님을 통해 우리에게 주신 선물이다.

"나는 아버지께서 내게 주신 말씀들을 그들에게 주었사오며" (요 17:8).

하나님은 천지를 말씀 하나로 창조하셨다. 그의 말씀 한마디 한마디는 바로 현실이 되었고 역사가 되었다. 그 능력의 말씀이 성육신한 것이 바로 예수님 자신이셨다. 풀은 마르고 꽃은 시들어도 영원히 변하지 않을 것이 하나님의 말씀인데, 예수님은 그 말씀을 정성껏 제자들에게 전달하셨다. 무엇보다도 말씀은 우리의 가슴에 믿음을 심어 준다.

"나는 아버지께서 내게 주신 말씀들을 그들에게 주었사오며 그들은 이것을 받고 내가 아버지께로부터 나온 줄을 참으로 아오며 아버지께서 나를 보내신 줄도 믿었사옵나이다" (요 17:8).

가만히 살펴보라. 말씀은 예수님께서 주시고 우리는 받는 것이다. 구원과 똑같이 말씀은 선물이다. 주는 사람 맘이지 받는 사람 맘이 아니기 때문에 따지지 말고 그냥 받으면 된다. 그렇게 받았을 때 예수님을 제대로 "알게 된다"(예수님이 하나님 아버지께로부터 나온 줄을 아오며). 겸손히 받을 때, 거룩한 하나님을 아는 지식을 가지게 되는 것이다. 그렇게 되면 하나님을 알고 예수님을 아는 믿음이 생긴다. 믿음으로 이르게 하지 않는 지식은 하늘로부터 온 지식이 아니다.

미국에는 요즘 한참 흡혈귀와 귀신에 관한 영화나 드라마, 소설들이 유행이다. 그리고 흡혈귀같이 분장하고 밤에만 함께 어울려 다니는 젊은이들이 많은데, 이들 중 많은 수가 사탄 종교나 이상한 우상 종교들에 소속되어 있다. 그러나 닐 콜(Neil Cole)이라는 목사가 이끄는 교회 전도팀들이 어느 날 이 젊은이들의 아지트와 같은 커피숍에 들어갔다. 거기서 매뉴엘이라는 젊은이를 만나 전도하면서, 군소리 없이 바로 로마서 6장 23절을 펼쳐주며 읽게 했다. 옆에서 다른 친구들이 다가와서 갖은 방해를 했지만, 성경을 펼쳐 준 전도팀의 청년은 속으로 기도하며 그 자리에서 끝까지 버텨 냈다. "죄의 삯은 사망이요, 하나님의 은사는 그리스도 예수 우리 주 안에 있는 영생이니라"는 이 짧은 말씀에 흡혈귀 복장을 한 청년은 계속 말씀을 읽으며 한참 동안 움직이질 않았다. 읽고 또 읽던 그의 눈빛에 빛이 반짝이며 얼굴에 웃음이 번졌다. 드디어 그는 말씀에 마음이 녹아내리기 시작한 것이다. 그 순간, 옆에서 방해하던 사람들이 하나둘씩 자리를 떴다. 그 주일, "흡혈귀" 클럽의 매뉴엘 청년은 하나님을 믿고 세례를 받았다. 그리고 다른 "흡혈귀"들을 하나둘씩 하나님께로 인도하기 시작했다고 한다.

믿음이 생기려면 왕도가 없다. 그저 부지런히 말씀을 읽고, 듣고, 묵상해야 한다. 아무리 좋은 약이라도 내가 먹지 않으면 내 몸에 아무 이익을 주지 못하듯, 말씀은 내가 시간을 내서 지속적으로 먹어야 한다. 말씀을 내 안에 차근히 축적해 놓으면 하나님께서 내게 기도의 응답을 주실 때 그 음성을 보다 명료하고 빠르게 감지할 수 있다. 이 책의 서두에서도 말했듯이 기도는 내가 일방적으로 하나님 앞에 말하는 것이 아니고, 하나님과 내가 서로 활발하게 대화하는 쌍방향 커뮤니케이션이다. 그러므로 하나님의 말씀을 읽고, 듣고, 묵상하는 시간 또한 중요한 기도의 시간인 것이다. 말씀을 계속 묵상하고 있으면 기도의 영이 맑아진다. 말씀이 내 안에 충만하면 기도하면서 헛소리를 하지 않는다. 뜨겁고 분명한 언어로 기도하게 된다.

　기도가 잘 되지 않으면 멍하니 앉아 있지 말고 성경을 펼치고 말씀을 읽기 시작하라. 특별히 어디를 읽어야 할지 모르겠거든, 시편이나 이사야 말씀을 읽는 것도 좋을 것이다. 아니면 조용한 곳에서 홀로 산책을 하라. 산책을 하면서 평소에 외워 두었던 말씀을 조용히 되뇌어 보라. 이를 위해서는 평소에 말씀을 많이 외워 두어야 함은 물론이다. 아니면 좋은 설교를 CD나 인터넷을 통해 자주 듣도록 하라. 설교를 듣고 나서는 바로 일어서지 말고 들은 말씀을 가지고 깊이 생각하며 거기에 반응하는 기도를 드려 보라. 괜히 멍한 생각으로 아무렇게나 기도하는 것보다 훨씬 더 기도에 힘이 생기고 내용이 생길 것이다.

　말씀을 통해 믿음이 생기면 말씀을 순종할 수 있는 능력이 생긴다. 말씀을 순종하게 되면 우리의 인생이 바뀐다. 오늘날 교회에서 말씀공부를 향한 열기 이상으로 말씀 순종의 열기가 살아나면 우리는 부흥을 체험할 것이다. 주님은 사신 것만큼 말씀하셨고, 말씀하신 것만큼 사셨다. 말씀을 들어 믿음이 커지고, 그 믿음으로 말씀을 순종하는 삶을 살기 바란다.

　예수님의 순종이 십자가를 통해 악의 권세를 이기고 우리에게 구원을 주었다. 당신의 순종이 당신의 삶을 통해 하나님 나라가 확장되게 하는 고속도로를 놓을 것이다. 말씀을 묵상할 뿐 아니라 삶에서 순종하는 사람의 기도는 능력이 있다. 살아 번뜩이는 힘이 폭발하는 기도는 말씀대로 사는 사람의 기도다.

네 날개의 아름다운 조화

　기도를 힘 있게 날아오르게 하는 네 날개가 감사와 찬양과 예수님의 이름과 말씀이라고 했다. 그런데 이 네 날개가 각각 따로 노는 것이 아니라 서로 조화를 이루고 서로에게 힘을 실어 준다. 현악기, 목관 악기, 금관 악기가 한데 어우려져 아름다운 심포니 오케스트라를 만드는 것처럼 말이다.

　영감 있는 찬양을 들으면서 기도하면 그냥 공허하게 기도하는 것보다 훨씬 마음이 뜨거워지고 기도가 잘 되는 것을 경험한다. 찬양은 슬프고 힘들게 하는 것보다 감사하고 기뻐하며 할 때 훨씬 그 힘이 강해진다. 위대한 찬양을 쓴 사람들은 모두 말씀으로 충만한 사람들이다. 말씀의 영감은 찬양의 영감과 직결된다. 말씀을 묵상하고, 찬양의 영이 살아있는 사람은 모두 예수님의 이름을 높인다. 예수님의 이름을 항상 삶에서 높여 드리는 것이 곧 찬양이고, 기도이다. 이렇게 기도의 네 날개는 아주 신비롭고 자연스럽게 서로 깊이 연결되어 있다.

　그렇기 때문에, 반대로 네 날개 중 하나라도 없다면 다른 모두가 어딘지 모르게 힘을 잃고 흔들리게 된다. 감사가 없는 찬양은 찬양이 아니며, 말씀이 없는 기도나 기도가 없는 말씀은 능력이 없다. 예수님의 이름을 높이지 않는 찬양은 자기도취에 빠지게 만들 뿐이다. 기도가 기도되게 하려면 기도의 네 날개를 모두 활짝 펴서 사용해야 하는 것이다.

기름 부으심의 기도
Prayer

하나님,
여기 하나님이 사랑하는 사람에게 기름을 붓습니다.
가슴속에 있는 모든 상처와 아픔이 치유되게 하옵소서.
말과 행동과 생각이 깨끗해지게 하옵소서.
하나님의 지혜와 능력이 가득 채워지게 하옵소서.
가정이 복을 받고, 사업이 복을 받게 하옵소서.
하나님의 비전을 이루어 드리는 인생을 살게 하옵소서.
예수님 이름으로 기도합니다. 아멘.

리더십만으로는 부족하다

Prayer

당신의 인생에서 최악의 상황이라고 할 수 있는 때는 언제였는가? 그냥 어려운 정도가 아니라 갈수록 힘든 상황, 아무리 노력하고 발버둥 쳐도 거대한 장애물에 가로막혀 어떻게 해 볼 수 없는 시련에 부딪혔을 때 말이다. 사방이 막힌 공간에 갇힌 것 같고, 주위엔 도움을 줄 수 있는 사람이 아무도 없다고 느끼는 그 절대 고독과 절망, 어쩌면, 지금 당신이 살고 있는 현재가 바로 그런 고통과 시련의 시간일지도 모르겠다. 그러나 아이로니컬하게도 바로 이 시간이 하나님이 당신에게 주는 최고의 기도 학교가 된다.

Part 3

기도의
신비

최고의 기도학교
기도 타이밍
기도 네트워킹

 **기도야말로** 가장 연약한 사람을 가장 위대한 거인으로
바꾸어놓는 하나님의 반전입니다

기도의신비

06
최고의 기도학교

당신의 인생에서 최악의 상황이라고 할 수 있는 때는 언제였는가? 그냥 어려운 정도가 아니라 갈수록 힘든 상황, 아무리 노력하고 발버둥 쳐도 거대한 장애물에 가로막혀 어떻게 해 볼 수 없는 시련에 부딪혔을 때 말이다. 사방이 막힌 공간에 갇힌 것 같고, 주위엔 도움을 줄 수 있는 사람이 아무도 없다고 느끼는 그 절대 고독과 절망. 어쩌면, 지금 당신이 살고 있는 현재가 바로 그런 고통과 시련의 시간일지도 모르겠다. 그러나 아이로니컬하게도 바로 이 시간이 하나님이 당신에게 주는 최고의 기도 학교가 된다.

니느웨로 가라는 하나님의 명령을 거부하고 다시스로 도망가던 요나. 그러자 하나님은 무서운 폭풍을 일으키시며 그가 탄 배를 붙잡으셨다.

선원들의 필사적인 노력도 아무 소용이 없어, 할 수 없이 제비를 뽑은 결과 요나가 걸렸다. 요나는 이 폭풍이 자신 때문임을 순순히 시인했고 자신을 바다에 던질 것을 부탁했다. 더 이상 자기 때문에 일어난 엄청난 상황에 대한 책임을 회피할 수가 없었던 것이다. 이제부터 우리는 폭풍의 바다 속으로 던져진 요나가 물고기 뱃속으로 삼켜지고, 그 뱃속에서 3일 낮밤을 보내면서 하나님과 일대일로 독대하는 스토리를 만나게 될 것이다. 그 폭풍의 한복판, 고난의 한복판에서 요나는 진짜 기도를 배우고 완전히 새로운 사람으로 거듭나게 된다.

예비하신 하나님

바다에 던져진 요나를 하나님은 큰 물고기를 보내서서 삼키게 하셨다. 처음 바다에 던져져 가라앉을 때 요나는 설마 큰 물고기가 자기를 삼켜 다시 살게 될 것이라고는 꿈도 꾸지 못했을 것이다. 시커먼 바닷물이 자기를 휘감았을 때 이미 그는 살기를 포기했을 것이다. 물고기가 폭풍우 치는 파도에 던져진 요나를 삼키기까지는 순식간이었을 것이고, 눈, 코, 입으로 사정없이 물이 쏟아져 들어오면서 요나는 숨이 막혀 왔을 것이다.

짧은 시간이나마 물속에 있었던 요나는 아마 의식을 잃었을 것이다. 물고기 뱃속에서 깨어난 뒤에도 자신이 살았는지 죽었는지 몰라 어안이 벙벙했을 것이다. 가만 있는 사람을 그냥 물고기 뱃속에 던졌다면 고문하는 것 같겠지만, 폭풍이 치는 바다에 던져진 사람을 큰 물고기가 삼켜 버렸다는 것은 최악의 상황에서 꼭 죽지는 않을 정도의 보호막을 펴 주신 것과 같다. 요나는 폭풍우에 대한 책임을 지고 죽겠다고 했지만 죽는 게 다가 아니다. 죽을 각오로 예수님을 위해 사는 것이 더 중요하다. 당신이 하나님 안에 있으면 죽어도 죽지 않는다. 죽음은 부활을 전제로 한 것이다. 그런 의미에서 캄캄하고 냄새나고 답답한 물고기 뱃속은 마치 이스라엘 백성들이 통과했던 고통스런 광야와 같았다.

광야는 장난으로 들어가는 곳이 아니다

광야는 하나님이 뜻이 있어서 우리에게 허락하시는 장소다. 그곳은 불순종한 이스라엘 백성들을 연단시키는 장소였다. 처음부터 하나님을 믿고 그 뜻대로 순종하면 될 것을 괜히 자존심을 세우고, 반역하고, 불순종하며, 어긋나는 우리를 겸손케 하시고 부드럽게 해서 하나님 쓰시기에 알맞은 그릇으로 구워 내려고 통과케 하시는 시련의 장소다. 엘리트는 학교 교육으로 키워 내지만, 하나님이 쓰실 리더는 백이면 백, 이 광야라는 학교를 통과해야 한다.

요나에게 그 3일은 평생 잊을 수 없는 광야의 시간이었다. 광야는 힘든 곳이지만 무덤은 아니다. 폭풍은 우리를 깨닫게 하고 연단 시키기 위해 주신 것이지 파멸시키기 위한 것이 아니다. "감당치 못할 시험을 주신 적이 없는 선하신 하나님"이시므로, 광야에는 항상 해갈시켜 주는 오아시스가 있고 불볕더위를 막아주는 구름 기둥과 얼어 죽지 않게 해주는 따뜻한 불 기둥이 있다. 기도는 하나님이 사역하시도록 공간을 남겨 놓는 것이다. 비록 그곳이 물고기 뱃속이라고 할지라도 말이다.

할 수 있는 것은 기도밖에 없다

요나서 2장에 나오는 요나의 기도를 살펴보면, 하나님의 말씀은 하나도 없고 요나의 외침만 있다. 현재 요나의 육체적, 정신적 상태는 최악이라고 해도 과언이 아니다. 생각해 보라. 순식간에 폭풍의 바다에 던져졌다가 괴물같이 큰 고기에게 삼켜졌으니 기분이 어떻겠는가? 고기 뱃속이니 칠흑같이 컴컴했을 것이고, 바닷물이 넘나드는 곳이니 뼈가 시리도록 추웠을 것이며, 각종 음식물과 오물이 가득차 있는 곳이니 더럽고 악취가 코를 찔렀을 것이다. 이렇게 인간적으로 최악의 상황에 있으니, 할 수 있는 것은 기도밖에 없었다.

그래서 그런지 요나의 이 기도는 8절밖에 안 되는 짧은 기도지만, 그 강도는 피가 맺힌 것처럼 처절하다. 이것은 사울에게 쫓기던 다윗이 피눈물로 쓴 시편이요, 아이를 못 낳아 하나님께 울부짖던 한나의 애절한 기도요, 40년 광야생활을 지낸 모세의 눈물 어린 노래와도 흡사하다. 평생 하나님의 선지자로 백성들의 존경을 받으며 사역해서 기도와 설교쯤은 익숙하던 요나였지만, 이제 평생 자신이 해 오던 점잖고 매너 좋은 기도와는 전혀 다른 틀의 기도를 하게 되는 것이다. 우리의 인생에서도 고난이 극에 달하면, 도저히 아무 생각도 나지 않고 힘도 없어서 어떻게 기도해야 할지 모를 때가 있다. 그러나 이때 우리를 도와주시는 분이 계신다.

"우리는 마땅히 기도할 바를 알지 못하나 오직 성령이 말할 수 없는 탄식으로 우리를 위하여 친히 간구하시느니라"(롬 8:26).

너무 힘들어서 기도해야 하는데 기도를 못 하겠는가? 걱정하지 말라. 성령이 당신의 힘든 영혼을 부여잡고, 눈물을 닦아 주면서 말할 수 없는 탄식으로 대신 기도해 주실 것이다.

전세계 어느 교회를 가도 한국의 조용기 목사의 기도를 모르는 사람이 없다. 세계적으로 유명한 기도 운동의 리더들은 하나같이 조용기 목사와 순복음교회의 불 같은 기도로부터 결정적 감동을 받았다고 고백한다. 그런데 이 유명한 조용기 목사의 기도는 어떻게 시작되었을까? 본인 스스로 고백하듯이 바로 한국전쟁 이후의 그 절망 같은 가난과 병 때문이었다. 먹을 것도 없고, 약도 없고, 변변한 직장도 없던 시절, 칙칙한 가마니를 바닥에 깔고 교회를 시작했다.

오는 사람들도 대부분 끼니를 제대로 못 이을 정도로 가난했고 몸에 병을 달고 살면서도 병원 갈 돈이 없었던 사람들이었다. 이들을 위해 할 수 있는 것이라고는 기도밖에 없었기에 조용기 목사는 피를 토해 내듯이 기도했던 것이다. 아마 다른 한국 교회들도 마찬가지였을 것이다. 한국 교회에 새벽기도 부흥의 충격을 일으킨 명성교회의 스토리도 이와 다르지 않다. 그토록 고통스럽고 힘든 삶의 현장에서 기도밖에는 길이 없어서 필사적으로 매달렸던 그 간절함에 하나님이 축복하신 것이다.

요나의 물고기 뱃속 같은 어둠의 시간을 통과하지 않은 기도의 용사가 있다면 나와 보라고 하라. 내가 알기에 그런 사람은 단 한 명도 없다. 지금 요나의 물고기 뱃속 같은 고통의 시간을 지나고 계신 분이 있다면 용기를 가지시기 바란다. 당신은 이제 진짜 하늘의 기도를 배우기 시작하고 있는 것이다.

요나는 "내가 받는 고난으로 말미암아 여호와께 불러 아뢰었더니"(욘 2:2)라고 했다. 하나님이 사람을 부를 때 거절하면, 그 사람은 후에 하나님을 부를 수밖에 없는 상황에 직면하게 된다. 고난 때문에 하나님을 부르는 것이다. 아쉬운 것 하나 없을 때 하나님을 진실하게 불렀으면 좋았으련만, 미련하게도 인간은 이렇게 순수하지 못한 동기로 하나님을 부르는 경우가 많다. 내 사정 급하니까 살려 달라고 부르는, 어떻게 보면 좀 치사하게 시작하는 것이 신앙인지도 모르겠다.

기도하면 하나님의 섭리를 깨닫게 된다

요나는 자신이 있는 곳이 큰 물고기 스올의 뱃속이며 파도와 물결이 넘나들고 바닷풀이 온몸을 감싸는 캄캄한 곳이라고 했다. 상황이 더 이상 나빠질 수가 없다. 하나님이 시킨 일을 버리고 도망가면 상황은 이렇게 힘들어진다.

고통은 자연스런 영성훈련 학교가 된다. 하나님은 침묵하지만 요나는 스스로 자기 잘못을 하나하나 깨닫고 회개하고 있다. 기본 영성이 있는 사람은 벌써 자기에게 닥친 상황에 담긴 영적 교훈을 읽는 것이다. 그러나 요나는 자신을 익사케 내버려 두지 않으시고 물고기 뱃속으로 끌어들이신 것이 하나님의 손길임을 직감했다. "주께서 내 음성을 들으셨나이다"(욘 2:2).

"내가 어떻게 안 죽었지?"라는 생각이 들면서, 그는 자신이 살아난 것은 인간적 상식으로 불가능한 것임을 알았고 구원의 소망을 가지기 시작했다. 그래서 용기를 내서 기도하기 시작하는 것이다. 고난은 절망하고, 우울증에 빠지고, 불평불만을 늘어놓고, 다른 사람을 원망하라고 주어지는 게 아니다. 고난 속에 떨어지는 순간, 우리는 하나님의 섭리를 인식하고 그분에게 기도하기 시작해야 한다. 비록 불순종하고 죄를 지었지만 그분이 내 음성을 들으신다고 확신하고 기도해야 한다는 말이다. "하나님 사랑의 눈으로 너를 어느 때나 바라보시고, 하나님 인자한 귀로써 언제나 너에게 기울이시니, 어두움에 밝은 빛을 비춰 주시고 너의 작은 신음에도 응답하시니 너는 어느 곳에 있든지 주를 향하고 주만 바라볼지라."

요나는 "주께서 나를 깊음 속 바다 가운데에 던지셨으므로"(욘 2:3)라고 했다. 요나는 자신이 처한 상황이 하나님의 섭리임을 정확히 알았다. 우연은 없다. 섭리가 있을 뿐이다. 사랑의 반대는 미움이 아니라 무관심이다. 하나님이 우리를 사랑하지 않는다면 잘못된 길로 가도 그냥 버려둘 것이다. 하지만 하나님은 천지가 두 쪽 나도 우리를 사랑하기로 결심하신 분이기 때문에 포기하지 않으신다. 이 세상 끝까지라도 사랑의 추적자가 되어 우리를 쫓아오실 것이다.

요나는 전능하신 하나님께서 고난으로 자신을 징계하고 계심을 충분히 인식했다. 자신의 불순종으로 인해 하나님과의 교제가 끊어졌음을 알게 되었다. 그럼에도 불구하고 그는 하나님께 구원을 요청할 것이라고 한다. 진정한 믿음은 하나님의 징계의 손길을 깨닫는 순간에 절망하고 포기하는 것이 아니라 회개하는 것이다. 진정한 회개, 절절한 회개의 눈물 속에서 당신의 믿음은 참으로 성숙하고 탄탄해지는 것이다.

"하나님이 아들과 같이 너희를 대우하시나니 어찌 아버지가 징계하지 않는 아들이 있으리요 징계는 다 받는 것이거늘 너희에게 없으면 사생자요 친아들이 아니니라"(히 12:7-8).

요나는 이렇게 탄식했다. "내가 주의 목전에서 쫓겨났을지라도 다시 주의 성전을 바라보겠다 하였나이다"(욘 2:4). 아이로니컬하다. 처음엔 요나가 주의 목전을 피해서 도망가지 않았던가? 그러나 이제 그 불순종의 결과로 폭풍의 바다로 던져져 큰 고기 뱃속에 갇힌 지금, 요나는 자신이 "주의 목전에서 쫓겨났다"고 한다. 인간이 그렇다. 자기가 죄를 지어서 하나님에게서 멀어졌으면서도 마치 하나님이 자신을 쫓아낸 것처럼 생각한다. 집에서 큰 사고를 치고 두려워서 집을 나와 놓고 자신이 집에서 쫓겨난 것처럼 말하는 것이다.

마침내 복 주시는 하나님

전에는 그토록 부담으로 생각되던 하나님의 얼굴이 인생의 밑바닥에 떨어지니 너무도 그리운 얼굴로 변해 버렸던 것이다. 이것은 아버지의 집에 있는 것을 답답하다고 생각해서 재산을 챙겨 도망쳤다가 알거지 신세가 되어서야 아버지의 집을 그리워했던 탕자의 탄식과도 같다. 그러나 탕자가 거지 몰골을 하고서라도 일단 아버지의 집으로 발길을 돌리기 시작한 순간, 그의 방황은 끝이 났다.

요나는 자신이 꿈속에서나마 "주의 성전을 바라본다"고 했다. 하나님의 명령을 불순종하고 도망갔었지만, 그래도 하나님을 그리워하는 마음이 있었다. 하나님의 사람은 잠시 하나님을 떠나 죄를 지어도 늘 마음속이 편안치 못하다. 아무리 좋은 곳을 신나게 여행해도 당장 몸이 아프면 집에 가고 싶다. 고통 속에서 가장 그리운 것은 하나님의 음성이다. 빵 한 조각보다 더 그리운 것은 하나님과의 관계 회복이다. 하나님으로 가득 차면 초가삼간도 만족할 수 있다. 형식적으로 교회를 다니던 한 미군 장교가 월남전 때 월맹군의 포로가 되어 몇 년 열악한 포로수용소에서 살아야 했을 때, 그는 바로 이 경험을 했다. 예배를 드리고 싶었지만 큰소리로 찬송을 부를 수 없었고, 성경은 일주일에 2시간 그것도 한 명이 대표로 나가 베낄 수 있었다. 게다가 베낀 것도 그 다음주엔 돌려줘야 했다. 포로들은 그래서 베껴온 성경을 그 주에 나눠서 다 외워 버렸다. 찬송도 소리 없이 입술로만 불렀다. 그렇게 예배를 드리면서 은혜를 받고 울었다. 수용소에서 오직 하나의 소원은 집으로 돌아가서 가족들과 함께 목이 터져라 찬양하며 예배하는 것이었다고 한다. 그 강렬한 하나님의 전에 대한 그리움이 그로 하여금 지옥 같은 수용소 생활을 견뎌낼 수 있는 힘을 주었다고 말했다.

요나는 하나님을 버렸지만 하나님은 요나를 버리지 않았다

하나님은 심판에서조차 자비를 베푸신다. 자식이 잘못해서 때리더라도 죽도록 때리는 부모는 없다. 징계를 당하더라도 하나님의 손에 맡겨지는 게, 징계를 피해 하나님의 전을 떠나는 것보다 백배 낫다. 생텍쥐페리의 『어린왕자』에는 "사막이 아름다운 것은 그 어딘가에 오아시스를 감추고 있기 때문"이라는 문구가 나온다. 하나님이 허락하신 광야가 아름다운 것은 하나님이 숨겨 놓으신 은혜의 오아시스가 곳곳에 감춰져 있기 때문이다. 그 오아시스는 때에 맞는 한 편의 설교일 수 있고, 좋은 사람일 수도 있다. 물이 지천인 곳에서 오아시스는 별 의미가 없지만, 사막에서 오아시스는 삶과 죽음을 가르는 감동이다. 작은 오아시스라도 만나면 고마워서 목이 메어 눈물이 난다. 오아시스가 곳곳에 있는 까닭에 광야는 죽을 것처럼 괴롭지만 실제로 죽지는 않는다. 고난 속에서 기도하는 사람은 하나님이 준비하신 이 오아시스에서 영혼의 생명수를 길어낸다.

요나는 "내 영혼이 내 속에서 피곤할 때에 내가 여호와를 생각하였더니"(욘 2:7)라고 했다. 정말 그렇다. 내 영혼이 편할 때는 세상을 생각한다. 우리가 잘나갈 때는 우린 너무 열심히 세상을 바라보고 산다. 내 자신만을 생각한다. 그러나 내 영혼이 피곤할 때는 하나님을 생각하게 된다. 너무나 기가 막힌 육체를 이기는 영혼의 승리인 것이다.

그래서 C. S. 루이스의 말처럼 "주님은 삶이 순조로울 때는 우리에게 속삭이듯이 말씀하시지만, 고통 속에서는 우리에게 고함치듯 분명하고 크게 말씀하신다.' 영성은 인생을 하나님의 시각으로 정확히 해석하는 능력이기도 하다. 당신은 얼마나 자주, 또 얼마나 깊이 있게 하나님을 생각하는가?

요나는 맹탕이 아니었다

하나님이 큰 이방의 도시 니느웨로 가서 말씀을 전하라는 사명을 줄 정도로 요나는 영적 저력이 있는 사람이었다. 그런데 이제 그 능력이 고난을 통해 겸손하게 된 인격에 담기게 된다. 하나님의 일을 행할 때가 된 것이다. 모세가 실력이 부족해서 하나님이 광야에서 40년간 썩히신 게 아니었다. 오히려 세상적 실력이 너무 넘쳐나서 문제였다. 광야를 통해서 그는 부서진 마음, 겸손한 마음의 사람이 되었다. 이제 하나님의 능력이 그에게 담겨져 큰일을 감당할 때가 된 것이다. 실력만 가지고는 안 된다. 겸손하고 낮아진 마음이 반드시 필요하다. 그런데 겸손하고 낮아진 마음은 광야를 통과해야만 가능해진다.

믿음의 조상 아브람도 약속의 땅에 도착하자마자 지독한 기근을 겪었다. 하나님은 왜 비전의 첫걸음을 기분 좋게 시작한 아브람에게 초창기부터 그런 어려움을 허락하셨을까? 그것은 아브람의 믿음을 강하게 다지기 위해서였다. 하나님은 반드시 우리 장래에 소망을 주시고 축복을 주신다. 그러나 먼저 축복을 담을 만한 그릇으로 우리를 준비시키신다. 우리 믿음을 깊고 단단하게 만들기 원하신다. 그러기 위해서 어려운 상황을 주시는 것이다. 단련되지 않은 믿음은 강해지지 않는다. 조금만 바람이 몰아치면 무너져 버린다.

고등학교 때 기타를 처음 배울 때, 코드를 잡는 왼손가락들이 쇠줄을 잡으면서 피부가 벗겨지고 까지면서 얼마나 아팠는지 모른다. 그러나 그때 이를 악물고 잘 견뎌내야 비로소 손가락에 굳은살이 박여서 나중에는 별 문제없이 기타 코드를 잡고, 아름다운 가락을 연주할 수 있다. 믿음의 시련이 바로 그런 것이다.

하나님은 우리에게 축복을 주시기 위한 초반의 준비 과정으로 일련의 고난을 허락하신다. 그럴 때 우리의 믿음이 단단해지고 순결해진다. 믿음의 조상 아브람도 이런 믿음의 시련을 견뎌 내야 했던 것이다.

"그러나 내가 가는 길을 그가 아시나니 그가 나를 단련하신 후에는 내가 순금같이 되어 나오리라"(욥 23:10).

요나의 물고기 뱃속과 아브람의 기근과 다윗의 광야 시절은 믿음의 사람을 단련하는 하나님의 용광로였다. 그곳은 새로운 컨텐츠가 준비된다기보다 그 컨텐츠를 담을 영적 그릇, 인격의 그릇이 녹아지고 깨어지며 다시 빚어지는 곳이었다.

그러므로 하나님의 사람은 시련이 와도 하나님의 뜻 안에 있는 것이 확실하다면 그 자리에서 인내하며 버텨 내야 한다. 기근이 닥치자 바로 이집트로 피했던 아브람처럼 하면 더 큰 어려움에 봉착하게 된다. 믿음의 시련이 올 때 우리는 당황해서 "당장 이 상황을 어떻게 벗어나지?"라고 반응하면 안 된다. 그러면 실수하게 된다.

오히려 "하나님이 이 상황을 통해서 내게 무엇을 가르쳐 주고 계신가?"를 물어야 한다. 그래서 어려울수록 우리의 생각을 접어 두고 겸손하게 하나님께 기도해야 하는 것이다. 기도 했으면 하나님이 아브람에게 인간이 알지 못하는 놀라운 돌파구를 알려 주셨을 것이다. "너는 내게 부르짖으라 내가 네게 응답하겠고 네가 알지 못하는 크고 은밀한 일을 네게 보이리라"(렘 33:3).

약속의 땅에서의 시련은 마침내 축복이 된다

 기도해서 하나님이 움직이라 하실 때까지는 아무리 상황이 어려워도 약속의 땅을 쉽게 버리면 안 된다. 믿음의 사람들이 인생의 중요한 결정에서 실수를 할 때 보면 보통 기도가 없다. 상황에 대처하기에 급급해서 기도가 맨 나중으로 밀린다. 기도하지 않고 상황만 분석하면 충동적으로, 세상적으로 반응하게 된다.

 우리 인생에서 잘못된 결정을 내린 것들을 지금 한 번 잠잠히 돌이켜 보자. 십중팔구 그 결정을 내리던 시점의 앞뒤로 기도가 없었을 것이다. 정보수집도 하고, 사람들의 의견도 듣고, 회의도 해 보고, 여러 가지 다 했겠지만 정말 하나님 앞에 엎드려 진실하고 심각하게 기도할 짬이 없었을 것이다. 시련을 만났을 때, 하나님의 사람이 생각을 기도보다 더 많이 하면 인생이 자꾸만 더 힘들게 꼬인다. 고난의 시간은 기도해야 하는 순간이지 고민해야 할 순간은 아니다.

 나는 가난한 개척 교회에서 목회를 하시는 아버지의 아들로 자라면서 어린 시절부터 참으로 많은 힘든 시간들을 보내야 했다. 또한 내 자신이 목회자의 길로 헌신하면서부터 많은 눈물과 시련의 시간들을 견뎌 내야 했다. 믿었던 동역자나 성도로부터 모진 말도 들어야 했고, 아무리 목양에 정성을 들여도 사람이 잘 변하지 않고, 비판의 말들만 뒷전에서 들려올 때는 허탈해서 눈물지을 때도 많았다. 요나의 물고기 뱃속 같은 그런 힘든 시간을 통과할 때는 기도밖에 할 수 있는 것이 없었다. 그래도 돌이켜 보면 그때마다 하나님은 내 영적인 키를 한 뼘씩 더 크게 해 주셨다. 그럴 때마다 내 기도는 더 뜨거워졌고, 더 진실해졌고, 더 깊어졌다. 기도가 달라지니 생각이 달라지고 보이는 것이 달라지고 설교가 달라졌다.

기도에 관한 이 책을 집필하는 동안에도 나는 그런 시간을 통과해야 했다. 10년 넘게 섬겨 오던 온누리교회를 사임하게 되었기 때문이다. 내 30대의 불 같은 정열과 헌신을 바쳤던 교회였기 때문에, 그리고 내 모든 것을 걸고 사랑했던 교회였기 때문에 그 교회를 떠나보내기가 쉽지 않았다. 그 후, 두 달이 넘는 시간을 고민하고 외롭게 기도하다가 새로운 교회를 개척하며 출범시키게 되었고, 교회는 오프닝 첫날부터 하나님의 놀라운 축복으로 모임 장소를 가득 채우며 급성장하기 시작했다. 하지만 하루하루를 하나님 앞에 엎드려 그 어느 때보다 더 가난한 마음으로 결사적으로 기도하지 않으면 안 되었다. 신비롭게도 이때 나의 마음은 하나님께만 집중할 수 있는 시간이었고, 하나님의 음성을 새롭고 분명하게 듣는 시간이었다.

한 도시 전체를 칠흑같이 메우는 안개도 한 컵 정도의 물의 양밖에 안 된다는 말을 들은 적이 있다. 살아가면서 우리의 인생을 끊임없이 압박해 오는 고난의 안개들이 바로 그럴 것이다. 당장은 힘들어도 믿음으로 눈을 질끔 감고 기도하며 견디면 열병처럼 지나갈 것이다. 파워 기도는 눈물로 만들어진다. 지금 고난의 시간을 지나고 있는가? 그 누가 어떤 말로 당신의 고통을 위로할 수 있겠는가? 그러나 나는 이것만은 단언할 수 있다. 이제 당신은 정말 하늘의 능력을 다운로드 하는 기도를 배우기 시작할 것이다.

기
도
의
신
비

07

기도 타이밍

음악에 대해 조금이라도 아는 사람이라면 타이밍의 중요성을 알 것이다. 어떨 때는 빠르고, 어떨 때는 느리고, 어떨 때는 나오고, 어떨 때는 들어가고, 어떨 때는 세게, 어떨 때는 약하게 연주한다. 모든 악기마다 각자에게 주어진 타이밍의 법칙을 맞춰 움직여야만 기가 막힌 하모니가 만들어진다. 그래서 음정 못 맞추는 '음치'보다 박자 못 맞추는 '박치'가 더 문제라지 않는가? 비단 음악뿐 아니라, 스포츠나 비즈니스, 요리나 외교나 정치도 마찬가지다. 노련한 베테랑들은 움직일 때와 기다릴 때, 전력투구할 때와 서서히 힘을 아끼며 맴돌 때를 잘 구별한다.

기도도 그렇다. 기도의 신비 중에 하나는 우리 인간들의 3차원적 시간이 아닌, 하나님의 4차원적 시간의 법칙이 기도의 성패를 좌우한다는 것이다. 하나님은 하나님의 시간에 우리의 기도에 응답하신다.

인내하는 기도

기도에서 중요한 것은 끈질긴 집념이다. 예수님은 우리에게 "구하라, 찾으라, 두드리라"고 하셨다. 누가복음에 나타난 이 세 명령어는 다 현재 진행형 동사다. 즉 계속해서 구하고 찾고 두드리라는 얘기다. 아무리 힘들어도 중간에 포기하면 안 된다. 불러도 불러도 대답이 없는 것 같아도 결코 중간에 포기하면 안 된다. 예수님은 아주 간단한 예로 이 원리를 설명하셨다. 한 친구가 밤중에 친구의 집을 찾아와 마구 문을 두드리며 깨웠다. 나가 보니 자기 집에 귀한 손님이 왔는데 대접할 것이 아무 것도 없다며 빵 세 덩이만 빌려 달라고 한다. 그때 자다 일어난 사람은 우정 때문이라기보다는 끈질기게 졸라 대는 것 때문에 요청을 들어주었다고 했다.

"구하라 그러면 주실 것이요"라고 했지, "즉각 주실 것이요"라고 하지 않으셨다. 믿는 자의 기도는 한 톨도 그냥 버려지는 것이 없다고 했다. 하나님은 우리의 작은 신음 소리까지도 다 들으신다. 다만 우리와 다른 차원의 방법으로, 가장 최고의 시간에 주시려 준비하실 뿐이다. 귀한 것일수록 시간이 오래 걸리고 기다림이 필요하다. 맥도날드에 가서 햄버거를 시키면 3분 내로 나오지만, 최고급 식당에서 음식을 주문하면 훨씬 더 많은 시간이 필요하다. 위대한 예술가의 작품도 오랜 세월의 뼈와 살이 녹는 것 같은 오랜 시간을 투자한 뒤에 완성된다. 하나님이 우리에게 최고를 주고자 하실 때는 쉽게 덥석덥석 주시지 않는다.

여리고 성도 마지막 일곱 바퀴를 다 돌고 나서야 무너졌다. 엘리야가 7번까지 무릎 꿇고 기도할 때 하나님은 마지막 순간에 구름을 보내셔서 비를 뿌려 주셨다. 결코 포기하지 말라.

하나님은 결코 너무 늦지 않으신다

예수님이 혈루병 앓던 여인을 고쳐 주신 3장의 사건으로 다시 돌아가 보자. 회당장 야이로라는 유명인사가 예수님을 찾아와서 죽어가는 딸을 고쳐 달라고 정중하게 청한다. 그러자 예수님은 수많은 군중들에 둘러싸인 채 그 딸을 고치러 출발하셨다. 그러나 가는 도중에 뜻밖의 상황이 발생했다. 열두 해 동안 혈루병을 앓던 여인이 목숨을 걸고 군중 속을 뚫고 들어와 예수님을 만진 것이다. 그 결과 여인은 즉시 나음을 입었고, 예수님은 돌아서서서 그 여인을 주목하셨고 칭찬하셨다.

자, 그런데 거기까진 모든 게 다 잘 되었는데 뜻밖의 상황이 발생했다. 예수님이 여인을 막 축복하고 돌아서시는 사이, 회당장 야이로의 집에서 사람이 와서 청천벽력 같은 소식을 전했다. 지체하는 사이에 야이로의 딸이 이미 숨을 거두었다는 것이다.

이 말을 듣는 순간 야이로는 하늘이 노래지는 것 같은 충격에 그 자리에 털썩 주저앉았을 것이다. 예수님을 지체케 한 군중들과 혈루병 앓던 여인이 얼마나 원망스러웠겠는가? 한 사람은 살았는데 정작 처음 살리러 가던 사람은 이 때문에 시간이 지체되어 죽었다. 열두 해 혈루병 앓던 여인은 살았는데, 열두 살 먹은 어린 소녀는 죽었다. 순식간에 희비가 교차하는 이 안타까운 상황을 어찌 받아들일 것인가? 둘러싼 군중들도 멍해졌을 것이고, 방금 혈루병에서 고침을 받은 여인은 미안한 마음에 어찌할 바를 몰랐을 것이다. 조금만 그렇게 놔두면 슬픔과 절망과 원망이 봇물처럼 터져 나올 수 있는 상황이었다.

이때 예수님은 지체 없이 상황에 개입하셨다. 야이로에게 말할 기회조차 주지 않고 "두려워하지 말라. 믿기만 하면 아이가 나을 것이다"라고 강하게 선포하셨다. 인간적 상식으로는 분명히 끝난 상황인데도 예수님은 아니라는 것이다. 중요한 것은 믿음이지 문제의 크기가 아니다. 그렇다. 아무리 절망적인 상황에 부닥쳐도 쉽게 포기하지 말아야 한다. 예수님이 포기하지 않으면 우리도 절대 포기하지 말자. 예수님이 산다면 사는 것이다. 눈에 보이는 현상을 보고 절망하지 말자. 예수님의 말씀을 믿자. 믿기만 하면 다시 살아날 것이다.

야이로는 예수님을 믿고 눈물을 쓱쓱 닦으며 이를 악물고 일어났다. 실낱 같은 믿음과 소망을 품은 채, 예수님을 모시고 자기 집으로 갔다. 거기서 죽은 아이에 대해 애도하며 크게 울고 있는 사람들을 보며 예수님은 말씀하셨다. "울지 마라. 이 아이는 죽은 것이 아니라 자고 있다." 이것은 이 아이가 실제로 죽지 않았다는 뜻이 아니다.

성경에 보면 아이의 영이 돌아왔다고 했다. 그러니까 아이는 실제로 죽었던 것이다. 하지만 예수님은 죽음을 잠자는 것 정도로밖에 보시지 않았다. 부활이요, 생명이신 그분에게 죽음은 아무 힘이 없었던 것이다. 인간에게 죽음은 최악의 상황이지만, 예수님에게 죽음은 잠자는 것일 뿐이다. 중요한 건 예수님을 믿는 믿음이다.

예수님이 그 아이의 손을 잡고 말씀하셨다. "아이야, 일어나라!" 그 한마디에 아이의 생기가 돌아왔다. 믿기 힘든 기적이 너무나 간단하게 일어난 것이다. 나는 이것이 예수님의 말씀을 믿고 끝까지 포기하지 않은 야이로의 믿음에 대한 응답이라고 생각한다. 군중 때문에, 혈루병 앓던 여인 때문에 천금 같은 시간이 지체될 때도 야이로는 아무 말도 하지 않고 묵묵히 기다렸다. 절망 같은 상황이 전개될 때도 예수님의 말씀만 붙들고 의지했다. 상황은 절박한데 하나님이 더디게 응답하실 때도 하나님을 믿고 기다리자.

"이는 내 생각이 너희의 생각과 다르며 내 길은 너희의 길과 다름이니라 여호와의 말씀이니라 이는 하늘이 땅보다 높음같이 내 길은 너희의 길보다 높으며 내 생각은 너희의 생각보다 높음이니라" (사 55:8-9).

성령 안에서 기도하는 사람은 꾸준히 기도한다

바울은 "모든 일에 인내하며"며 기도하라고 했다. 이 말은 기도를 멈추지 말란 얘기다. 우리는 하나님의 임재를 기다리는데 너무 인색하다. 오래 버티지 못한다. 조금만 기도해 보고 응답이 없으면 조급해져서 내 생각 내 방법으로 빨리 돌아서 버린다. 그러나 한 달이 걸리든 일 년이 걸리든 기다려야 한다. 예수님이 제자들에게 분부하시지 않았던가? "너는 예루살렘을 떠나지 말고 내게 들은바 아버지께서 약속하신 것을 기다려라." 하나님의 임재를 기다리면서 끝까지 하는 것이 기도다.

자기를 부인하고, 자신의 모든 계획과 생각을 일단 접어 두라. 그리고 성령의 기름 부으심을 사모하라. 그분의 임재가 나타나도록 불이 임하도록 사모하라. 물고기 뱃속에서 기도하던 요나는 자신이 3일 만에 밖으로 나올 것을 알지 못했다. 아마 30일을 있으라 했어도 나올 때까지 기도했을 것이다. 우리의 결정적인 잘못은 무릎 꿇는 시간이 너무 짧다는 것이다. 우리가 밤을 새워 고민하고 노력하는 것보다, 무릎 꿇고 기도해서 주님의 임재를 체험하는 것이 더 급하다. 그때 비로소 주님의 능력과 지혜가 임하고, 그때 비로소 우리의 삶에 기적이 나타나기 시작한다. 내 영이 먼저 주님으로 충만해져야 그것이 내 주위로 넘쳐 흐를 수 있다.

이사야는 말했다. "너희 여호와로 기억하시게 하는 자들아 너희는 쉬지 말며 또 여호와께서 예루살렘을 세워 세상에서 찬송을 받게 하시기까지 그로 쉬지 못하시게 하라"(사 62:6-7). 한 교회를 향한, 한 지역을 향한, 한 국가를 향한 하나님의 축복의 약속은 반드시 이루어진다. 그러나 하나님은 그 전에 반드시 기도하는 사람들을 준비시키신다. 나이와 지위를 초월하여 기도하는 사람이 리더다.

심판이 오기 전에는 영적 지도자들이 잠들어 있지만, 하나님의 회복이 오기 전에는 영적으로 깨어 있는 파수꾼과 같은 지도자들이 일어나 기도하기 시작한다. 낮이나 밤이나 하나님이 회복의 약속을 기억하시도록 계속 기도한다. 하나님이 어차피 이뤄 주실텐데 왜 기도하느냐고 할지 모르나 하나님의 약속이 확실할수록 그 약속의 성취를 위해 더 많은 사람들이 깨어 기도해야 한다. 하나님의 약속은 기도라는 줄을 당길 때 폭포처럼 강렬하게 부어지기 때문이다.

포기하지 않는 끈질긴 기도에 대해서 E. M. 바운즈(Edward McKendree Bounds)는 감동적인 글을 썼다. "끈질기게 기도하라. 지옥이 엄청난 타격을 받기까지 기도하며, 두꺼운 철문이 열리기까지 기도하며, 산 같은 방해물이 사라지기까지 기도하며, 안개가 사라지고 구름이 걷히며 햇살이 비칠 때까지 진정으로 기도하기는 참으로 어렵다. …아무 음성도 들리지 않는데 끈질기게 기도하며 기다리기란 쉽지 않다. 그러나 하나님이 응답하실 때까지 기다려야 한다. 기도 응답의 기쁨은 산통을 견딘 어머니의 기쁨이며, 사슬을 벗고 새로운 삶과 자유를 얻은 노예의 기쁨이다." 우리 하나님의 백성들이 모두 이렇게 끈질기게 기도할 수 있다면 하늘과 땅이 진동할 것이다.

기도 시작과 동시에 응답도 이미 시작되었다

요나의 처절한 회개가 끝나자 하나님은 물고기에게 명령하셔서 요나를 토해 내게 하셨다. 여기서 우리는 참 흥미로운 상황을 본다. 처음 바다에 던져진 요나를 물고기에게 삼키게 하신 것도 하나님이고, 3일 후에 토해 내게 하신 것도 하나님이시다. 그런데 그 갑갑한 물고기 뱃속에서 요나가 처절하게 회개 기도를 드리는 동안 하나님은 침묵하고 계셨다. 그러다가 회개가 끝나니까 물고기에게 요나를 토해 내게 하셨다. 그리고 토해 낸 그곳은 바로 육지, 바닷가였다.

분명히 요나는 바다 한복판에서 물속으로 떨어졌고 거기서 물고기에서 삼켜졌는데, 3일 후에 물고기가 토해 낸 곳은 해변가였다. 즉 3일 동안 물고기는 요나를 배에 품고 육지 쪽으로 서서히 움직이고 있었다는 얘기가 된다. 하나님이 좀 더 빨리 요나의 회개 기도에 응답하셔서, 물고기 뱃속에서 토해 내게 하셨다면 요나는 육지가 아닌 시퍼런 바닷물 속에 다시 표류해야 했을 것이다. 컴컴하고 냄새나는 물고기 뱃속이었지만 바닷물 속에서 익사하는 것보단 훨씬 나았다. 그래서 3일이라는 기간을 보내게 함으로써 하나님이 요나를 살려 주실 준비를 하신 것이다. 하나님이 허락하신 고난의 시간은 나의 고통을 연장시키기 위한 것이 아니다. 나의 구원을 위한 완벽한 타이밍을 맞추시는 하나님의 은혜인 것이다.

요나에게 3일 동안 침묵하셨지만, 삼키고 토해 내게 하신 것 자체가 엄청난 메시지였다. 물고기 뱃속은 영원히 있을 곳은 못 된다. 아니 한 시라도 빨리 나와야 하는 곳이다. 우리는 하나님께 빨리 나가게 해 달라고 애걸하지만, 사실 물고기 뱃속에 우리를 오래 두는 것은 하나님이 아니라 우리 자신이다. 진실하고 완전한 회개를 하면, 그리고 우리가 물고기 뱃속으로 나가도 바닷물이 아닌 육지로 떨어지도록 하나님의 준비가 끝나기만 하면, 하나님은 물고기로 하여금 당신을 토해 내게 할 것이다. 이 민족의 회개가 끝나면 하나님은 물고기로 하여금 우리를 토해 내게 할 것이다.

토해 내는 그 땅은 천국이 아니다. 다만 이제 완전히 바뀐 새 생명을 가지고 하나님이 주신 사명을 열정적으로 순종할 사역의 땅이다. 나의 아집과 계획이 무너지고 하나님의 꿈에 나를 맞춰 목숨을 던지는 바로 그 전도의 땅, 선교의 땅인 것이다. 그래서 요즘 드리는 기도는 "토해 내게 하옵소서! 이 나라를 토해 내게 하옵소서! 이 교회를 토해 내게 하옵소서! 이 민족을 토해 내게 하옵소서!"이다.

깨어 있는 기도

성령 안에서 기도하는 사람은 "늘 깨어 기도한다." 고난 중에는 열심히 기도하다가, 조금 살만 하다 싶으면 금세 기도의 끈을 놓아 버리는 사람들이 많다. 그러나 기도는 내 인생이 힘들 때만 하는 것이 아니다. 잘될 때나 못될 때나 숨 쉬듯이 자연스럽게 계속하는 것이 기도다. 영적 전쟁에 있어서 기도는 무전기와도 같다. 전쟁하고 있는 군인에게 있어서 총 이상으로 중요한 게 무전기다. 무전기를 통해 내 상황도 실시간으로 계속 사령부에 보고하지만, 또 사령부로부터 계속 작전을 하달 받는 것도 무전기를 통해서다. 지금 진격하면 이길 수 있을 것 같은데 사령부에선 후퇴하라고 한다. 반대로 지금 공격하면 불리할 것 같은데 사령부는 공격하라고 한다. 그 명령대로만 하면 이상하게 승리한다. 그것은 사령부가 전체 상황을 알고 있기 때문이다.

기도는 하나님과 나 사이의 무전기다. 실탄이 떨어지는 것보다 더 무서운 재앙은 무전이 끊기는 것이다. 사령부와 연락이 두절되는 것이다. 그래서 우리는 늘 깨어 기도해야 한다. 조금만 방심하고 기도의 끈을 늦추면 금방 악한 영이 침투해 들어온다. 그래서 주님도 십자가 사건을 앞두고 제자들에게 "시험에 들지 않도록 계속 깨어 기도하라"고 하신 것이다. 그런데도 베드로는 겟세마네 동산에서 몇 번이나 잠이 들었다. 그러니까, 병사들이 들이닥치자 다짜고짜 칼을 뽑아 제사장의 종의 귀를 베어버린 것이다. 기도해야 할 때 기도하지 않고 자 버린 사람은 위기가 닥치면 이렇게 충동적인 반응을 하게 된다. 혈기를 부린다. 해서는 안 될 말과 행동을 한다.

"깨어 기도하라"는 표현에 주목하라. 느헤미야가 예루살렘의 무너진 성벽을 보수하기 위해 노력할 때 방해하는 적들이 호시탐탐 습격해 올 기회를 노렸다. 이때 성경은 느헤미야가 항상 "깨어 기도했다"고 기록한다. 기도는 영적 집중력이다. 무슨 일을 할 때도 성의 없이 대충대충 시간만 때우며 하는 사람이 있고, 온 신경을 곤두세워서 최선을 다하는 사람이 있다. 이때 결과는 하늘과 땅 차이다. 깨어 기도하라는 것은 하나님께 집중하고 기도하라는 것이다. 세상의 말과 상황을 바라보지 말고 하나님의 말씀만을 굳게 붙잡고 기도하라는 것이다. 영적 긴장감을 늦추지 말고 하나님의 세미한 음성 하나라도 놓칠세라 나의 모든 시끄러운 소리를 죽이고 주의 임재를 구하라는 것이다.

제자들은 깨어 기도하지 못했다

예수님이 그렇게 땀이 피가 되도록 기도하는 동안, 한심하게도 제자들은 세상 모르고 곯아 떨어져 자고 있었다. 그것도 수제자라고 하는 베드로와 요한, 야고보 같은 사람들이 말이다. 예수님이 왜 제자들을 겟세마네 기도 현장으로 데려가셨겠는가? 하나님의 아들이셨던 예수님도 마지막에는 너무나 힘들고 외로웠던 것이다. 그래서 나약하고 철모르는 제자들이나마 함께 기도하는 바위 옆에까지 데려 가셨던 것이다. 옆에 함께 기도로 지원해 주길 바라는 마음에서였을 것이다. 그러나 제자들은 그 시간을 깨어 있지 못했다.

누가는 그들이 "슬픔에 지쳐 잠들었다"고 했다. 제자들도 최근 들어 예수님이 자꾸 "이제 더 이상 너희와 함께 있지 않을 것이다, 잠시 후면 다시 나를 보지 못하리니… 오늘 밤에 너희가 다 나를 버리리라. …너희 중에 하나가 나를 팔 것이다"라는 불길한 말씀을 계속하시는 것을 들었다. 그들은 예수님의 신변에 안 좋은 일이 생길까봐, 자신들의 앞날이 어찌될까 하는 두려움에 슬펐고 고민했다.

그러나 그것은 인간적 고민이요 슬픔이었지 우리를 위해 십자가에 돌아가실 예수님의 사랑을 아는 믿음의 근심이 아니었다. 믿음의 근심은 하나님께 기도하게 만든다. 그러나 이런 인간적 근심은 영혼과 육체를 피곤하게 할 뿐 아무런 유익이 없다. 인간적 근심은 치우고, 믿음의 근심을 할 수 있게 되길 바란다.

마태, 마가복음에 보면 예수님이 두 번, 세 번이나 와서 잠든 제자들을 깨웠다고 기록되어 있다. 그리고 예수님은 이렇게 말씀하셨다. "왜 자고 있느냐? 일어나 시험에 들지 않도록 기도하라." 이것은 책망의 말씀이라기보다 인간의 약함에 대한 주님의 깊은 이해를 보여 준다. 마태복음에 보면 주님께서 "마음은 원이로되 육신이 약하도다"라고 말씀해 주신다. 참 고마우신 말씀이지만 사실 주님이 잘 봐 주셔서 그렇지 제자들이 마음으로도 원하신 뭘 원했겠는가? 제자들은 같이 기도하는 것 같았지만, 주님의 부탁을 받고 체면치레로 대충 기도했다. 다가올 불안한 미래를 걱정하고 근심하는 것을 기도보다 더 많이 했다. 그러다보니 피곤하고 지쳐서 계속 잠이 든 것이다.

  결론은 육체가 깨어져야 한다는 것이다. 기도는 영으로 하는 것이다. 인간적 힘과 노력으론 안 된다. 성령께서 함께하셔야 한다. 기도하시는 주님을 천사가 도왔던 것처럼, 하나님이 힘을 주셔야 끝까지 기도할 수 있다. 그래서 오순절 성령 강림이 있고 나서 제자들의 기도가 확 달라졌다. 감옥의 문이 열리게 하고 앉은뱅이를 일으키게 하는 엄청난 파워 기도가 터진 것이다. 성령의 능력으로 기도했기 때문이다.

성공 후의 기도

  야베스의 기도에 보면 "주의 손으로 나를 도우사"란 구절이 있다. 브루스 윌킨슨 박사는 이 기도의 시점이 야베스가 하나님의 은혜로 성공의 정점에 섰을 때였을 거라고 추측한다.

  자, 하나님이 당신의 기도를 들으셔서 정말 당신의 지경을 넓혀 주셨다고 가정해 보자. 많은 고난 끝에 마침내 하나님이 당신을 리더의 자리에 앉혀 주셨다. 사업을 성공케 하시고, 교회를 크게 부흥시켜 주셨다. 사람들이 부러워하는 인기와 영향력의 자리에 앉혀 주셨다. 그 순간부터 두려움과 불안감이 엄습해 온다. "과연 내가 이 자리를 잘 감당할 수 있을까?" 리더가 되는 것은 시작에 불과했고 이제부터는 당신이 그 자리에 앉을 자격이 있음을 순간순간 입증해 보여야 한다.

  순식간에 당신은 미지의 세계, 무서운 정글 같은 광야에 홀로 던져져 있는 듯한 느낌이다. 내가 이 자리에 맞지 않는 사람인 것 같은 느낌, 무섭고 외로운 느낌, 신선한 아이디어와 인적, 물적 자원이 끊임없이 필요한데 나올 데는 없는 듯한 느낌이 들 때, 누구한테 도움을 청해야 하나? 순간, 당신은 자신의 힘 이상의 어떤 존재의 도움이 절실하게 필요함을 절감한다.

성경에서 "주의 손"이라 함은 하나님의 능력과 임재를 말한다. 사도행전에도 보면 "주의 손이 그들과 함께하시매 수많은 사람들이 믿고 주께 돌아오더라"(행 11:21)고 되어 있다. 주님의 손이란 하나님의 초자연적인 능력이 펼쳐지고 쏟아지는 것을 말한다. 그것은 바로 꿈을 현실로 만드는 힘인 것이다. 하나님의 일을 하기 위해선 하나님의 손, 하나님의 능력이 필요하다.

얼마나 많은 하나님의 일꾼들이 하나님의 일을 그토록 열심히 하면서도 하나님의 능력을 제대로 체험하지 못하고 사는가? 그들은 하나님의 엄청난 능력이 그들을 위해 예비되어 있는 것을 제대로 인식하지 못하고 있기에 구하지도 않는다. 그래서 새로운 사역이 조금만 더 주어지면 인간적으로 하려다 금방 탈진되어 버린다. 그러나 야베스는 달랐다.

야베스가 처음부터 하나님의 손을 의지했던 것은 아니다. 그때까지만 해도 그 필요를 절박하게 느끼지 못하고 오히려 자신의 능력으로 어떻게 해 보려고 했다. 하지만 하나님이 그의 지경을 넓히시고, 하나님 사이즈의 일들이 어깨에 떨어지자 야베스는 기가 질렸다. 아래에 있을 때는 그토록 정상에 오르는 것이 꿈이었는데 막상 정상에 다다르고 보니 덜컥 겁이 났다. 아랫사람일 때는 보스의 자리에 앉는 게 꿈이었는데, 막상 그 자리에 앉고 보니 칼날 위에 선 것 같은 기분이었다. 하나님의 즉각적인 간섭이 필요했다. 그래서 지경을 넓혀 달라는 기도에서 바로 하나님의 능력을 구하는 기도로 옮겨간 것이다. 우리가 하나님을 가장 절실히 필요로 하는 때는 어쩌면 실패할 때가 아니라, 성공의 자리에 선 뒤부터일 것이다.

"하나님께서 내 지경을 넓혀 주신다 함은 더 무거운 책임을 맡겨 주신다는 것인데, 그때는 내게 짊어진 부담과 스트레스는 훨씬 더할 것이고, 나는 하나님의 도움이 더욱 절실히 필요할 것이다. 그래서 하나님의 임재와 능력이 필요하다." 이것이 성경적 원리다. 비전이 클수록, 그것을 이루기 위한 갑절의 영적 능력이 필요하다. 부활하신 주님은 제자들에게 "땅끝까지 가서 내 제자를 삼으라"고 하셨다. 그러나 그것을 이루기 위해 바쁘게 뛰기 전에 먼저 다락방에 모여 온 힘을 다해 합심기도를 하게 하셨다. 성령이 임하기 전에는 아무 일도 못하게 하신 것이다. 하나님 사이즈의 비전은 하나님 사이즈의 능력이 임할 때에만 이룰 수 있다. 그 능력은 오직 기도를 통해서만 다운로드 된다.

결단의 순간의 기도

당신은 만약, 이 세상에서 살 날이 며칠 남지 않았다면 무엇을 하겠는가? 심리학자들이 조사했더니 어떤 이들은 바닷가로 가서 사랑하는 사람과 함께 석양을 보겠다고도 하고, 어떤 이들은 있는 돈을 다 털어서 꼭 가 보고 싶었던 곳으로 여행을 떠나겠다고도 하고, 어떤 이들은 자신이 태어나서 자란 고향을 방문해 보겠다고도 했다. 죽음을 앞둔 사람은 자기 가슴 깊숙이 묻어 두었던 소원, 생각, 꿈을 실천해 보고 싶은 것이다. 죽음을 앞둔 사람의 행동과 말은 그 사람이 어떤 인생을 살아 왔는지를 보여 준다.

사람은 누구나 한 번쯤은 인생 전체를 걸어야만 하는 엄청난 위기의 순간이 찾아온다. 축구선수에게는 평생에 한 번 올까 말까 한 월드컵 본선 결승과 같은 큰 경기, 사업가에게 있어서는 이때까지 쌓아 올린 모든 것을 걸어야 하는 새로운 사업 확장 계획, 학생에게는 대입 시험, 군인에게는 자신과 나라의 운명이 걸린 전쟁을 눈앞에 둔 순간 같은 것 말이다. 그 엄청난 결단의 순간이 바로 코앞에 닥쳤다면 당신은 지금 무엇을 하고 있겠는가? 하나님의 아들 예수 그리스도는 그의 십자가 죽음을 눈앞에 두고 뭘 하셨을까? 대답은 의외로 간단하다. 주님은 하늘 아버지께 기도하고 계셨다.

예수님 인생의 최고 목표였던 십자가. 온 인류의 운명을 걸고 감당해야 하는 절대적 사명이었던 십자가 사건. 하나님의 아들이신 그리스도 외에는 세상 그 누구도 대신 질 수 없는 십자가. 그 십자가 사건을 앞두고 주님은 어떻게 자신을 준비하셨는가? 유월절 성만찬을 통해 제자들에게 십자가 죽음의 의미를 알려 주신 주님은 이제 자신의 인생의 가장 엄청난 사건, 하늘과 땅의 역사를 바꿀 엄청난 십자가 사건을 앞두고 겟세마네 동산으로 제자들을 이끌고 가셨다. 기도하기 위해서였다. 주님의 십자가는 겟세마네의 그 피나는 기도의 준비 없이는 불가능했다.

누가복음에 보면 체포되시던 날 밤, 예수님은 "습관을 따라" 올리브 산으로 가셨다고 했다(눅 22:39). 이것은 예수님이 여느 때처럼 올리브 산에 가서 기도하셨다는 뜻이다. 마태, 마가복음에서는 "겟세마네 동산"이라고 구체적으로 묘사하는데, 누가는 그냥 올리브 산이라고 기록한다. 겟세마네 동산은 올리브 산 안에 있는 동산이다. 아무튼 중요한 것은 예수님이 예루살렘에 계실 때, 생애 마지막 주간을 밤마다 습관적으로 하나님께 기도하며 보내셨다는 사실이다. 그러시다가 십자가 죽음을 눈앞에 둔 이날 밤은 특히 비장한 각오로 기도하러 제자들까지 이끌고 가신 것이다.

어떤 중요한 일을 앞두고 우리가 해야 할 가장 중요한 준비가 무엇인가? 바로 기도다. 기도보다 더 중요한 준비가 없고, 기도보다 더 확실한 준비가 없다. 십자가를 지기 위한 예수님의 최대의 준비, 절대적 준비는 기도였다. 예수님도 십자가를 지기 위해선 기도의 준비가 필요했는데, 하물며 우리처럼 약한 인간은 어떻겠는가? 십자가는 인간의 의지로 질 수 있는 것이 아니다. 오직 하나님의 능력으로만 질 수 있는 것이다. 하나님의 능력은 기도하는 자에게만 주어진다.

윈스턴 처칠(Winston Leonard Spencer Churchill)은 이런 말을 했다. "모든 사람의 인생에는 결정적인 순간이 한두 번은 온다. 아마 그 사람이 바로 그 순간을 위해 태어났다고 해도 좋을 만한 중요한 때다. 오직 그 사람만이 이룰 수 있는 중대한 사명이기 때문에 그는 반드시 그 순간을 놓치지 않고 감당해야 한다. 그 사명을 이루면서 그는 진정으로 위대한 존재가 된다. 그 순간은 그의 인생 최고의 순간(finest hour)이라고 할 수 있다." 예수님에게 있어 그 최고의 순간은 십자가 사건이었다. 그 사명을 감당해야 될 때가 이르렀을 때 그는 완벽하게 준비된 자세로 서 계셨다.

당신은 고난과 위기의 때를 어떻게 준비하고 있는가? 인생이 걸린 결단과 헌신의 때에 무엇을 하고 있는가? 고민을 하고, 부정적인 말을 하고, 잠 못 이루며 이 사람 저 사람에게 도움을 청하고 있지는 않는가? 우리는 생각은 너무 많이 하는데 기도는 너무 적게 한다. 그러니 근심, 걱정, 두려움이 많다. 생각을 줄이고 기도를 확 늘리자. 결사적으로 기도하자. 이상하게 마음이 편안해지고 하나님이 내 대신 움직이시는 것을 느낄 것이다. 기도하면 처음에는 모든 일이 잘 안 되는 것 같아도 마지막에는 결국 승리하게 된다.

기
도
의
신
비

08

기도 네트워킹

성령 안에서 기도하는 사람은 다른 사람들을 위해서 중보한다. 주기도문은 "하늘에 계신 내 아버지"가 아닌 "하늘에 계신 우리 아버지"로 시작한다. 성령으로 기도하는 사람은 자기만을 위해 기도하지 않는다. 항상 다른 성도들을 가슴에 품고 기도한다. 당신이 얼마나 많은 사람들을 위해 중보하느냐가 당신의 영적 리더십의 크기를 결정한다. 많은 사람들의 리더가 되겠다 하면서 다른 이들을 위해서 기도하지 않거나, 사람들을 이끌겠다고 하면서 자신이 이끌 사람들을 위해 기도하지 않겠다는 것은 말이 안 된다. 그래서 바울은 무엇보다도 "모든 사람을 위해서 하나님께 간구와 기도와 중보기도와 감사기도를 드리라"고 권했다(딤전 2:1, 표준새번역).

아주 흥미로운 사실은 영적으로 건강한 사람을 위해서 중보기도를 하면 기도하는 내가 더 큰 은혜를 받는다는 것이다. 어떤 사람은 중보기도를 해 주려고 하면 아주 큰 벽이 가로막혀 있는 것 같다. 답답해서 기도가 잘 안 풀린다. 그러나 어떤 사람은 그 사람을 위해서 중보기도를 하면 가슴이 뜨거워지고, 시원한 샘물처럼 기도가 잘 된다. 중보기도를 하는 내가 오히려 뜻밖의 감동을 받는다.

그것은 기도를 받는 그 사람이 영적으로 살아 있다는 얘기다. 내가 기도에 열심이면 남이 나를 위해 중보기도해 주는 파워를 느낀다. 나를 위해 세계 곳곳에서 드려지는 기도의 축복과 효과를 100% 흡수해 버린다. 기도는 기도로 느끼기 때문이다. 내 안에 있는 성령이 다른 형제자매 안에 있는 성령에 화답하는 것이다. 참으로 거룩한 공동체는 기도를 통해 서로 교제한다. 나는 서로 중보기도해 주는 기도의 동지들이 당신 주위에 많기를 바란다.

포용의 중보기도

중보기도를 할 때 내가 좋아하는 사람들만 위해 할 것이 아니라 껄끄러운 사람, 나를 비난하는 사람, 나를 힘들게 하는 사람들을 위해서도 기도해야 한다. 하나님을 믿는 믿음의 형제자매들 사이에도 대하기 힘든 사람들이 있기 마련이다. 그러나 하나님은 우리가 이들을 위해서도 중보하기를 원하신다. 마음이 어렵더라도 순종하면 하나님이 큰 축복을 주신다. 욥의 경우가 그랬다. 그가 사탄의 시험으로 모든 것을 잃고 처참한 고난에 처했을 때, 그의 친구들은 위로를 한답시고 와서는 "네가 하나님 앞에서 교만해서, 또 이러저러해서 오늘날 이런 힘든 벌을 받게 됐다"고 비난했다. 남의 상처에다 소금까지 뿌리는 격이다. 욥은 너무나 마음이 어려웠다. 그러나 욥은 그들을 위해 기도했다. 놀라운 사실은 욥의 중보기도가 끝나는 즉시, 하나님의 엄청난 회복과 축복이 욥에게 밀려들었다는 점이다.

"욥이 그의 친구들을 위하여 기도할 때 여호와께서 욥의 곤경을 돌이키시고 여호와께서 욥에게 이전 모든 소유보다 갑절이나 주신지라"(욥 42:10).

죽음에서 생명으로, 광야에서 약속의 땅으로 단번에 옮겨간 것이다. 회복도 그냥 회복이 아니라, 전에 있던 모든 것의 2배가 붙어서 돌아왔다. 물론 하나님은 이미 욥의 고난을 역전시켜 주실 계획을 갖고 계셨다. 그러나 그 계획이 이뤄진 것은 욥의 중보기도가 끝난 직후였음을 주목하라. 하나님의 사람의 인생에 우연은 없다. 기도는 뜻하지 않은 축복의 문을 열어젖힌다. 특히, 힘든 사람들마저 포용하는 예수님 닮은 기도는 더더욱 그렇다.

지금 이 순간 이 책을 덮고 잠시만 숨을 고르고 생각해 보자. 우리 가슴속에 피멍이 들도록 아픔을 주었던, 그리고 아직도 주고 있는 형제자매들이 있는가? 오늘 우리의 힘이 아닌 하나님의 능력으로 그들을 축복하는 기도를 드려 보자. 내키지 않고 힘들어도 한번 그렇게 해 보자. 그리고 우리에게 하나님이 욥에게 주셨던 것과 같은 축복을 주시는지 한 번 지켜보도록 하자. 그 결과는 우리 모두를 놀라게 할 것이다.

같은 맥락에서, 사람과 대화가 힘들 때는 기도함으로써 하나님을 통해 대화하라. 진짜 대화가 힘들 때는 상대를 위해서, 자신을 위해서 기도하라. 특히 성격이 아주 날카롭고 터프해서 이야기하기 힘든 사람, 그러나 꼭 대화해야만 하는 사람과 만나기 전에 두 배로 열심히 기도하라. 그러면 하나님이 내가 못할 말을 그 사람에게 영으로 해 주시고, 설명이 안 되는 오해를 대신 풀어 주실 것이다. 최고의 커뮤니케이션 돌파구는 성령님이다. 기도를 통해 성령님이 역사하시는 것이다.

함부로 말하기 힘든 어른이나 지도자와 대화할 때도 마찬가지다. 그는 나에게 너무 큰 존재지만, 하나님에게는 아니다. 나의 하나님이 그의 하나님이기도 하기 때문에 하고 싶은 말이 있으면 하나님께 먼저 다 말씀드리라. 그리고 하나님에게 그 분께 전해 달라고 하라. 내가 고칠 게 있으면 하나님이 내게 말씀하실 것이고, 그 분이 고칠 게 있으면 하나님이 그 분에게 말씀하실 것이다. 하나님이 중간에서 가장 완벽하게 정리해 주실 것이다. 그러니 사람과의 대화가 있기 전에도 반드시 하나님과 대화가 있어야 한다.

고난 당하는 형제를 위한 중보

야고보는 말했다. "너희 중에 고난 당하는 자가 있느냐 그는 기도할 것이요"(약 5:13). 하나님의 사람들이 세상을 살아가면서 때로는 이유를 알 수 없는 고난 때문에 고통스러워 하는 경우가 많다. 이때 우리는 하나님을 원망하거나 고난을 겪지 않고 있는 다른 크리스천들을 원망해선 안 된다. 이때 우리는 힘들수록 기도함으로써 상황을 이해할 수 있는 영적 지혜와 이것이 어떻게 하면 하나님께 가장 영광이 될 수 있을지를 고민해야 한다.

하나님의 뜻이 있으면 기도는 고난 자체를 물러가게 할 수 있지만, 그렇지 않을 경우는 고난을 이겨 낼 수 있는 은혜를 주신다. 그는 우리의 환난을 승리로 바꿀 수 있는 분이기 때문이다. 예수님은 겟세마네에서 "이 잔을 물러 달라"고 했지만, "내 뜻대로 마옵시고 아버지의 뜻대로 하옵소서" 하며 하나님의 거절을 수용했다. 그리고 그 십자가 죽음이 부활의 승리로 이어졌다.

그러나 "고난 당하는 자의 기도"는 "즐거워하는 자의 찬송"과 함께 이해되어야 한다. 야고보는 모든 사람이 동시에 고난을 겪지 않음을 분명히 한다. "…즐거워하는 자가 있느냐 그는 찬송할지니라." 하나님은 우리에게 어둔 날도 주시지만 찬란한 기쁨의 날들도 주신다. 이때 우리는 정말 하나님께 영광을 돌리며 찬양할 줄을 알아야 한다. 한걸음 더 나아가, 우리는 고난 중에도 찬양할 수 있는 단계에까지 이르러야 한다. 욥이 말했던 "밤에 부르는 노래"를 부를 수 있어야 한다(욥 35:10). 매를 맞고 빌립보 감옥에 갇혔던 바울과 실라가 발에 착고를 차고도 그 밤에 하나님께 찬양을 드렸듯이 말이다.

애매히 고난 당하는 하나님의 사람의 기도와 찬송은 그의 영혼 속에 내재된 독을 씻어 낸다. 고생하면 할수록 우리 안에는 "인덕"이 쌓이는 것이 아니라 "인독"이 쌓인다. 사람과 관계를 맺고 살아가는 것이 얼마나 힘든가? 교회 안에서도 서로를 대할 때 온갖 질투와 교만, 권위주의, 이기주의, 자기과시, 음모, 음란, 살인의 독화살을 서로에게 마구 쏘아대는 우리들. 상처 받은 사람은 더 사나워져서 맞받아치면서 독을 뿜는다. 이 악한 미움의 사이클을 멈출 수 있는 것이 바로 기도다. 기도는 내 영혼에 성령이 흐르게 한다. 성령은 흙탕물을 정화시키는 샘물과도 같다. 말없이, 조용히, 그러나 확실하게 영의 독소를 제거해 낸다. 기도를 열심히 하면 사람의 독이 빠진다. 하나님을 강렬히 체험하면 할수록 인간의 악취가 빠진다.

병든 형제를 위한 중보

이렇게 기도를 통해 인간의 독이 빠진 사람은 이제 성령의 능력으로 남을 사랑하기 시작한다. 그리고 다른 이들을 위한 중보기도를 시작한다. 자기가 건강해서 남을 치유하는 것이 아니라, 자신도 성령의 치유로 회복되었기에 남을 치유하는 것이다.

"너희 중에 병든 자가 있느냐 그는 교회의 장로들을 청할 것이요 그들은 주의 이름으로 기름을 바르며 그를 위하여 기도할지니라"(약 5:14).

여기서 명심할 것은 능력이 기도에 있는 것이지 기름 바르는 행위에 있지 않다는 사실이다. 헬라어 "기름 바르다"는 말은 의학 용어로써, 오늘날의 건강 마사지와 비슷한 의미를 가진다. 즉 야고보는 기도와 함께 인간에게 주어진 도구를 사용하여 최선을 다한다는 의미로 기름 바른다는 표현을 썼다. 그러나 또 다른 면으로 보면 구약에서는 하나님의 성령이 하나님의 종들을 통해서 능력과 치유를 행하실 때, 기름 부어주심이라는 표현을 자주 사용하기도 했다. 어쨌든 종합해서 정리하면 기도함으로써 인간의 병든 육체를 향한 하나님의 터치, 하나님의 간섭, 하나님의 움직이심을 요청하는 것이다.

교회의 리더십, 장로들에게 주어진 가장 큰 사명 중 하나가 바로 이 중보기도의 사역이다. 야고보는 신유의 은사를 받은 특별한 사람을 초청하라 하지 않고, 지역 교회의 장로들을 초청해서 기도를 받으라고 했다. 이것은 영적 리더의 몫이다. 기도의 정성, 기도의 능력이 없다면 어찌 함부로 영적 리더십의 자리를 추구할 것인가?

영적 리더십의 권위는 어찌 보면 기도의 권위라고도 할 수 있다. 골방 기도가 뜨거운 영적 리더의 기도는 공적 기도에도, 남을 위한 중보기도에도 능력으로 역사한다. 부끄럽게도 나는 목회자로서 오랜 세월 하나님이 영적 지도자에게 주신 기도의 특권, 사명, 권위에 대해 크게 생각해 보질 않았다. 그러다가 약 10년 전, 완전히 그 방면으로 새로운 체험을 하게 되었다.

심방을 가서 기도하는데 정말 다 죽어 가던 할아버지가 일어난 것이다. 내가 갔을 때 가족들은 이미 검은 상복을 입고 장례 준비를 하고 있었다. 그렇게 다들 포기했던 할아버지가 일어났으니 얼마나 놀랐겠는가? 그 할아버지는 이틀 뒤, 예수님을 영접하고 병상 세례를 받았다. 병세가 심각해서 언제 돌아가실지 몰라 불안했기 때문이다. 그러나 그 뒤 이 할아버지는 몇 년을 더 살다가 돌아가셨다. 그리고 그때 놀란 그 가족들은 대부분이 불신자였으나 모두 교회에 다니기 시작했다. "나는 부활이요 생명이니 나를 믿는 자는 죽어도 살겠고"라는 말씀이 진짜 현실이 되어 그들 앞에 펼쳐졌기 때문이다. 지금도 그때 함께 있었던 분들의 입을 통해서 그 사건은 전설처럼 회자되고 있다.

또한 기도했을 때, 7년 가까이 아기를 갖지 못했던 자매가 임신을 하는 기적도 있었다(기도가 너무 셌는지, 그 부인은 그 후 계속해서 아이를 넷이나 낳았다). 우울증에 시달리던 사람, 질병으로 힘들어 하던 사람도 부족한 내가 열심히 손을 얹고 기도할 때 고침을 받는 일들을 보고 내 스스로 기절할 듯이 놀란 적이 많았다. 물론 다 낫게 된 것은 아니지만 하나님이 나같이 믿음 없는 종의 기도에도 기름을 부어 주시고, 역사하시는 것을 보고 너무 감사하고 죄송스러웠던 적이 한두 번이 아니다.

야고보는 "믿음의 기도는 병든 자를 구원하리니 주께서 그를 일으키시리라"고 했다(약 5:15). 여기서 우리가 "믿음의 기도"를 해석할 때 보통 기도하는 사람의 믿음으로 보는 경우가 대부분이다. 그래서 우리는 "능력의 종"에게 기도를 받으려고 한다. 그렇지만 여기서 "믿음의 기도"는 기도하는 사람의 믿음이면서 동시에 기도 받는 사람의 믿음이기도 하다. 기도하는 사람 이상으로 중요한 것이 기도 받는 사람의 믿음이다.

좀 전에도 말했듯이, 어떤 분을 위해서는 중보기도를 하면 기도하는 내 자신이 불 같은 은혜를 받으며 기도가 뜨겁게 막힘없이 된다. 그러나 어떤 분을 위해서 기도를 하면 마치 꽉 막힌 담 같은 느낌이 들 때가 있다. 하나님과 친하지 않은 사람, 기도생활이 메마른 사람, 가슴에 이중적인 죄를 잔뜩 품고 있는 사람들의 경우는 기도가 통겨 나오는 것 같은 느낌을 받는다. 기도 받는 이의 믿음이 그만큼 중요한 것이다.

예를 들어서 일본이나 태국 같은 나라에 가서 기도하면 영적으로 꽉 막힌 벽 같은 답답함을 느끼곤 한다. 빈익빈 부익부의 원리는 영적 세계에서도 작용하여, 뜨거운 믿음의 사람은 항상 더한 은혜를 받고 더한 기도의 파워를 발휘한다. 그렇다면 병든 자를 일으키는 믿음의 기도란 과연 어떤 것일까? 그것은 하나님의 뜻 안에서 행해지는 기도다.

"그를 향하여 우리가 가진 바 담대함이 이것이니 그의 뜻대로 무엇을 구하면 들으심이라" (요일 5:14).

영적 지도자들은 자기 마음대로, 함부로 기도하는 것이 아니라 하나님의 뜻대로 구해야 한다. 하나님의 뜻대로 어떻게 기도할 수 있는가? 하나님과 늘 말씀과 기도로 교제하며, 영적 저력을 차근차근 쌓아 가면 된다. 그러면 그의 생각과 마음이 자연스럽게 하나님 중심으로 형성되어 간다. 그런 영성의 토양에서 나오는 기도가 믿음의 기도요, 그런 기도가 응답을 받을 수 있다. 능력 있는 믿음의 기도는 그런 영적 저력의 산물이다.

병 고치는 기도에 있어서 또 한 가지 중요한 것은 죄 용서의 문제다. 야고보는 믿음의 기도를 통해 주님께서 병든 자를 고칠 것이라고 하면서, 연이어 "혹시 죄를 범하였을지라도 (병자가)사하심을 받으리라"고 했다(약 5:15). 항상 그런 것은 아니지만 육체나 정신의 병이 그 사람의 죄와 연관되었을 수도 있다. "혹시 죄를 범하였을지라도"의 원어 문맥을 정밀히 번역하면 "그가 습관적으로 계속 죄를 지어 왔을지라도"라는 의미를 담고 있다. 이렇게 보면 왜 영적 지도자인 장로들이 그 사람의 집에 가서 기도해 줘야 하는지가 분명해진다. 감히 교회에 가서 자신의 죄를 고백할 수 없으니까, 영적 지도자들을 자기 집으로 모신 것이다. 영적 지도자들에게는 양들의 죄 문제를 듣고 징계하고 중보하고 기도할 의무가 있기 때문이다.

기도 응답과 죄 사함의 밀접한 관계는 우리가 꼭 명심해야 할 문제다. 하나님은 불완전한 자의 기도는 들으셔도 위선자의 기도(죄를 가슴에 품고 고백하지 않는 사람, 죄를 짓고도 아닌 척하는 사람)는 결코 용납하지 않으신다. 그러니까 구약 곳곳에서 "너희 손에 피가 가득하니 내게 더 이상 재물도 가져오지 말고, 많이 기도할지라도 내가 듣지 아니하겠다"고 하시지 않았는가? 기도가 막히는 것은 감춘 죄, 고백하지 않은 죄로 인하여 하나님과 관계가 막힌 상태에서 하기 때문이다.

야고보는 "그러므로 너희 죄를 서로 고백하며 병이 낫기를 위하여 서로 기도하라"(약 5:16)고 했다. 믿음의 형제들의 병과 서로를 용서해 주는 것이 깊은 연관성이 있다. 모두 그런 것은 아니지만 많은 경우 크리스천들이 서로에게 죄를 짓고도 그것을 고백하며 해결하지 않는 것이 건강에도 심각한 영향을 미치고 있다. 죄 문제를 하나님께만 고백하고 해결하는 것만 중요한 것이 아니라 우리 서로에게 고백하는 일, 서로 용서하고 용서 받는 일이 함께 행해져야 한다. 정말 어려운 일이지만 이것이 없이는 능력의 기도, 하나님의 응답을 얻는 기도, 병을 낫게 하는 기도가 잘 이뤄지질 않는다.

물론 이 죄의 고백은 지혜롭게 행해져야 한다. 한 예로, 오래전 내가 몸담고 있던 대학부에선 죄 고백의 중요성에 대한 메시지를 듣고 난 뒤 여러 명의 형제자매들이 한 사람에게 우루루 몰려가서 "너를 미워한 죄를 용서해 줘"라고 말하는 바람에 그 사람이 굉장히 힘들어 한 적이 있었다. 도대체 자기가 얼마나 나쁜 사람이기에 이렇게 많은 사람들이 자신을 그토록 미워했냐는 것이다. 그러므로 때와 장소, 말하는 스타일을 조심스럽게 선택해서 분별력 있게 해야 한다.

죄 가운데 있는 형제를 위한 중보기도

요한은 말했다. "누구든지 형제가 사망에 이르지 아니하는 죄 범하는 것을 보거든 구하라 그리하면 사망에 이르지 아니하는 범죄자들을 위하여 그에게 생명을 주시리라 사망에 이르는 죄가 있으니 이에 관하여 나는 구하라 하지 않노라"(요일 5:16).

여기서 중요한 것은 "사망에 이르는 죄"와 "사망에 이르지 아니하는 죄"가 확실히 구별되어 나온다는 점이다. 먼저 "사망에 이르는 죄"가 무엇일까? 성경에 보면 하나님의 백성들이 하나님의 진노로 인해 즉시로 죽임을 당한 예가 몇 군데 나온다. 구약시대 때 여리고 성의 재물을 몰래 숨겼다가 발각되어 가족 전체가 처형 당한 아간이 있었고, 모세의 리더십에 반역하며 하나님을 원망하다가 멸망 당한 고라 자손들이 있었다. 그것은 신약시대에 넘어와서도 마찬가지였다. 땅 판 돈의 일부를 감추고 교회에 헌금하며 자신들이 판 돈의 전부라고 속였던 아나니아와 삽비라 부부가 성령을 속인 죄로 그 자리에서 죽어 나갔다. 고린도 교회에서는 진실한 회개와 하나님을 사랑하는 마음 없이 함부로 성만찬에 임했다가 죽은 형제자매들이 여럿 있었다고 했다.

요컨대, 믿는 자가 마땅히 해야 할 바를 알면서도 의도적으로 계속 하나님을 속이거나 불순종한 죄, 그로 인해 세상사람 앞에서 하나님의 영광을 가리고 주님의 교회를 시험 들게 하는 죄, 그러면서도 진정한 회개와 각성이 없는 경우, 이것을 "사망에 이르게 하는 죄"라고 한다. 이런 경우는 하나님이 육체적인 죽음으로 심판하는 경우가 많다.

"주 예수의 이름으로 너희가 내 영과 함께 모여서 우리 주 예수의 능력으로 이런 자를 사탄에게 내주었으니 이는 육신은 멸하고 영은 주 예수의 날에 구원을 받게 하려 함이라" (고전 5:4-5).

이런 경우 육신의 죽음은 영혼의 구원과는 아무런 관계가 없다. 이들은 구원을 얻기는 하겠지만 마치 "불 가운데 얻는 것" 같을 것이다. 즉 모든 상을 잃어버리고 하나님 앞에 빈손으로 서게 될 것이다. 이 땅에서 주님의 영광을 위하여, 주님의 몸된 교회를 건강하게 지키기 위하여, 주님께서 당신의 자녀의 생명을 거둬가 버리는 경우도 있다. 이것은 전적으로 인자하고 전지하신 하나님의 판단이므로 우리가 간섭할 수 없다.

하지만 영적인 사망까지 같이 가져오는 죄가 있으니 그것은 바로 예수 그리스도가 하나님의 아들이심을 부인하는 거짓된 영적 지도자, 적그리스도의 하수인들로 전락하는 경우다. 그들은 하나님의 자녀들의 신앙에 영적 바이러스를 투입해 주님의 몸된 교회를 병들게 하는 이들이므로 하나님이 결코 용서치 않으신다. 심판 날에 영원한 형벌을 받게 될 것이다.

악한 사탄의 영에 사로잡혀 이단의 하수인이 된 이들을 설득시키려 하거나, 위해서 중보기도 하는 일을 하나님은 하지 말라고 하셨다. 스스로 자신의 영적 운명을 끝내 버린 사람들과는 깨끗이 결별해야 한다. 요한도 "나는 구하라 하지 않노라"고 했다. 어느 정도 수위가 차면 하나님은 더 이상 그 사람을 위한 중보기도를 막으시는 수가 있다.

소돔과 고모라를 심판에서 구원하는 문제를 놓고 아브라함이 하나님과 나눈 대화를 기억하는가? 몇 십 명의 의인만 거기에 있어도 그 사람들을 봐서 그곳을 멸망시키지 말아 달라는 것이 아브라함의 제안이었다. 그 숫자가 열 명까지 내려가서 멈추었다. 하나님의 인내의 한계점에 다다르자 하나님이 거기서 아브라함의 중보기도를 막으신 것이다. 그러자 아브라함도 하나님의 마음을 느끼고 거기서 멈추었다.

하지만 요한의 메시지의 초점은 "사망에 이르는 죄"를 저지르는 극단적인 소수의 케이스들이 아니라, "사망에 이르지 아니하는 죄"를 짓는 대부분의 형제들을 위해 중보기도를 하라는 데 있다. 예수 그리스도의 십자가 보혈로 거듭난 크리스천들도 살아가면서 옛사람이 살아나서 본의 아니게 많은 죄를 짓는다. 요한이 말하는 "죄 범하는"은 현재진행형 동사다. 우리는 연약하므로 계속 본의 아니게 실수하고 죄를 짓는다는 얘기다. 그러나 하나님은 그 어떤 하나님의 자녀도 계속 죄의 습관에 빠져 인생을 망치는 것을 원치 않으신다. 그렇기 때문에 순간적 실수로 충동적인 죄를 지어도 빨리 회개하고 돌아오길 원하시는 것이다.

그러므로 이런 죄를 지은 형제자매를 위해 중보기도 하는 것은 하나님의 뜻과 일치하는 일이므로 하나님이 기꺼이 응답하신다. 우리는 알게 모르게 많은 형제자매들의 중보기도 덕분에 죄의 사슬을 끊고 다시 일어설 수 있는 것이다.

미국의 존경 받던 영적 지도자 한 분도 중년에 치명적인 도덕적 죄를 지어 모든 것을 포기해야 하는 위기에 처한 적이 있다. 그러나 주위의 성도들과 수많은 영적 친구들의 중보기도와 보살핌으로 다시 회복되어, 많은 다른 연약한 자들을 역으로 돌봐줄 수 있는 위치로 돌아올 수 있었다. 하나님의 씨를 받은 우리는 체질상 죄의 체질이 아니고, 하나님 뜻대로 살아야 힘이 나는 체질이기 때문에 형제자매들의 중보기도를 받으면 다시 회복될 수 있다.

우리는 한때 믿음에 있다가 세상적으로 돌아서 버린 형제자매들을 위해서 정말 간절히 중보기도를 해야 한다. 그리고 이 기도는 반드시 응답된다는 믿음을 가져야 한다.

"내 형제들아 너희 중에 미혹되어 진리를 떠난 자를 누가 돌아서게 하면 너희가 알 것은 죄인을 미혹된 길에서 돌아서게 하는 자가 그의 영혼을 사망에서 구원할 것이며 허다한 죄를 덮을 것임이라" (약 5:19-20).

사랑을 가지고 포기하지 않고 믿음이 식어진 형제들, 세상과 마구 타협하며 하나님의 진리를 거의 내팽개치다시피 하고 자기 마음대로 사는 형제들을 위해 기도해야 한다.

1960년대 후반 미국의 사우스웨스턴 침례신학교는 전세계 복음주의 신학교 중에서 가장 큰 학교였는데, 60년대 미 전국의 대학가에 만연했던 자유주의 학생운동의 영향으로 세속화되기 시작했다. 특히 학생들과 학교 당국 사이에 살벌한 대립과 데모가 난무해서 가히 신학교라고 부르기도 부끄러울 지경이 되었다. 이 학교를 덮고 있는 악한 증오의 기운에 슬퍼한 소수의 학생들과 교수들은 조그만 기도 모임을 만들고 밤낮없이 이 병든 캠퍼스를 치유해 달라고 기도했다.

그러다가 1970년 2월, 캔터키 주의 애쉬버리 대학에서 학생 부흥 운동이 일어났고 이 소식을 들은 사우스웨스턴의 기도 모임은 한층 더 열을 올렸다. 그리고 한 달 후인 3월 13일부터 학생 채플에서 열린 전체 기도 모임에 수백 명의 학생들이 자리를 가득채웠다. 애쉬버리에서 부흥을 체험한 학생 두 명이 나와서 간단히 간증을 했을 뿐인데, 그 자리에 성령의 터치가 임한 것이다.

이윽고 학생들이 한 명씩 나와서 자기의 죄를 고백하고 하나님 앞에 용서를 받기 시작했다. 목사의 딸로 태어나 목사 지망생의 아내가 되었지만 교회를 싫어했던 한 신학생 부인의 회개, 신학생이면서도 부모와 원수같이 지냈던 학생의 회개, 성적으로 문란한 죄를 지었던 신학생의 고백 등, 진리의 길에서 떠났던 하나님의 자녀들의 회개와 회복이 밤새 이어졌다. 새벽 1시가 되어서야 집회는 끝났다. 그러나 그것은 다음날, 그 다음날도 끝없이 이어졌다. 회개와 회복을 체험한 학생들과 교수들이 서로를 찾아다니며 용서를 구하고 울면서 화해하는 역사가 벌어진 것이다.

한 학생은 이렇게 고백했다. "마치 온 방이 전류에 감전된 것 같았다. 나는 그토록 하나님의 영이 강하게 임재하시는 것을 처음 느꼈다. 사실 나는 주님을 위해 살고 싶은데, 그러기 위해서 지불해야 하는 대가가 너무 무서워서 도망가려 했다. 그러나 나는 그때 나도 모르게 앞으로 걸어 나가 울면서 그분 앞에 엎드렸고, 형언할 수 없는 사랑의 파도가 내 영혼을 뒤덮는 것을 느꼈다." 그리고 얼마 후 시작된 봄방학 때, 사우스웨스턴의 학생들은 전국으로 흩어져 각 대학 캠퍼스들과 지역 교회에 가서 간증을 했고, 곳곳에서 회개와 부흥의 역사가 일어났다.

기도는 이런 놀라운 부흥의 열쇠다.

설교자들을 위한 중보기도

우리가 모든 성도들을 위해 서로 중보해 주어야 하지만 영적 지도자, 특히 설교자들을 위해 집중적으로 기도해야 한다. 누구보다도 이 사실을 잘 알고 강조했던 사람은 바울이었다. 에베소서 교인들에게 보낸 서신에서 바울은 영적 지도자를 위해 간절히 기도해 달라고 성도들에게 부탁한다(엡 6:19-20).

그 당시 바울은 정말 목숨을 걸고 복음을 전하고 있었다. 복음을 전했다는 이유로 바울은 곳곳에서 수도 없이 매 맞고, 배가 파선되고, 감옥에 갇히고, 자신을 죽이려는 무리들에 의해 쫓기는 고초를 겪었다. 에베소서를 쓰는 그때도 차가운 지하 감옥에 갇혀 있었다. 사방이 돌로 만들어진 로마의 지하 감옥은 한여름에도 오한이 느껴질 정도로 춥고, 대낮에도 빛이 안 들어와서 캄캄했다. 아무리 담대한 바울이지만 이런 상황에서도 계속해서 기죽지 않고 복음을 전하는 일이 쉽지 않았다. 두렵기도 하고, 힘들기도 해서 그만두고 싶은 때도 많았다. 그래서 성도들의 중보기도가 필요했다. 그렇다. 목사도 사람이다. 영적 지도자도 한 연약한 인간이다. 지치고 도망가고 싶을 때가 있다. 성도들이 늘 열심히 중보기도해 주지 않으면 버텨 낼 수가 없다.

바울은 자신의 안전과 건강을 위해 기도해 달라고 하지 않았다. 오로지 담대히 복음을 전할 수 있도록 기도해 달라고 했다. 바울같이 뱃심 좋은 사람도 두 번씩이나 "담대히 복음을 전할 수 있게 기도해 달라"고 부탁할 정도로 설교는 쉬운 일이 아니다. 꼭 말씀 준비에 집중하지 못하게 하는 방해 요소들이 수없이 많이 생긴다. 특히 나는 설교 전날 굉장히 조심해서 자기관리를 한다. 사탄은 아주 작은 일을 가지고도 나를 짜증나게 하고 화나게 해서, 건강한 마음으로 집중해서 기도하며 말씀 준비하는 것을 막기 때문이다.

18세기 말 영국에 엄청난 부흥을 일으켰던 순회설교자 요한 웨슬리(John Wesley)는 설교하러 가는 곳마다 수많은 불량배들의 테러 위협을 받았고, 반대자들이 고용한 사람들의 야유를 받았다. 그리고 설교하러 올라가기 직전까지 온몸에 식은땀이 흐르고 경련까지 보일 정도로 육체의 아픔도 있었다. 그러나 그 모든 어려움을 무릅쓰고 일단 웨슬리가 설교하기 시작하면 수많은 사람들이 자신의 죄를 회개하고 하나님을 믿는 역사가 일어났다. 웨슬리를 위해서 목숨을 걸고 매일 중보기도한 사람들 때문이었다.

설교는 교회의 심장과 같다. 하나님의 말씀이 있는 그대로 성령의 기름 부으심과 감동으로 선포되면 예배가 살아난다. 말씀이 능력 있게 선포되면 시간과 공간을 초월하시는 하나님의 임재가 거기에 모인 모든 성도들의 마음에 강하게 역사한다. 죽었던 영혼들이 살아나고, 영혼의 상처들이 치유 되며, 절망에 사로잡힌 사람들이 꿈과 소망을 회복한다. 설교를 듣는 도중에 악한 영들이 떠나가고, 영적 체증이 쑥 뚫리며 속이 시원해지는 것을 경험한다. 말씀에 은혜가 있으면 아무리 복잡한 문제들도 다 덮이고 교회가 부흥한다. 살아 있는 설교는 듣는 사람의 머리를 자극하는 게 아니라 영혼을 뒤흔들어 놓는다.

요즘은 주석도 많고 좋은 자료도 많아서 조금 노력하면 설교를 유창하게 잘할 수 있다. 그러나 사람의 영혼에 불을 붙이는 파워 설교, 성령의 기름 부으심이 있는 설교는 오직 기도로만 이뤄진다. 설교자도 그 어떤 학구적 연구보다도 본문을 붙들고 기도해야 한다. 그래야 그 시대,

그 청중에게 꼭 필요한 하나님의 직접적인 음성을 듣게 된다.

그것은 신비한 "복음의 비밀"이며 "복음 안에서 마땅히 해야 할 말"인 것이다(엡 6:20). 마치 하나님이 내 집에 도청기를 달아 놓은 듯 정확하게, 그리고 듣는 성도들의 삶을 꼭꼭 짚어 주는 설교. 그 설교는 듣는 청중이 자기 인생의 바로 그 시점에서 꼭 들어야 할 하나님의 징계요, 위로요, 비전인 것이다. 성령 충만한 설교자는 그것을 전하는 연결 통로다. 똑똑한 설교가 아니라 은혜와 능력이 충만한 설교, 그것은 기도로만 가능하다.

때문에 한 가지 부탁은 당신이 목회자들을 위해 항상 기도해 주었으면 한다. 목회자가 설교 강단에 섰을 때, '오늘은 얼마나 잘하나 보자'는 마음으로 들어선 안 된다. 대신 '오늘도 목사님이 하늘의 언어를 능력 있게 전할 수 있도록 기름 부어 주십시오'라고 기도하며 말씀을 들어 주시길 부탁드린다. 그러면 하나님이 실제로 그렇게 해 주실 것이다.

기름부으심
Prayer

기름 부으심은
첫째, 치유입니다.
둘째, 능력을 부어 주는 것입니다.
셋째, 어떤 특별한 사명을 위해서 따로 세우는 것입니다.

하나님이 기름 부으신 자는
첫째, 말씀의 능력을 갖게 되며
둘째, 기도의 능력을 갖게 되며
셋째, 사람들의 몸과 마음을 치유하게 되며
넷째, 지혜와 분별력을 갖게 되며
다섯째, 기쁨과 찬양의 영을 갖게 됩니다.
이를 통해 그에게는 자연스럽게
거룩한 리더십의 권위가 주어지는 것입니다.

기름 부으심을 받으려면
첫째, 회개가 있어야 합니다.
둘째, 겸손한 갈망이 있어야 합니다.
셋째, 간절함과 인내가 있어야 합니다.

리더십만으로는 부족하다

Prayer

하나님은 그분의 백성들이 진정으로 회개하고 겸손히 기도하면 "하늘에서 듣고" 응답하시겠다고 약속하셨다. 아주 오랜 옛날, 매일 아침마다 기도하러 교회에 오던 어느 주교가 살았다. 그는 그 습관을 30년 동안 하루도 빠지지 않고 반복했고, 나중에는 세수하고 양치질하듯이 아주 기계적이 되어버렸다. 그러던 어느 날, 그가 여느 때와 다름없이 교회에 와서 "하늘에 계신 아버지" 하면서 기도를 시작하는데 갑자기 웅장한 음성이 들려 왔다.

Part 4

기도
다운로드

반드시 응답되는 기도
하늘의 능력
필요를 채워 주심
땅을 고쳐 주심

기도야말로 가장 연약한 사람을 가장 위대한 거인으로
바꾸어놓는 하나님의 반전입니다

Prayer

기도 다운로드

09
반드시 응답되는 기도

하나님은 그분의 백성들이 진정으로 회개하고 겸손히 기도하면 "하늘에서 듣고" 응답하시겠다고 약속하셨다. 아주 오랜 옛날, 매일 아침마다 기도하러 교회에 오던 어느 주교가 살았다. 그는 그 습관을 30년 동안 하루도 빼지 않고 반복했고, 나중에는 세수하고 양치질하듯이 아주 기계적이 되어버렸다. 그러던 어느 날, 그가 여느 때와 다름없이 교회에 와서 "하늘에 계신 아버지" 하면서 기도를 시작하는데 갑자기 웅장한 음성이 들려 왔다.

"그래, 내 아들아. 무슨 일이냐?"

순간, 이 주교는 소스라치게 놀랐다. "주님, 정말 거기 계시는군요."

그리고 그는 즉시 심장 마비로 죽었다.

너무나 많은 크리스천들이 항상 기도는 하지만 마치 이 이야기 속에 나오는 주교처럼 하나님이 정말 살아계셔서서 그들의 기도를 듣고 계시다는 사실을 믿지 않고 있는 것 같다. 그러나 성경은 분명히 말한다. 하나님의 백성이 겸손히, 회개하는 마음으로 진실하게 기도하면, 반드시 하나님이 그 기도를 들으실 것이다. 하나님이 우리의 기도를 응답하신다는 가장 확실한 이유는, 기도는 하나님이 시작하신 것이기 때문이다.

하나님이 시작하신 기도

이 책의 머리말에서 나는 "기도는 우리가 하나님께 대답하는 언어"라고 말한 유진 피터슨의 글을 소개한 바 있다. 이것은 부모 자식과의 관계를 생각해 보면 쉽게 이해가 가능하다. 부모 자식간의 대화를 최초로 시작한 것이 부모인가, 자식인가? 당연히 부모다. 아무리 말이 없고 무뚝뚝한 부모라도 일단 아기를 낳고 키우기 시작하면 말이 많아진다. 어머니는 하루에도 수천, 수만 번씩 아이에게 말을 한다. 최대한 아이 수준으로 내려가서, 몇 가지 아주 심플한 단어들만 가지고 아이에게 끊임없이 말을 한다.

그러다가 가끔씩 아이가 한두 마디 반응을 하면 아이가 말을 했다고 좋아서 어쩔 줄을 몰라 한다. 때로 아이가 거의 못 알아듣는 데도, 책도 읽어 주고 음악도 틀어 준다. 그렇게 예쁘게 키운 아이가 10대가 되고, 대학생, 청년이 되어 자기 일이 바빠지면 부모와 대화를 거의 하지 않는다. 그러면 어떻게든 좀 자식이 말을 하게 하려고 부모는 안절부절이다.

능력 있는 자식이 부모 마음에 드는 게 아니고, 부모에게 정답게 늘 말해 주는 자식이 부모 사랑을 받는다.

이 개념을 전제하고 성경을 읽다 보면 왜 하나님이 그토록 우리에게 많이 기도하라고 하셨는지 이해가 된다. "하나님을 가까이하라 그리하면 그가 너를 가까이하시리라", "쉬지 말고 기도하라", "무엇이든지 내 이름으로 구하라. 그러면 이루리라." 자녀에게 끊임없이 말을 거시고 대답을 기다리는 부모의 마음이 그대로 절절히 드러나 있지 않은가? 자녀가 예쁘게 대답만 해 준다면 하늘에 별이라도 따 주고 싶은 게 부모 마음이다. 우리에게 먼저 말을 거시고 우리의 대답을 기다리는 하나님 아버지의 마음도 마찬가지다.

기도는 쌍방향 커뮤니케이션이다

시작은 하나님이 하셨지만 이제 공은 내게 넘어왔다. 하나님의 영이 나의 영에 신호를 보냈기에 내가 일상생활을 멈추고 하나님 앞에 엎드려 기도하기 시작한 것이다. 그렇게 함으로써 응답은 내가 이미 하나님께 하고 있는 것이다. 하나님이 내게 응답하시고 나는 또 거기에 응답한다. 기도는 그러니까, "예수님의 이름으로 기도합니다. 아멘" 했다고 끝나는 것이 아니라, 살아 있는 한 계속 끊임없이 이어지는 것이다.

우리는 산에 가서 운동을 할 때 "숨쉬기 운동"도 한다. 팔을 벌리고 의도적으로 호흡을 조절하는 운동이다. 그러나 숨쉬기 운동이 끝났다고 해서 더 이상 숨을 쉬지 않는 것은 아니다. 그러면 바로 죽었을 것이다. 건강을 위해서 가끔씩 집중해서 좋은 공기를 크게 들이키는 숨쉬기 운동도 필요하다. 하지만 숨쉬기는 내가 의식하지 못할 때도 매순간 계속하고 있다. 그래서 살아 있는 것 아니겠는가?

　기도도 마찬가지다. 우리는 새벽기도에 가서 눈 감고 집중해서 몇십 분, 몇 시간 기도한다. 그러나 그 시간이 끝났다고 내가 더 이상 기도하지 않고 있는 것은 아니다. 신학생 시절, 기도원을 자주 가던 선배 교역자 한 분이 우리에게 "너희들 하루에 몇 시간이나 기도하냐?"고 물었다. 우리를 은근히 기죽이려는 질문이었다.

　그러나 기도는 그렇게 밥 먹는 시간처럼 몇 분, 몇 시간으로 칼같이 잴 수 있는 것이 아니다. 기도는 내가 무엇을 하든지 켜져 있는 등불과도 같은 것이다. 차가 신호등에 서 있을 때도 엔진이 걸려 있듯이, 하나님의 자녀들도 무엇을 하든 기도 모드에 걸려 있는 것이다. 이메일을 보내고 답장을 기다려야 하는 것이 아니라, 컴퓨터 윈도우에 항상 대화창을 띄워 놓는 것이다. 사랑하는 사람끼리는 그래서 직장에서 일할 때도 하루 종일 언제든지 서로에게 메시지를 주고받을 수 있다.

　굳이 비교한다면 물처럼 끝없이 흐르는 과정이라 할 수 있다. 구약성경에 나온 에녹은 "하나님과 동행하는 사람"이었다. 다르게 표현하면 항상 기도 모드에 있었던 사람, 항상 하나님과 대화하던 사람이었다는 것이다. 오늘날 항상 하나님의 영으로 충만하며 하나님과 대화하는 우리도 바로 그런 사람들인 것이다. 어렵게 생각할 것 하나 없다. 부모 자식간에 대화를 분석하고 고민하지 않듯이 그냥 자연스럽게 하면 된다. 즐기면 된다. 우리는 우리가 생각하는 것보다 이미 훨씬 더 많이 기도하고 있는 것이다. 기도는 대화이기 때문에 기도 응답은 하나님과 우리가 서로에게 이미 활발히 하고 있는 것이다.

하나님은 우리를 축복하길 기뻐하신다

하나님이 기도에 반드시 응답하시는 이유는 무엇보다도 자녀들을 축복하기 원하는 하늘 아버지의 마음 때문이다. 성경을 읽을 때마다 우리를 향한 하나님의 마음을 발견하고는 감동을 받는다. 우리는 하나님을 사랑한다고 하고 하나님께 헌신했다고들 고백하지만, 사실 하나님을 향한 우리의 마음보다 우리를 향한 하나님의 마음이 훨씬 뜨겁고 애틋하다.

신앙생활을 오래 한 사람일수록, 항상 하나님을 위해 뭔가 해야 한다는 중압감에 사로잡혀 있다. 하나님을 생각할 때 하늘보좌에 앉으셔서 우리가 잘못하면 호통치려고 작정하고 계신 백발에 허연 수염을 한 무서운 얼굴의 할아버지를 그린다. 그러나 하나님은 참으로 사랑이 많으신 인자한 아버지이시다. 우리를 향한 하나님의 마음은 야단이 아니라 칭찬이요, 심판이 아니라 축복이다. 그 마음이 너무나 잘 표현된 곳이 바로 "아론의 축도"로 널리 알려진 민수기 6장 22-27절이다.

"여호와께서 모세에게 말씀하여 이르시되 아론과 그의 아들들에게 말하여 이르기를 너희는 이스라엘 자손을 위하여 이렇게 축복하여 이르되 여호와는 네게 복을 주시고 너를 지키시기를 원하며 여호와는 그의 얼굴을 네게 비추사 은혜 베푸시기를 원하며 여호와는 그 얼굴을 네게로 향하여 드사 평강 주시기를 원하노라 할지니라 하라 그들은 이같이 내 이름으로 이스라엘 자손에게 축복할지니 내가 그들에게 복을 주리라."

하나님 나라 리더십의 핵심 사명은 백성들을 축복하는 것이다. 지도자는 사람들을 야단치고, 군기 잡고, 그들 위에 군림하는 자가 아니다. 하나님의 지도자는 하나님의 축복을 사람들에게 흘려보내는 자다. 당신이 진짜 하나님이 세우신 영적 지도자라면 당신 옆에 가면 항상 하나님의 축복된 임재를 느낄 수 있어야 한다. 당신과 대화하면 새 힘이 나고, 기쁨이 솟아나야 하는 것이다. 당신의 얼굴을 보면 살맛이 나고, 당신의 기도를 받으면 하나님의 만지심을 느껴야 한다.

부모는 가정의 영적 지도자다. 자녀들을 매일 하나님의 이름으로 축복해야 한다. 소그룹을 이끌고 있는 리더는 그 소그룹의 영적 지도자다. 매일 소그룹 사람들의 이름을 부르며, 하나님의 이름으로 축복기도를 해야 한다. 사장님은 자기 사원들을 위해 매일 하나님의 축복을 기도해야 한다.

모세는 왕으로서, 아론은 대제사장으로서 백성들을 축복했다. 오늘날에는 모세도 아론도 없지만 예수님이 우리 안에 살아계신다. 주님은 우리의 왕이시며, 영원한 대제사장이시다. 예수님은 항상 우리에게 하나님의 축복을 공급해 주시는 분이다. 예수의 영이 곧 축복의 영인 것이다. 때문에 예수님과 교제하면 어떤 힘든 상황에서도 하나님의 축복을 공급 받을 수 있다. 당신이 외롭고 힘들 때마다 예수님께 나아가기를 진심으로 축원한다.

축복은 하나님의 방법대로 해야 한다. 하나님은 "너희는 이스라엘 자손을 위하여 이렇게 축복하여 이르되"(민 6:23)라고 하시며 어떤 말로 축복해야 할지를 정확하게 가르쳐 주셨다. 무조건 좋은 말, 화려한 말을 한다고 해서 축복이 아니다. 인간적인 욕심을 부리거나 함부로 말을 하면 안 된다. 축복도 하나님이 가르쳐 주시는 대로 축복해야만 진짜 축복이다. 우리가 생각하는 복이 하나님 보시기엔 전혀 아닐 수도 있기 때문이다.

예를 들어, 우린 지금 당장 부자가 되면 축복이라고 생각할 것이다. 그러나 하나님의 때가 아닌데, 또 성숙한 인격과 판단력이 갖추어지지 않았는데 성급하게 돈이 주어지면 그것이 오히려 그 사람을 망칠 수도 있다. 그동안 나는 유산을 많이 물려받은 형제자매들이 재산을 분배하는 과정에서 싸우지 않는 것을 보지 못했다. 이처럼 무조건 돈을 축복이라고 생각해선 곤란하다.

우리는 자기 자신을 위해서나 남을 위해 축복할 때 깊이 기도하고, 하나님의 인도하심을 받아야 한다. 성령 충만하지 않으면 제대로 된 하나님의 축복을 전달할 수 없다. 그래서 예수님이 제자들에게 기도하는 법을 가르쳐 주셨듯이, 하나님도 제사장들에게 하나님의 백성들을 어떻게 축복할 것인지를 가르쳐 주셨다. 하나님이 가르쳐 주신 축복의 말씀을 그대로 믿고 순종하면 우리는 반드시 복을 받게 될 것이다. 내가 가진 것이 아무리 없다 해도, 현실이 아무리 어렵다 해도, 나를 둘러싼 장애물이 아무리 많다 해도, 결코 하나님의 축복이 나와 내 자손에게 임하는 것을 막지 못할 것이다.

아버지는 자녀에게 귀 기울이신다

아론의 축도에서 "여호와는 네게 복을 주시고"(민 6:24)라는 말씀을 주목해서 보라. 여기서 '너'는 이스라엘 백성을 가리키며, 좀 더 포괄적으로 적용하면 예수님을 믿고 구원 받아 하나님의 자녀가 된 성도들을 가리킨다. 하나님의 축복은 하나님의 자녀들에게만 주어진다. 아무한테나 막 주는 것이 아니다.

당신은 구원 받은 하나님의 자녀임을 확신하는가? 그렇다면 당신은 축복 받기 위해 태어난 사람이다. 당신에게 축복을 주실 분은 하늘과 땅을 다스리시며 초자연적인 능력을 소유하신 하늘 아버지이다. 열등감이 많은 분은 이 사실 하나만으로도 자신이 얼마나 귀한 존재인가를 깨닫고, 오늘 생각을 바꾸기 바란다. 당신은 사랑 받기 위해, 축복 받기 위해 태어난 사람이다. 세상을 당당하게 살아갈 수 있는 기운을 차리길 바란다.

또, 축복의 대상이 몇몇 사람이 아니라 이스라엘 백성 전체라는 사실에 주목하라. 자아도취에 빠져선 안 된다. 잘될수록 겸손해야 한다. 나만 복 받는 게 아니다. 하나님의 백성들 전체가 함께 하나님의 축복을 누려야 한다. 남보다 많이 받았으면 못 받은 이웃들에게 그 축복을 흘려보내 줘야 한다. 하나님의 축복은 지극히 크고 풍성하기 때문에 우리 모두가 다 풍족히 나눠 쓰고도 남는다. 우린 함께 복 받으며 살 존재들이다. 내 자식만 복 받게 해 달라고 하지 말고, 우리 모두의 자녀들이 다 잘되게 해 달라고 기도하자. 우리 교회만 복 받는 게 아니라 모든 이웃 교회들이 함께 복 받아야 한다.

하나님은 그분 자신의 입으로 자신의 백성들에게 복을 주실 거라고 선포하셨다. 하나님은 한 번도 빈 말을 하신 적이 없다. 하나님의 말씀이 그대로 하나님의 마음이다. 우리가 하나님께 복 받길 원하는 마음보다, 하나님이 우리에게 복 주길 원하는 마음이 훨씬 강하다. 하나님은 자신이 가지신 모든 것을 총동원하여 우리의 모든 필요를 풍족히 채우길 원하신다. 그래서 하나뿐인 아들 예수 그리스도까지도 아낌없이 우릴 위해 내어 주셨다. 하나님은 우리가 하나님이 예비하신 모든 축복을 다 누리며 살기 원하시는 것이다.

하나님의 기도 응답

보통 기도에 관한 여러 무게 있는 메시지들을 참고해 보면, 하나님이 우리의 기도를 응답하실 때 3가지 방법으로 하신다고 한다. "긍정"(Yes), "부정"(No), 그리고 "기다리라"(Wait), 이 셋 중의 하나라는 것이다. 쉽게 말해서 어떤 기도는 하나님이 즉시 들어주시고, 어떤 것은 안 된다고 단호히 거절하시며, 어떤 것은 시간을 좀 더 두셨다가 주신다는 말이다. 혹자는 응답을 주긴 주시는데 '예스'와 '노'가 섞여서, 하나님의 방법인 제3의 길을 주시기도 한다고 말한다. 예를 들어, "이런 사람과 결혼하게 해 주십시오"라고 기도했다면, 결혼을 하긴 하는데 '이런 사람'이 아닌 '저런 사람'과 하게 되는 경우다. 하지만 하나님이 구원하신 하나님의 자녀가 기도할 때는 모든 기도가 응답된다. 문제는 기도 응답이라는 것을 어떻게 정의하느냐이다.

우리는 보통 우리의 시나리오대로 상황이 진행되어야 그것을 기도 응답이라고 생각한다. 쉽게 말하면 내 입맛대로 인생이 풀려야 되는 것이다. 그러나 이것이야말로 성경이 말하는 "정욕으로 쓰려고 잘못 구하는 것"이다. 진정한 기도 응답은 일단 하나님이 기도를 들으셨다는 것 그 자체다.

일단 서류가 대통령 책상 위에 올라가서 대통령이 엄밀하게 그 문제를 검토했다는 것 자체만으로도 엄청난 일을 해낸 것이다. 거기다가 대통령이 가장 신임하는 사람이 옆에서 최선을 다해 지원사격까지 해 준다면 더 바랄게 없지 않을까? 천지를 다스리는 하나님의 책상에 우리의 기도가 항상 최우선 순위로 올라가고, 그 옆에 하나님이 사랑하시는 아들 예수 그리스도가 지원사격까지 해 주신다고 생각할 때 어찌 가슴 벅차지 않겠는가?

예수님의 보배피로 구원 받은 하나님의 자녀들이 기도하는 바로 그 특권을 우리가 받은 것이다. 하나님이 그 문제를 검토하시는 순간부터 하나님은 이미 그 문제에 개입하신 것이다. 그 다음부터는 어떤 상황이 벌어져도 혼자서 그 문제를 껴안고 끙끙대던 때보다는 백배 낫다. 겸손하고 진실하게 기도를 올리는 그 순간부터 이미 기도 응답은 시작된 것이다.

우리는 우리 욕심대로 인생이 풀리지 않으면 하나님께 섭섭한 마음이 들어 영적으로 병이 든다. 낙담한다는 것은 내가 원하는 것을 안 주신 까닭에 하나님께 불평하는 것이다. 그렇게 가만 두면 우울증에 걸린다. 우울증에 걸린 목회자, 선교사, 기독교단체 사역자, 그리고 그들의 가족들이 얼마나 많은지 모른다. 구약시대의 선지자 이사야가 이 문제에 관해서 아주 피부로 와 닿게 짚은 적이 있다.

"야곱아, 네가 어찌하여 불평하며, 이스라엘아, 네가 어찌하여 불만을 토로하느냐? 어찌하여 주님께서는 나의 사정을 모르시고, 하나님께서는 나의 정당한 권리를 지켜 주시지 않는다 하느냐?" (사 40:27, 표준새번역)

당시 이스라엘 사람들은 부패하고 우상을 섬기는 왕들의 어리석음으로 인해, 나라가 힘을 잃어 바벨론이라는 강대국에 국토를 유린 당했다. 또한 국민들은 바벨론에 포로로 끌려갔다. 포로생활 초창기에는 열심히 기도하고 예배하면서 하나님께 자신들을 고향에 돌아가게 해 달라고 매달렸다. 그런데 세월이 흘러도 금방 응답이 오지 않자, 그들은 하나님이 자신들에게 귀를 닫으셨다고 생각한다. 이 상태가 좀 더 오래 가면, 더 이상 예배에 흥분이 없고 재미도 없고 절망감에 사로잡히게 된다. 이것이 바로 우울증, 피로, 탈진으로 연결된 것이다.

우리도 한참 하나님께 기도하고 교회도 열심히 다니고 하면서 내 소원을 주님께 아뢰어 보는데도, 세월이 흘러도 별로 돌파구가 안 보이는 경우가 많다. 그때 우리는 지치기 시작한다. 그러나 하나님이 우리가 원하는 것들을 원하는 때에 원하는 방법으로 주시지 않는다고 해서 그분이 우리의 기도를 응답하시지 않는 것은 아니다. 특히 주의할 것은 이렇게 영적으로 지쳤을 때 하나님의 음성이 아닌, 하나님의 음성과 흡사한 어떤 이상한 음성을 들을 수 있다는 사실이다.

사탄의 보이스피싱을 경계하라

하이테크 시대로 접어든 오늘날, 정보통신 기술의 발전으로 인해 편한 것도 많지만 이로 인해서 이전에는 없던 무서운 신종 범죄가 많이 등장했다. 그중 하나가 전화 금융사기 범죄인 '보이스피싱'(Voice Phishing)이다. 보이스피싱은 음성(voice)과 개인정보(private data), 그리고 낚시(fishing)를 합성한 신조어로 전화를 통해 불법적으로 개인 정보를 빼내는 신종범죄다.

일반적 보이스피싱의 경우는 대부분 자신이 어떠한 힘 있는 공공기관의 직원임을 사칭하며, 사람들에게 신상정보와 금융정보를 유출하게 만든다. 자녀가 있는 가정의 경우에는 멀쩡히 유학가 있는 아이를 납치했다고 부모를 협박하여 돈을 송금하게 하기도 하는데, 아무리 가짜라 해도 워낙 험한 세상인지라 아이 키우는 부모 마음은 잠깐이나마 피가 마른다고 한다. 일반 미디어인 TV로 시작하여 인터넷에 이르기까지 많은 곳에서 보이스피싱의 위험성을 알려 주고 있지만, 고학력의 사람들도 속절없이 당하는 경우가 대부분이라 지난 한 해 피해액만 4백억이 넘는다고 한다. 더구나 사기범들이 대부분 중국이나 대만에 근거지를 두고 있어 국내 경찰력만으론 검거도 쉽지 않다고 한다.

가만히 보면 영적인 세계에서도 사탄의 보이스피싱을 주의해야 한다. 사탄의 특기가 거짓말이고 위조이기 때문이다. 기도는 하나님과 성도를 연결하는 너무나 중요한 대화 통로임을 잘 아는 사탄은 여러 가지 방법으로 우리의 기도생활을 망가뜨리려 한다. 첫째, 기도를 방해하기 위해 온갖 유혹과 시험을 보낸다. 둘째, 기도 응답을 간절히 기다리는 우리의 약함을 악용하여 거짓된 응답을 우리에게 보낸다. 보이스피싱 범죄자들이 힘 있는 권력기관을 사칭하는 것처럼 사탄도 전지전능하신 하나님을 사칭하여 하나님의 자녀들의 판단력을 흐리게 한다. 그래서 우리는 정신을 바짝 차리지 않으면 안 된다.

경찰은 보이스피싱이 의심되면 즉시로 그들이 사칭하는 해당 금융기관에 전화를 해서 확인해 보라고 권한다. 영적인 세계에서도 마찬가지다. 기도 중에 하나님의 음성을 들었다는 생각이 들 때 객관적인 확인을 해야 한다. 아무리 하나님의 응답이라는 확신이 들더라도 여기에 대한 객관적인 확인이 필요한 것이다. 자신이 "하나님의 음성을 들었다"고 주장하는 사람들 중에는 이상한 고집이 있고 문제가 있는 사람들도 있다. 물론 의도적인 사기꾼이라기보다는 자기 생각에 하나님 음성을 들었다고 착각한 것이다.

사탄은 특히 우리 각자의 약점을 가장 잘 알고 있기 때문에, 내가 육체적으로, 감정적으로 연약할 때 거기에 맞춰서 아주 교활한 보이스피싱을 해 온다. 예를 들어 내가 인간관계 때문에 힘이 들면 "그래, 앞으로 절대 사람은 믿어선 안 돼. 누구도 잘해 줘선 안 돼. 교회 일에 너무 깊이 관여하면 이런 일이 일어나는 거야"라는 음성이 들린다. 그것은 사탄의 무서운 보이스피싱이다.

하나님의 뜻을 다각도로 확인하라

하나님의 음성을 듣는다는 것은 어떤 말씀을 들어도 거기에 내가 적응하겠다는 마음가짐을 가지는 것이다. 하나님이 내게 적응하는 게 아니라, 내가 하나님께 적응하는 것이다. 하나님의 음성이 안 들린다고 느껴지는 것은 지금 우리에게 가장 급한 이슈와 하나님 보시기에 가장 급한 이슈가 다르기 때문이다.

예를 들어 나는 "주님, 사업이 너무 어려워서, 몇 달째 직원들 월급도 제대로 못 주고 있습니다. 어떻게 해야 합니까?"라고 기도한다. 아주 절박하다. 그런데 하나님은 "너는 아이들과 최근에 진지하게 대화한 적이 없다. 항상 짜증만 내고 야단만 쳤어"라고 하신다. 나는 더 짜증이 나서, "하나님, 직원들이 폭발 일보직전입니다. 사업 자금을 어디에서 구해야 합니까?"라고 더 절박하게 기도한다. 그런데 하나님은 "아이들에게 사랑한다고 해라. 그 아이들의 머리에 손을 얹고 축복기도를 해 주어라"고 말씀하신다. 이러니 대화가 이뤄지질 않는다.

하나님이 우리의 화급한 문제들을 그 절박한 필요들을 모르시는 게 아니다. 이미 구하기 전에 다 알고 계신다. 그리고 이미 움직이고 계신다. 그러니, 한쪽 테이블에 우리가 생각하기에 가장 급한 문제들을 밀어놓고 하나님이 생각하시는 가장 화급한 문제가 무엇인지 귀 기울여 들어야 한다. 하나님 보시기에 가장 급한 문제가 실은 진짜로 내게 가장 중요한 문제이기 때문이다. 사업은 지금 좀 힘들어도 나중에 다시 할 수 있지만, 아이들은 한 번 타이밍을 놓치면 영영 회복 불가능이 되버릴 수 있지 않은가? 그러니, 내 자신보다 나를 잘 아시는 주님을 믿고 대화의 주제를 하나님이 정하시게 하라.

이 원리를 아는 사람은 기도할 때 먼저 하나님께 "주님, 제가 무엇을 가장 먼저 기도하기 원하십니까?"라고 물어볼 것이다. 그러면 하나님이 신이 나셔서 말씀해 주실 것이다. 내가 일방적으로 잔뜩 채워 넣은 노트를 하나님께 결제만 하시라고 던지는 게 아니고, 나의 아젠다가 있지만 먼저 하나님이 채워 넣으실 수 있는 백지노트를 드리는 것, 이것이 진짜 하나님의 음성을 들을 수 있는 첩경이다.

여기에 관해서 나는 헨리 블랙커비 목사님이 제시한 하나님의 뜻을 확인하는 4가지 요소를 적극 활용할 것을 권하고 싶다. 그 4가지란 다름 아닌 기도, 말씀, 공동체, 그리고 주위 상황이다. 하나님은 하나이시다. 즉, 나의 기도를 들으시는 하나님은 말씀을 주신 하나님과 같은 분이고, 교회를 세우시고 움직이시는 분이시며, 역사를 주관하시는 바로 그분이시다. 그러므로 만약 내 기도를 통해 주신 하나님의 뜻이 확실하다면 그것이 하나님의 말씀과 교회 공동체의 의견, 그리고 나를 둘러싸고 일어나는 주위 상황을 통해서 거듭 확인 되는 게 당연하다.

이 네 가지 요소 중에 하나라도 서로 맞지 않고 계속 불협화음이 일어난다면 내가 생각한 하나님의 뜻이 잘못된 것일 수도 있다는 말이다.

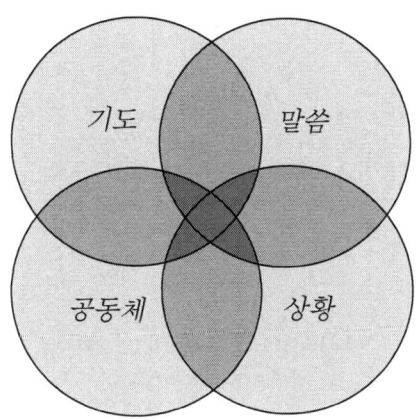

− 하나님의 응답을 확인하는 벤다이어그램 −

먼저 하나님의 말씀으로 기도 응답을 확인한다. 지난 장에서도 강조한 바 있지만, 하나님의 영은 말씀을 통해 역사한다. 그래서 서로 상호 점검이 된다. 열심히 기도생활을 하다보면 어느 시점에서 말할 수 없는 확신과 잔잔한 평안을 느끼는 때가 있다. 그토록 걱정이 많고 두려웠는데 하나님의 평안이 나를 채우는 것이다.

둘째, 아주 은은하게 그러나 아주 분명하게 하나님의 음성을 내 영혼 깊은 곳에서 느낄 때가 있다. 그러나 이때 하나님의 말씀으로 확인을 해야 한다. 이를 위해서, 매일 정기적으로 성경을 읽고 묵상하는 QT 훈련이 필요하다. 경기 도중에 허둥지둥 매뉴얼을 꺼내 읽는 선수는 없다. 평소 충분히 연습하고 연구해 둔 매뉴얼 내용이 경기 내내 자연스럽게 흘러나와야 한다. 말씀과 기도도 마찬가지다. 기도하면서 주관적으로 내가 받은 감동은 평소 내가 객관적인 말씀 묵상을 통해 축척해 둔 말씀을 통해 확인이 된다. 나만 해도, 기도하면서 하나님의 음성을 듣는데 어디서 많이 들어 본 말씀이다 싶어 찾아보면 성경 어디어디에 있는 경우가 많았다.

셋째, 교회 공동체가 개인의 주관적인 기도 응답을 체크해 준다. 대학시절 함께 신앙생활을 하던 친구 중에 의과대학에 다니던 K가 있었다. 모든 면에 너무 성실하고, 하나님을 사랑하고, 인품도 훌륭하여 모두가 그를 좋아했다. 그런데 언제부터인가 이 친구가 목사가 되고 싶다고 말하기 시작했다. 본인 나름대로 기도하면서 받은 어떤 확신이 있는 듯했다. 그 친구를 아끼고 사랑하던 우리 믿음의 형제들은 이 문제를 놓고 같이 집중해서 기도하면서 함께 고민해 주었다. 그리고 우리 모두가 약속이나 한 것처럼 그를 말렸다. 당시 내가 다니던 교회 대학부는 활발한 성경공부와 예배로 부흥하는 곳이어서 적지 않은 친구들이 목회자로 헌신하겠다고 나왔다.

그러나 우리는 K를 말렸다. K에게는 무엇보다도 가르침의 은사가 없었던 것이다. 신앙도 좋고 인격도 훌륭했지만, K가 간증을 하거나 소그룹 성경공부를 인도하거나 할 때는 도무지 포인트를 잡을 수가 없었다. 10분만 얘기해도 그대로 "수면 복음"이 되어버렸다. 목사는 평생 수없이 많은 크고 작은 설교를 해야 할텐데, 이렇게 되면 듣는 청중도 괴롭고 본인도 괴로울 것이다. K를 사랑하고 아끼는 많은 지체들이 아무리 기도하면서 고민해 봐도 하나님이 주시는 분별력과 지혜로 생각해 볼 때 그건 K의 길이 아니었다. K를 아끼는 지체들의 조심스럽고 분명한 설득이 계속되었고, K는 정말 힘들었지만 사랑하는 교회 공동체의 충고를 받아들여 의사의 길을 가기로 했다.

현재 그는 미국 중서부에서 아주 훌륭한 의사가 되었는데, 속한 교회에서도 없어서는 안 될 헌신적인 집사님이 되었다. K는 지금도 두고두고 그때 교회 공동체 친구들의 지혜로운 충고에 감사한다고 했다. 의사로 살면서 교회에서 평신도 지도자로 섬기는 것이 자기 적성에도 맞고 너무 좋다는 것이다. 목사님들의 사역을 보면 볼수록 역시 자기는 그 길이 아니라는 것을 확실히 느낀다고 했다. 좋은 믿음의 공동체가 있었기에 그가 인생의 중요한 문제를 결정할 때, 그에게 주어진 은사를 객관적으로 정확히 파악할 수 있었던 것이다.

개인이 주관적으로 들은 하나님의 음성을 믿음의 공동체가 체크해 줄 때 꼭 보아야 할 것이 또 있는데, 그것은 그 사람의 성실성과 인품이다. 하나님은 신실하신 분이다. 어제나 오늘이나 변함없는 성실함으로 역사를 운영하시고, 우리를 살피시는 분이다. 그러므로 제대로 된 하나님의 사람이라면 그 하나님의 성실함을 닮기 마련이다. 학업이든, 직장이든, 교회 일이든 그 사람의 인생 히스토리를 곰곰이 살펴볼 때 조그만 어려움도 견디지 못하고, 생각이 많고 인내심이 없어서 이곳저곳 건드려만 보다 어느 하나 성실하게 해 놓은 것이 없는 분들이 있다. 이런 분들이 장래 문제에 대해 기도하면서 "하나님의 뜻이 무엇인지 모르겠다"고 할 때는 너무 답답하다.

일단 삶의 태도부터 제대로 고쳐 놓고 하나님의 뜻을 찾으라고 말해 주고 싶다. 또 이런 분들이 "하나님이 선교에 헌신하라고 하셨다" 혹은 "하나님이 무슨 일을 하라고 하셨다" 할 때 나는 심히 그 진위가 의심스럽다. 자기 인생에서 되는 것이 없으니까 마치 하나님을 최후의 도피처처럼 사용하려는 느낌이 든다. 특히 나는 청년들이 이것저것 하다가 안 되면 "하나님이 부르셨다"고 하면서 신학교에 가겠다고 하는 것을 참으로 슬프게 생각한다. 물론 그 가운데도 하나님의 뜻이 있을 수 있지만, 하나님께 인생의 첫 열매를 드리지 못하고 쓰다 남은 꼬리 부분을 체념하듯 드리는 그 자세가 싫다.

그러나 하나님 앞에서 늘 성실하게 살려고 몸부림쳐 온 사람, 어떤 일을 맡든지 맡겨진 기간 동안 누가 봐도 100%의 열정과 정성을 가지고 일을 잘 해낸 사람들은 하나님의 인도하심이 분명하다. 그 분들을 위해서 함께 기도하면 마음이 평안하고 하나님의 인도하시는 손길이 확연히 느껴진다.

하나님의 음성을 정확히 들을 수 있는 그릇으로 자신을 준비하는 데 있어서 그 사람의 인품의 틀은 너무나 중요하다. 지금껏 한국 교회는 방언이나 치유, 예언 같은 성령의 은사는 강조하면서도 성령의 열매인 인격은 상당히 간과해 왔다. 그러나 갈라디아서 5장에 나온 대로 정말 하나님의 영이 충만한 사람이라면 그 인품 속에 사랑과 기쁨과 오래 참음과 자기 절제가 배어 있어야 한다. 누구나 다 완전할 수는 없고, 누구나 다 실수는 한다. 그러나 기본적인 그 사람의 인격의 틀에 예수의 향기가 배어나야 한다. 인품은 단시일에 알 수 없고, 어느 정도의 시간 동안 그 사람을 여러 상황 속에서 겪어 봐야 한다.

그래서 나는 내가 충분히 교제하고, 겪어 본 사람이 아닌 사람과는 절대 그 분의 장래 거취 문제에 대해 상담하거나 조언하지 않는다. 모든 사람은 자기중심적이기 때문에, 내게 상담을 구하기 위해서 해 주는 말은 거의 자신의 생각을 내가 동의할 수 있도록 설득하기 위해 편집된 말이기 때문이다. 내가 그 사람을 오랫동안 살펴보면서 하나님의 인도하심과 임재하심을 통해 확신하지 못하면 그 사람을 향한 하나님의 음성에 대해 함부로 말해서는 안 된다.

거꾸로 우리가 영적 지도자를 따를 때, 그의 메시지와 함께 그의 삶을 살펴야 한다. 물론 완벽한 인간은 없다. 그러나 가정생활이나 목회생활에서 정직하고 성실해야 한다. 삶을 오랜 시간 살펴서 정말 가정과 일상생활에서 하나님의 성실한 성품을 가진 사람인지 체크해 봐야 한다. 그래야 그를 통해서 듣는 하나님의 음성이 진짜 하나님의 음성인지 체크가 된다. 특히 "하나님의 음성을 들었다", "이것이 하나님의 뜻이다"라는 말을 자주하는 예언 사역을 하시는 분들을 볼 때 더욱 그렇다. 십여 년 동안 아내를 습관적으로 구타해 오던 사람이 딸의 신고로 그 사실이 드러난 목회자가 있었다. 그는 지역사회에서 상당한 규모의 교회를 목회하면서 성령 사역과 예언 사역을 활발히 하던 사람이었다. 이런 영적 리더십의 사각지대가 오늘날 세계 곳곳의 교회들 속에 독버섯처럼 자리 잡고 있다. 그래서 우리는 더더욱 지혜롭고 신중해야 한다.

나는 전세계적으로 거대한 영향력을 미치고 있는 미국의 예언기도 사역 지도자들을 몇 번 만난 적이 있는데, 그들은 거짓 예언자들을 조심해야 한다면서 모든 예언과 기도의 사역들은 철저하게 말씀 중심이어야 한다고 했다. 특히, 아시아권에서는 예언기도 사역을 마치 점쟁이 대하듯 해서 "오늘 이 주식을 사도 되느냐? 오늘 만나는 이 사람과 결혼해도 되느냐? 그쪽 도시로 이사 가도 되느냐?"는 문의도 많이 한다고 한다. 그러나 결혼 대상자나 구체적인 직업 선택, 재산 구입 등에 대해서는 일체 함구한다고 한다. 하나님은 그렇게 우리가 '오늘의 운세' 보듯이 함부로 대할 수 있는 분이 아니기 때문이다.

또한, 하나님은 우리를 위로하시고 용서하시고 격려하시며 장래에 소망을 주려 하시는 분이시기 때문에, 예언기도를 한다면서 함부로 사람을 야단치고 정죄하는 것도 있을 수 없다. 하나님이 가끔 그 사람의 숨긴 죄를 드러나게 하시는 때도 있지만, 그때도 잠잠히 하나님의 영이 그를 직접 만지시게 기다리고 축복해야 한다는 것이다.

예언을 한다는 것은 엄밀히 말하면 하나님의 입이 되는 것이다. 하나님의 영이 임한 사람의 입에서 자연스럽게 흘러나오는 하나님의 말씀이다. 그것은 우리에게 이미 주어진 성경 66권의 말씀과 맥을 같이 하고 있다. 그래서 예언의 영은 성령이며, 성령은 말씀의 영인 것이다. 거짓된 예언자들에게 함부로 미혹되지 않도록 말씀의 뿌리를 단단히 하여야 한다.

마지막으로, 기도를 주위 환경 혹은 상황과 잘 맞추어 보는 것도 필요하다. 1940년대 말, 중국에서 활동하던 수많은 서양 선교사들은 모택동의 공산혁명군의 탄압에 밀려 본토에서 전원 철수할 수밖에 없는 극한 상황에 부딪혔다. 그들은 중국에서 기독교 복음 전파가 이렇게 무참하게 끝날 수 없다는 생각에 다들 너무나 간절히 하나님의 도움을 구했다. 그러나 역사의 모진 파도 앞에 속수무책이었다. 모택동은 "나는 로마 제국 이래 크리스천이 한 명도 없는 제국의 지도자가 되겠다"면서 교회에 대해 칼날을 갈았다.

서구의 선교사들은 모두 중국의 교인들을 버려두고 철수할 수밖에 없었다. 그러나 그때부터 지하로 숨어들어 간 중국 기독교는 중국 자체 내에서 살아남은 지도자들을 중심으로 거미줄처럼 계속 번져 나갔고, 오늘날 전체 인구의 1/10에 달하는 거대한 크리스천 인구로 급성장하는 놀라운 결과를 낳았다. 서양 선교사들의 철수와 정부의 탄압이 오히려 중국 교회의 강한 자생력을 낳았던 것이다. 참으로 하나님의 생각은 인간의 생각보다 높았다. 중국 복음화에 대한 선교사들의 기도를 응답해 주셨지만, 그것이 선교사들이 생각하던 방법은 아니었던 것이다.

하나님은 역사의 주관자이시다. 그러므로 기도하는 사람은 내 주위에서 돌아가는 모든 시대적 상황 가운데 하나님이 움직이시는 것을 섬세하게 분별해야 한다. 여기서 우리가 3차원적 시간에 속한 존재임을 인식해야 한다. 즉 내가 당연시 여기던 것들이 과거의 믿음의 조상들이 뿌린 기도의 씨앗의 결과일 때도 있으며, 또 우리 시대에는 실패라고 생각했던 것들이 우리 자손의 세대에는 축복으로 추수될 수도 있다. 기도의 사람은 역사의식과 미래를 보는 눈이 함께 움직여야 한다. 그래야 다이나믹한 오늘을 만들어 갈 수 있다.

요한계시록은 하나님의 음성이 "많은 물소리와도 같다"고 했다. 하나님의 음성은 아주 다양한 채널을 통해 우리에게 흘러들고 있다. 하나님의 음성의 다양성을 인정하고, 모든 영적 감각을 활짝 열어 놓는다면, 하나님이 내 주위의 모든 사람과 사건들을 통해 말씀하고 계심을 알게 될 것이다. 우리는 갑자기 펼친 성경책에서 그때 가장 필요한 말씀이 튀어나온다든가, 지방에 출장 갔다가 우연히 들린 교회에서 들은 설교가 자살 직전에 있던 내게 새 소망을 주었다든가, 오랫만에 만난 친구와 커피를 마시면서 나눈 대화 속에 위기를 타파하는 놀라운 아이디어가 있다든가 하는 경험들을 한다. 그것들이 다 우연의 일치라고 생각하는가? 아니다. 하나님은 그때 그때 우리가 처한 상황에 가장 필요한 음성을 가장 효과적인 채널을 통해 보내 주신 것이다.

응답을 방해하는 돌을 치워라

하나님의 자녀가 하나님 뜻대로 기도할 때 반드시 들으시겠다고 하셨다. 그러므로 기도할 때 쉽게 중간에서 포기해서는 곤란하다. "구하라 그리하면 너희에게 주실 것이요 찾으라 그리하면 찾아낼 것이요 문을 두드리라 그리하면 너희에게 열릴 것이니 구하는 이마다 받을 것이요 찾는 이는 찾아낼 것이요 두드리는 이에게는 열릴 것이니라"(마 7:7-8). 하나님이 쉽게 응답하시지 않는 것은 내 영혼 속에 어떤 부분을 고치고 싶으셔서다. 얍복강가의 야곱처럼 말이다. 그런데 얍복강가의 씨름은 야곱이 하나님을 억지로 굴복시킨 것이 아니고, 하나님이 야곱의 옛사람의 가시를 꺾어 버린 사건이다. 이 책의 초반부에서 다루었듯이, 축복을 받으려면 내 안에 있는 죄라는 돌들을 치워야 한다. 자백하지 않고, 드러내지 않고, 회개하지 않은 죄들이 쌓이면 상상을 초월할 정도로 우리 마음을 답답하게 하고 탈진시킨다.

"여호와의 손이 짧아 구원하지 못하심도 아니요 귀가 둔하여 듣지 못하심도 아니라 오직 너희 죄악이 너희와 너희 하나님 사이를 갈라 놓았고 너희 죄가 그의 얼굴을 가리어서 너희에게서 듣지 않으시게 함이니라 이는 너희 손이 피에, 너희 손가락이 죄악에 더러워졌으며 너희 입술은 거짓을 말하며 너희 혀는 악독을 냄이라"(사 59:1-3).

자기 아버지가 애지중지하던 꽃병을 깨뜨린 한 어린 아들이 있었다. 아버지가 깨진 꽃병을 보고 누가 깼느냐고 묻자 아들은 시침을 뚝 떼고 모른 척했다. 그러나 몇 주일 동안 이 아이는 마음이 찜찜하고 죄책감이 가득차서 밥을 먹어도 먹는 것 같지 않고, 잠도 잘 오지 않고, 꿈에도 아버지의 무서운 얼굴이 자꾸 보였다. 마침내 아이는 용기를 내어 아버지께 잘못을 고백하고, (이미 다 알고 있었던) 아버지의 용서를 받았다. 그제야 그 아이는 날아갈 듯 기분이 상쾌해졌다.

하나님은 우리에게 완전하기를 기대하시지 않지만, 불완전하면서 완전한 척하고 있는 것도 원하지 않으신다. 우리 모두는 끝없이 실패하고 실수하는데 그것을 계속 위장하고, 아닌 척하고, 잘난 척하고 있으면 속으로 병이 쌓인다. 하나님은 당신을 정죄하려고 회개하라는 것이 아니다. 용서하고 새로운 삶을 주기 위해서다.

기도는 하나님과 우리 사이의 살아 있는 쌍방향 커뮤니케이션이라는 것을 앞에서 이미 강조한 바 있다. 그리고 그 대화의 시작은 하나님이 하셨다. 우리가 하나님의 응답을 기다리고 있을 때, 오히려 하나님이 우리의 응답을 기다리고 계시는 경우가 많다. 그리고 우리는 상대가 말로도 응답하지만 동시에 행동으로도 응답하기를 원한다. 하나님이 실제로 내가 원하는 것을 갖게 해 주시고, 힘든 장애물도 치워 주시고, 병도 고쳐 주시는 실제적인 행동을 원하는 것이다. 그래야 응답이라고 생각한다. 그러나 하나님도 우리가 삶으로, 행동으로 하나님의 말씀에 대해 응답하기를 원하신다는 것을 아는가? 우리가 삶으로 응답해야 할 첫 번째 사항은 회개다.

우리는 기도의 워밍업을 다룬 1부에서 이미 회개의 중요성에 대해서 자세히 짚은 바 있다. 특별히 크리스천들이 기도하기 전에 먼저 분노와 다툼의 문제를 해결하는 것이 얼마나 중요한지 보았다. 하지만 구약성경 곳곳에 보면 하나님이 우리에게 요구하시는 다른 여러 가지 문제들도 많다. 가난하고 약하고 병든 이웃들을 무시하고, 착취하는 일을 하나님은 결코 간과하지 않겠다고 하셨다. 우상숭배를 하는 것을 가만 두지 않겠다고 하셨다. 교회를 다니면서도 정작 자식을 시집 장가보낼 때 사주팔자 따지고, 궁합 따지고, 점을 보는 것들은 다 우상숭배 죄에 걸린다. 지금 이 시간부터 단호히 정리하기 바란다.

축복의 완급 조절은 하나님의 배려다

하나님의 기도 응답을 이해하는 데 있어서 또 한 가지 중요한 원리는 축복의 완급 조절이다. 하나님은 하실 수 있다. 그러나 우리 욕심대로 한꺼번에 막 남발하며 주시지 않으신다. 우리 기도를 들으시고 축복을 주시는 타이밍과 축복의 양을 절묘하게 컨트롤하신다. 축복을 감당할 만한 그릇으로 우리가 서서히 자라 가야 하기 때문이다.

풍성히 주시되 축복이 우리를 타락시키지 않도록 하나님은 섬세한 배려를 하신다. 40년 광야생활에 지친 이스라엘은 마침내 약속의 땅에 들어가게 되었을 때 마음이 급했다. 하루라도 빨리 정복 전쟁을 끝내버리고 싶었다. 그러나 하나님은 몇 년에 걸쳐서 차근차근 땅을 정복하게 하셨다. 거기에는 깊은 하나님의 배려가 있었다.

"그러나 그 땅이 황폐하게 됨으로 들짐승이 번성하여 너희를 해할까 하여 일 년 안에는 그들을 네 앞에서 쫓아내지 아니하고 네가 번성하여 그 땅을 기업으로 얻을 때까지 내가 그들을 네 앞에서 조금씩 쫓아내리라"
(출 23:29-30).

땅은 정복하기보다 다스리고 일구는 것이 더 힘들다. 400년 동안 노예 생활만 했던 이스라엘 백성들, 그래서 제대로 된 정부나 농업, 상업 시스템을 경영해 본 적이 없는 그들이 갑자기 광활한 땅을 갖게 되면 한동안은 속수무책으로 정복한 땅을 방치할 수밖에 없다. 그러면 그 땅이 황폐해지고 순식간에 들짐승들이 들끓게 된다. 젖과 꿀이 흐르는 땅도 그 땅을 제대로 가꾸지 못하는 주인을 만나면 황무지가 되는 건 시간 문제다. 그래서 하나님은 가나안 민족을 조금씩 쫓아내게 하시겠다는 것이다. 그동안에 제법 국가 경영의 틀도 세우고 인구도 늘어나서 약속의 땅을 충분히 감당할 만한 능력을 키우라는 것이다. 그러면, 그때에 완전히 저들을 몰아내고 약속의 땅을 차지하게 해 주시겠다는 말씀이다.

아무리 좋은 음식도 한꺼번에 다 먹으면 배탈이 나듯, 축복도 한꺼번에 과하게 받으면 탈이 난다. 교회의 내실은 다지지 않고 너무 무리하게 빚을 내서 큰 교회당만 건축해 놓고, 시험에 들어서 무너져버린 케이스들을 종종 본다.

"오직 믿음!"이라는 말로 불도저처럼 밀어붙인 까닭이다. 하나님은 우리에게 승리를 주실 때도 페이스 조절을 하신다. 하나님의 축복으로 몇 번 승리했다고 해서, 수단과 방법을 가리지 않고 끝없이 내 욕심을 다 채우려고 오버하면 안 된다. 우리의 그런 성정을 잘 아시기에, 하나님은 이스라엘 백성들 앞을 막았던 암몬 민족 같은 장애물들을 요소요소에 허락해 놓으셨다.

성공하고 있을 때 욕심 부리지 않도록, 죄 짓지 않도록 하나님은 브레이크 장치를 곳곳에 설치해 놓으신 것이다. 그래서 장애물들이 나타날 때 우리는 감사하며 멈출 줄 알아야 한다. 그것은 기도 응답의 방해물이 아니라, 그것도 거대한 하나님의 기도 응답 계획의 일부분인 것이다. 목마른 나그네에게 물을 줄 때 급하게 마시다가 체하지 않도록, 버들잎 몇 개를 물에 띄어 주었다던 유명한 이야기도 있지 않은가? 기다릴 줄 알아야 한다. 지금은 답답해도 그것은 하나님이 우리에게 안정된 승리를 주시기 위한 준비 과정이라고 믿으라.

다시 한 번 우리 스스로에게 확인시켜 주자. 우리가 하나님께 응답 받기 원하는 것보다 하나님이 더 우리에게 응답을 주고 싶어 하신다. 평생 고아들을 키우면서 5만 번이 넘는 기도 응답을 받았던 조지 뮬러는 이렇게 말했다. "기도란 탐탁치 않아 하시는 하나님을 억지로 조르는 게 아니다. 기도란 우리를 기꺼이 축복하시고자 하는 하나님을 붙잡는 것이다." 그렇다. 부흥은 우리의 소원이기 전에 하나님의 소원이었다. 선교는 우리의 꿈이기 전에 하나님의 꿈이었다. 교회의 성장은 우리보다 하나님이 더 열망하고 계신다.

기도는 마지못해 머뭇머뭇하시는 하나님을 억지로 끌어내는 일이 아니라, 열정이 가득찬 하나님의 손길에 내 영혼을 올려놓는 것이다. 기도는 우리가 하나님을 찾는 게 아니라, 우리를 찾는 하나님께 반응하는 것이다.

응답은 준비된 자에게 주어진다

하나님께 응답해 달라고 기도하는 사람들 중 뜻밖의 많은 이들이 정작 기도 응답을 받을 준비는 전혀 안 하고 있다. 어떤 시골 마을에서 너무 가뭄이 들어서 교회 성도들이 2주간 비를 내려 달라고 열심히 기도했다고 한다.

마침내 마지막 날 다같이 모여 기도하고 있는 중에, 갑자기 밖에서 천둥소리가 들리고, "쏴!" 하고 비가 쏟아지는 소리가 들렸다. 모두들 약속이나 한 듯 밖으로 뛰쳐나가 쏟아지는 장대비 속에서 춤을 추며 환호했다. 그런데 가만 보니까 한 꼬마 아이가 우산을 쓰고 서 있는 것이 아닌가. 모두들 그 아이를 보면서 할 말을 잃었다. 다들 비를 위해서 기도할 믿음은 있었지만, 진짜 마지막 날 하나님이 비를 주실 거라 믿고 응답 받을 준비를 한 것은 그 아이 뿐이었기 때문이다.

80년대 중반 소련과 동유럽의 공산권이 무너지기 몇 년전, 이미 YM의 창시자 로렌 커닝햄을 비롯한 몇몇 기독교 지도자들에게 하나님은 곧 공산권이 무너질 것이라는 확신을 주셨다. 그러나 하나님의 비전을 전하는 그들도 설마 그토록 엄청난 일이 그처럼 단시일 내에 이뤄지겠느냐며 반신반의했다. 하지만 그 일은 실제로 순식간에 이뤄졌다. 소련이 개방되고 베를린 장벽이 무너졌다. 전세계의 크리스천들이 그토록 오래 기도해 오던 일이 이뤄진 것이다.

그러나 정작 문제는 그 다음부터였다. 기독교 단체들과 교회들은 갑자기 열린 그곳에 보낼 선교사와 성경책 등을 미처 다 준비하지 못했던 것이다. 그렇게 황금 같은 시간을 허둥지둥하는 사이에 공산 독재가 무너진 그 공백으로 마피아가, 사창가들이, 음란물들이, 마약이, 이단들이 스며들어 가서 구소련과 동유럽 국가들을 잠식해 버렸다. 최근 우리 교회를 방문한 로렌 커닝햄 YM 총재는 공산권 선교를 위해 오래도록 기도만 했지, 정작 하나님이 그 기도에 응답해 주셨을 때 그것을 감당할 준비는 하지 못했다며 안타까워했다.

나는 그 이야기를 듣고 심장이 멎는 것 같았다. 당장 그렇게 큰 스케일은 아니더라도, 우리의 기도 생활에 너무나 뼈아프게 적용되는 원리가 아니겠는가? 청년들은 결혼할 좋은 배우자를 위해서 열심히 기도는 하지만 정작 하나님이 그 기도를 들어 주셨을 때 자기 자신이 그 배우자를 감당할 만한 영적, 정신적, 물질적 준비는 전혀 안 된 경우가 많다.

높은 자리에 앉게 해 달라고 기도하지만 정작 그 자리에 앉게 되면 그 자리를 감당할 만한 실력은 있는지 궁금하다. 축복을 달라고만 하지 말고 그 축복을 감당할 수 있는 준비를 지금부터 착실히 해 놓아야만 한다. 응답은 준비된 자에게 주어진다. 하나님이 안심하고 축복하실 수 있도록 우리 모두 스스로를 성실하게 준비시키자.

또 한 가지 기억해야 할 것은 하나님이 우리에게 응답하실 때 다른 믿음의 형제들에게도 똑같이 응답하셔서 서로가 서로에게 확인을 해 주게 하시기도 한다는 사실이다. 1975년 로렌 커닝햄이 미국 콜로라도 주의 한 도시에서 기도하던 중, 하나님께서 열방을 복음화시키는 7가지 하나님의 전략을 들려주셨다. 너무나 흥분한 그는 종이를 집어 들고 허겁지겁 그 7가지 전략을 써 내려갔다. 그리고나서 얼마 후, C.C.C. 총재인 빌 브라이트 박사가 마침 그 도시에 방문했는데, 로렌 커닝햄이 같은 도시에 와 있다는 말을 듣고 급히 만나길 원했다. 두 사람은 바로 만났는데 빌 브라이트 박사는 만나자마자 흥분된 목소리로 "로렌, 이걸 좀 보시오. 하나님께서 놀라운 메시지를 주셨소" 하면서 종이를 보여 주었다. 그 종이를 들여다 본 로렌 커닝햄은 소스라치게 놀랐다. 바로 자신에게 보여 주신, 세계를 복음화시키는 하나님의 7가지 전략이 마치 복사된 것처럼 그대로 적혀 있었던 것이다.

세계적 베스트셀러 『목적이 이끄는 삶』의 저자 릭 워렌도 30년 전, 처음 캘리포니아 새들백에 교회를 개척하려 할 무렵 비슷한 상황을 경험했다. 1979년 여름, 신학교 졸업을 앞둔 25살의 젊은 청년이었던 워렌은 미국 전역의 지도를 펴 놓고 어디서 교회를 개척할 것인가로 고심하고 있었다. 남침례교단 출신인 그는 사실 인간적으로 따지면 지인들이 많이 사는 남부 쪽을 택할 수 있었지만, 신학교 동기들이 별로 가고 싶어 하지 않는 지역, 그리고 미국에서 가장 성장하는 대도시이면서도 가장 교회가 적은 지역들로 범위를 좁혀 가기로 했다.

그래서 대학 도서관에 틀어박혀 이런 대도시들의 인구 증가와 환경적 변화를 열심히 연구하던 끝에, 마침내 캘리포니아의 새들백이라는 곳을 정했다. 교회 개척 지원을 위해서 그 지역 선교부를 담당하고 있는 남침례교 선교 책임자에게 편지를 써야 했다. 그런데 희한하게도 바로 그즈음에 한 번도 만나 본 적이 없는 이 선교 책임자가 릭 워렌이라는 청년이 교회를 개척하려 한다는 소식을 어떤 경로를 통해 알게 되었다. 그래서 릭 워렌이 그에게 지원을 부탁하는 편지를 쓰던 바로 그 시점에 릭 워렌에게 새들백 지역에 교회를 개척할 의향이 없냐는 편지를 보냈다. 두 사람의 편지는 마치 무슨 미스터리 영화의 한 장면처럼 같은 시점에 엇갈려서 서로에게 전달된 것이다. 릭 워렌은 그 편지를 열어 보고 울음을 터뜨렸다고 한다. 하나님의 음성을 확인한 것이다.

영은 영으로 통한다. 그래서 믿음의 사람들끼리의 교제가 중요한 것이고 기도의 동지들이 있어야 하는 것이다. 나도 어렵고 힘든 결정, 정말 중요한 결정을 해야 할 때는 반드시 이메일이나 전화로 함께 기도해 줄 것을 부탁하는 기도의 파트너들이 있다. 그들은 평소에 하나님과 깊은 교제를 하는 사람들이며, 철저하게 내 프라이버시를 존중해 줄 인품의 사람들이다.

사람은 아무리 영적이라 해도 일단 자기 문제가 걸리면 객관성을 잃기가 쉽다. 하나님의 음성을 들어도 자기 듣고 싶은 것만 들으려 하는 성향이 있다. 보통 자기가 바둑을 두면 3급이라도, 남의 훈수를 두면 1급으로 올라간다. 일단 제3자의 입장에 서면 더 냉정해지고, 판단력이 정확해지기 때문이다. 그래서 우리는 항상 기도의 파트너들이 옆에 있어야 한다. 내게 주신 하나님의 음성이 정말 하나님의 뜻이라면 그 기도의 파트너들이 확인해 줄 것이다.

기도 다운로드

10
하늘의 능력

     세상을 살아가는데 있어서, 하나님을 믿는 사람들과 안 믿는 사람들의 가장 확실한 차이점 중 하나는 기도다. 세상에는 하나님께 기도하지 않고 자기 힘만 믿고 살아가는 사람들이 있고, 늘 기도하며 하나님의 힘으로 사는 사람들이 있다. 자기 힘만으로 사는 사람들은 자기 수준만큼 산다. 그러나 기도하는 사람은 하나님의 수준으로 쭉쭉 올라간다.

   수영을 잘하면 한강은 헤엄쳐 건널 수 있다. 그러나 태평양은 절대 못 건넌다. 태평양을 건너려면 배를 타야 한다. 마찬가지로 작은 문제는 내 노력으로 어떻게든 해결할 수 있다. 그러나 인생의 결정적인 문제는 하나님께 업혀야 한다. 기도는 하나님께 업히는 것이다. 하나님께 내 운명을 맡기는 것이다. 시시각각 하늘의 핫라인에 접속하여 하나님과 대화하는 것이다. 기도를 하면 하나님이 가까이 다가오신다.

"우리 하나님 여호와께서 우리가 그에게 기도할 때마다 우리에게 가까이하심과 같이 그 신이 가까이 함을 얻은 큰 나라가 어디 있느냐" (신 4:7).

하나님이 멀리 있다고 느껴지는 것은 기도하지 않기 때문이다. 기도하면 하나님이 바로 옆에 계신 것처럼 친근히 느껴진다.

기대하는 기도

기도는 땅에 있는 인간이 하늘에 계신 아버지께 드리는 것이라고 했다. 당연히 수준 차이가 난다. 그러나 그것은 낙담할 일이 아니라 흥분하고 신나야 할 일이다. 하나님이 내 수준밖에 안 되면 어찌 하나님이시겠는가? 그러나 "하늘이 땅보다 높음같이 그의 생각은 나의 생각보다 높고, 그의 생각은 나의 생각보다 다르시다."

이 책 앞부분에서 우리는 하나님과 우리의 관계가 얼마나 대단한 것인지를 묵상했다. 때문에 기도를 통해 하나님과 더 깊고 친밀한 관계를 맺을 수 있음을 알게 되었다. 뿐만 아니라 매일 기도함으로써 우리가 생각지도 못한 새로운 역사를 만들어 가시는 하나님을 기대하게 되었다. 그렇다. 기도란 기대하는 것이다. 한정된 인간이 무한한 하나님을 기대하는 것이다.

기도는 초자연적인 세계의 문을 여는 것이다

예수님은 명쾌하게 약속하셨다. "내가 또 너희에게 이르노니 구하라 그러면 너희에게 주실 것이요 찾으라 그러면 찾아낼 것이요 문을 두드리라 그러면 너희에게 열릴 것이니"(눅 11:9). 아, 읽기만 해도 가슴 벅찬 말씀이다. 막히는 게 없다. 복잡하지 않다. 너무 심플하고 시원시원하다. 영적인 삶은 그렇게 어려운 것이 아니다.

너무 원리가 심플하기 때문에 "설마" 하다가 오히려 못하는 것이다. 우린 생각이 너무 많고 의심이 너무 많다. 하지만 어린아이 같은 순수한 마음으로 하나님께 나아가야 한다. 기도는 단순하게 시작하는 것이다. 부모 자녀 간에 대화가 가장 부드럽게 잘 되는 때는 아이가 구사할 수 있는 단어가 100개도 안 되는 어린아이 때라는 것을 아는가?

또한 이 말씀을 보면 영적인 세계란 참으로 신비롭고 무한하다는 것을 알 수 있다. 지구의 자원은 무한하지 않다. 석유도 천연가스도 언젠가는 곧 고갈되고 말 것이다. 이 땅의 자원들은 다 유한하다. 그러나 영적인 세계는 무한하다.

하나님의 자원은 끝이 없다. 구하면 주시는 것은 우리가 생각하는 것보다 훨씬 크고 아름다운 것이다. 찾을 때 찾게 되는 것은 우리가 기대하지 못했던 놀라운 보물이다. 문을 두드렸을 때 열리는 세계는 우리가 상상도 하지 못했던 차원의 세계다. 나의 노력으로 얻는 것은 한계가 있다. 적당히 발전하는 것이다. 그러나 기도하면 전혀 다른 차원으로 올라서게 된다. 마치 동네 축구에서 프리미어 리그로 점프한 것처럼 말이다.

자기가 가진 것, 자기가 처한 상황, 자기의 능력만 바라보고 있으면 절망할 수밖에 없다. 하지만 기도는 하나님을 바라보는 것이다. 하나님을 붙잡는 사람에게는 새로운 소망의 세계가 펼쳐진다. 주님은 말씀하셨다. "나를 믿는 자는 죽어도 살겠고 무릇 살아서 나를 믿는 자는 영원히 죽지 않을 것"이라고. 하나님은 제한이 없으시다. 하나님을 믿는 사람 또한 불가능이 없다. 죽음 같은 절망도 뚫고 나올 것이다. 다 안 된다고 하는데 그는 될 것이다. 다 지쳐 있는데 그는 펄펄 살아 뛸 것이다. 자기도 살고 주위 사람도 살릴 것이다. 그러니 누가 리더인가? 기도하는 사람이 바로 리더다.

하나님의 가장 위대한 기도 응답 중 하나는 하나님의 능력을 부어 주시는 것이다. 그 능력은 우리 자신을 위해 주시는 것이 아니라 하나님의 일을 하라고 주시는 능력이다. 모든 하나님의 사람들은 각자에게 주어진 하나님의 일이 있다.

그러나 하나님의 일은 하나님의 능력으로만 할 수 있다. 사람의 힘으로 하나님의 일을 하면 결코 오래가지 못한다. 초대 교회를 세운 12사도들 중에 학벌이 좋거나 능력이나 인품이 탁월한 사람은 하나도 없었다. 그러나 그들이 마가의 다락방에서 목숨을 걸고 기도하여 성령이 그들에게 임하자, 그들은 앉은뱅이를 낫게 하고 하루에 수천 명씩 전도하는 엄청난 능력의 사람이 되었다. 일이 많아서 지친 것이 아니다. 당신이 지친 것은 하나님의 능력이 없기 때문이다. 자신의 수준에 맞는 일을 달라고 하지 말라. 오히려 자신에게 주어진 사명에 맞는 하늘의 능력을 달라고 기도하라.

하늘 아버지의 최고의 선물은 성령이다

하늘 아버지는 우리에게 최고를 주신다. "하물며 너희 하늘 아버지께서 구하는 자에게 성령을 주시지 않겠느냐"(눅 11:13). 주님이 지상명령을 주시고 승천하신 뒤 그 비전의 크기에 압도되어 어쩔 줄 몰랐다. 아니 팔레스타인 밖으로도 한 번 나가 본 적이 없는 제자들에게 땅 끝까지 가서 모든 족속으로 제자를 삼으라니, 가당키나 한 일인가? 이 엄청난 비전과 대조되는 너무나 미약한 자신들의 모습. 성도들은 모여서 총력을 다해 기도하는 것밖에는 할 수 있는 것이 없었다. 오순절 성령은 주시기로 약속된 것이었지만 성도들의 기도의 응답으로 왔다. 기도는 예비된 축복을 받아 내는 도구다.

최고의 축복은 무엇인가? 하나님이 자기 자신을 주시는 것이다. 최고의 기도 응답은 성령을 주시는 것이다. 나는 오늘 당신이 기도 응답으로 성령 충만을 받기 바란다. 성령 세례를 받기 바란다. 하나님이 우리에게 성령을 부어 주시면 엄청난 일이 일어나기 시작한다.

첫째, 성령은 능력이다. 오직 성령이 너희에게 임하면 너희가 권능을 받을 것이라고 했다. 기도의 능력, 말씀의 능력, 귀신을 쫓아내는 능력, 병든 자를 치유하는 능력, 원수를 용서하고 사랑할 수 있는 능력을 받게 될 것이다. 아무리 힘들게 사역해도 지치지 않는 독수리의 날개 치는 능력을 갖게 되고, 사람들의 악한 간계를 뚫어 보는 지혜를 갖게 되며, 어떤 분야에서든지 탁월함을 발휘하게 될 것이다. 또한 어떤 시련 앞에서도 두려워하지 않는 담대함을 갖게 될 것이다.

둘째, 성령은 치유의 영이다. 성령께서 내 안에 들어오면, 마음속에 열등감과 증오와 질투와 분노와 우울증과 더러움과 부정적인 생각을 다 치유하신다. 영혼의 상처들이 치유되기 시작한다. 그리고 그 자리에 사랑과 평안과 기쁨과 감사를 심어 놓으신다. 성령이 임하면 당신의 인격이 예수님 닮은 인격으로 바뀌게 되고, 치유 받은 당신은 다른 영혼도 치유하게 된다. 성령의 사람을 만나는 사람은 다 예수님을 만난 듯 기쁘고 부드러워질 것이다.

2년 전, 나는 왼쪽 얼굴에 마비가 와서 3개월을 교회 사역을 쉬었던 적이 있다. 그런데 희한하게도 그 일이 있은 후에 신년 새벽기도를 하면서 하나님이 기도하는 내 손에 불을 주셨다. 옛날에는 아픈 사람들을 위해서 기도할 때 형식적으로 하는 경우가 많았는데, 이제는 내 가슴에 그들의 아픔이 느껴져 오면서 눈물이 나고 그들의 머리에 손을 얹고 기도하면 하나님의 불이 뜨겁게 느껴진다.

비단 몸뿐 아니라 영혼이 아픈 사람들, 하나님에 대해 영적 갈증이 심한 사람들의 경우도 머리에 손을 얹고 기도하면 마치 화덕에 불을 지피는 것처럼 뜨거움을 느끼게 되었다. 기도하는 내가 놀랄 정도였다. 그리고 깨달았다. '하나님께서 내 손에 성령의 불을, 치유하는 불, 살리는 불을 부어 주셨구나.' 그 하나님의 불은 지금도 기도할 때마다 나의 손에 나의 목소리에 생생하게 살아 있다.

셋째, 성령은 거룩의 영이다. 비뚤어진 마음으로 하나님께 드렸던 아나니아와 삽비라가 죽어 나갔다. 성령이 임하면 내 안에 더러운 것들이 죽어 나간다. 내 삶에 하나님이 기뻐하시지 않는 모든 더러운 부분들이 드러나고 해부된다. 녹아 버리고 태워지고 힘을 잃어버린다. 나도 모르게 더러운 죄의 습관들이 싫어진다. 누가 뭐라 그러지 않았는데도 자연스럽게 그것들을 끊게 된다. 생각이 깨끗해지고 말이 깨끗해진다. 그렇게 자신의 삶이 정결해지면 인간관계도 정결해지고, 주위 환경도 정결해진다. 가난해도 이웃과 나누면서 아름답게 산다.

넷째, 성령은 전도의 영, 선교의 영이다. 오순절 성령 강림 직후 성령 충만한 성도들이 한 일은 즉시로 각 나라 방언으로 복음을 전하는 것이었다. 그들은 담대하게 복음을 들고 전세계로 흩어졌다. 언어와 문화의 차이, 돈 없는 것, 건강하지 못한 것 등을 상관하지 않았다. 성령이 충만하면 열방을 향한 하나님의 심장을 갖게 된다. 전도하지 않고는, 선교하지 않고는 견딜 수가 없는 것이다.

이 성령의 능력은 기도하는 사람들에게만 부어진다. 내가 참으로 의아하고 안타깝게 생각하는 사건이 하나 있다. 부활하신 예수님은 분명 오백 명이 넘는 제자들에게 부활하신 몸을 보이시고 하늘나라로 가셨다. 예수님은 당시 제자들에게 감당키 힘든 엄청난 비전을 주셨지만, 당장 무엇을 하라는 말씀은 하지 않으셨다. 인간의 힘으로는 불가능한 비전이었기 때문이다. 대신 예루살렘을 떠나지 말고 함께 모여서 하나님께서 약속하신 성령을 기다리라고 부탁했다.

그런데 실제로 마가의 다락방에 모여서 열심히 기도하다가 오순절

날 홀연히 임한 성령을 받은 사람들은 120명에 불과했다. 500명 중에 120명이면 겨우 20%밖에 안 되는 숫자다. 나머지는 다 무슨 이유에서인지 기도의 자리에 함께 있지 못했다. 그리고 그 결과 기도해서 성령 받은 120명과는 그 뒤의 인생이 하늘과 땅 차이로 달라져 버렸다. 이 120명은 폭발적으로 부흥하는 초대 교회 역사의 주역들이 되어 가는 곳마다 말씀을 전하고, 악한 영들을 쫓아내고, 하나님의 교회들을 세웠다.

화려한 꿈을 꾸는 사람들은 많지만 결국 그것을 이뤄 내는 사람들은 기도하며 기다리는 사람들이었다. 기도로써 하늘의 능력을 다운로드 받은 자만이 하늘의 꿈을 이뤄낼 수 있다. PDA에 가득한 별 의미 없는 스케줄들은 다 취소하고 단 며칠, 몇 주일만이라도 진득이 하나님 앞에 집중해서 기도해 봄이 어떤가?

하나님은 우리에게 능력을 약속하셨다

기도로 하늘의 능력을 다운로드 받는 사람은 파워 있는 삶을 산다. 바울은 "우리 가운데서 역사하시는 능력대로 우리가 구하거나 생각하는 모든 것에 더 넘치도록 능히 하실 이에게" 기도하라고 했다(엡 3:20). 하나님은 "우리가 구하고 생각하는 모든 것보다 훨씬 더 넘치도록 하실 수 있는 분"이라는 사실을 다시금 마음에 새기자. 아무리 마음이 있어도 능력이 없으면 결코 도와줄 수 없다. 그러나 하나님은 사랑의 아버지이시면서 세상에서 가장 능력 있는 아버지이시다. 빌 게이츠보다도, 오바마 내동령보다도 훨씬 더 능력 있는 분이 하나님이시다. 이사야는 하나님의 능력을 묵상하면서 이렇게 말했다.

"거룩하신 이가 이르시되 그런즉 너희가 나를 누구에게 비교하여 나를 그와 동등하게 하겠느냐 하시니라 너희는 눈을 높이 들어 누가 이 모든 것을 창조하였나 보라 주께서는 수효대로 만상을 이끌어 내시고 그들의 모든 이름을 부르시나니 그의 권세가 크고 그의 능력이 강하므로 하나도 빠짐이 없느니라"(사 40:25-26).

하나님의 엄청난 능력을 입증하는 가장 확실한 예는 바로 우주다. 천문학자들의 말에 의하면 우리가 살고 있는 지구가 속해 있는 태양계와 같은 행성 시스템이 백만 개가 모이면 하나의 은하계가 되는데, 우주에는 2천만 개가 넘는 은하계가 있다고 한다. 그 엄청난 대우주를 창조하시고 움직이시는 분이 바로 하나님 아버지시니 그분의 무한하신 능력을 감히 우리가 상상이나 할 수 있겠는가?

지구가 태양 주위를 한 바퀴 도는데 필요한 에너지는 몇 배럴의 석유, 몇 만 볼트의 전기를 필요로 할지 상상해 본 적이 있는가? 핵폭탄 하나 만들어 놓고 대단한 일을 한 양 우쭐대는 우리 인간들은 그 크신 하나님의 능력을 감히 어림잡지도 못한다.

지구와 같은 행성들과 수많은 별들과 혜성들과 유성들은 또 엄청나게 빠른 속도로 움직이고 있는데, 이것들이 충돌 사고 없이 운행되는 것은 하나님이 주장하시기 때문이다. 태양과 지구와의 거리가 단 몇 킬로만 가까워져도 지구에는 대재난이 일어나 인류가 멸망할 수 있다. 그런데 하나님의 강하고 정확한 힘으로 그렇게 되지 않도록 쥐고 계신다. 매해 미국 같은 선진국에서 자동차 사고로 죽는 사람이 대략 5만 명이 넘는데, 그 몇 억 배 사고율이 높아야 할 우주에서는 그런 일이 일어나지 않고 있다.

그러니 하나님의 능력이 얼마나 크신가? 수년 전에 나온 블록버스터 영화 <아마겟돈>이나 <딥 임펙트>를 보면 혜성 하나가 지구와 부딪칠 때 오는 피해가 얼마나 무서운가를 보여 준다. 해일이 일어나고, 도시가 물에 잠기고, 먼지층이 일어나서 태양빛을 가리고, 불바다가 나서 수백만의 사람들이 죽는다. 그러나 그런 일이 일어나지 않도록 하나님이 기가 막히게 지켜 주고 계신다.

하나님은 엄청난 능력을 갖고 계실뿐 아니라 그 능력을 믿는 자녀들에게도 얼마든지 공급해 주시길 원하신다.

"너는 알지 못하였느냐 듣지 못하였느냐 영원하신 하나님 여호와, 땅 끝까지 창조하신 이는 피곤하지 않으시며 곤비하지 않으시며 명철이 한이 없으시며 피곤한 자에게는 능력을 주시며 무능한 자에게는 힘을 더하시나니" (사 40:28-29).

구약성경에서 이집트를 탈출한 이스라엘 사람들을 위해 하나님이 홍해를 갈라 주신 사건도, 인간의 눈으로 보면 엄청난 기적이지만 하나님의 무한한 능력을 감안할 때는 아무것도 아니다. 우리의 믿음이 작아서 우리 하나님을 너무 적게 만들었다. 믿음은 하나님을 하나님 사이즈로 보게 하는 능력이다. 우리의 믿음이 퇴색되어서 그렇지 하나님은 불변하신다. 말씀을 묵상하며 기도를 하는 사람에게는 하나님의 능력이 불

같이 리얼하게 다가온다. 우리는 더 큰 능력을 구하는데 정작 필요한 것은 우리 안에 이미 주어진 하나님의 능력을 인정하고 흘러 나가게 하는 일이다.

하나님 안에 거하라! 그러면 그때그때 필요한 최고의 축복으로 하나님이 당신을 채우실 것이다. 지금 이 순간 당신이 가진 것, 받고 있는 것, 서 있는 자리가 최고의 축복의 자리임을 믿으라. 눈을 감고 상상해 보라. 하나님의 그 충만한 영광이 죄인인 우리의 영혼에 지금 눈처럼 쏟아지고 있다. 그 충만한 사랑이 수없이 배신하고, 넘어지며, 연약한 우리에게 변함없이 촉촉이 쏟아지고 있다. 하나님의 그 충만한 은총이 지금도 우리 위에 임하고 있다.

예배드리는 이 순간에, QT 하려고 말씀을 열 때마다, 기도하려고 엎드릴 때마다 하나님의 영광은 더욱 강렬히 우리 속으로 흘러든다. 우리 모두 하나님의 영광으로 충만해 보자. 제대로 기도하고 나면 당신의 얼굴에서 빛이 날 것이다.

기도다운로드

11

필요를 채워 주심

하나님은 기도를 통하여 우리의 기본적인 필요를 채워 주신다. 우리 인간들의 기본적인 필요는 가장 심플하게 두 가지로 정리될 수 있다. 의식주의 필요를 채우는 것과 온갖 위험으로부터 보호 받는 것이다. 태초부터 지금까지 이 두 가지만 해결된다면 우리는 세상에서 큰 걱정 없이 살 수 있었다.

필요를 채워 주심

주기도문에서 가장 잘 알려진 구절 중에 하나는 아마 모르긴 몰라도

"오늘날 우리에게 일용할 양식(Daily Bread)을 주옵시고"가 아닐까 싶다. 여기서 "일용할 양식"의 의미는 구약에서 출애굽 이후 광야생활을 하던 이스라엘 사람들이 받아먹은 만나를 생각하면 간단히 알 수 있다. 만나는 "도대체 이게 뭐냐?"라는 뜻을 가지고 있다. 풀 한 포기 제대로 자라지 않는 광야에서 하나님이 하얀 빵가루로 지면을 덮으셨다. 그동안 듣도 보도 못하던 하늘의 공급을 받고 이해가 안 되어 붙인 이름이 만나인 것이다.

여기에 만나의 첫 번째 의미가 담겨 있다. 하나님은 우리가 이해할 수 없는 방법으로 우리의 필요를 채우신다. 우리는 단순히 우리의 필요를 정직하게 표시하면 된다. 그 필요를 어떤 방법으로 채워 주실지는 하나님 소관이다. 우리가 그것까지 나서서 하나님을 좌지우지하려 해선 곤란하다. 우리는 선물이 어디서 어떻게 왔는지 도무지 해석할 수가 없다. 애써 해석하려고 할 필요도 없다. 그저 받고 어린아이처럼 감사하면 된다.

만나에는 또 다른 의미들도 있다. 먼저 24시간 이상 가면 썩어 버렸다. 이것은 우리가 지속적으로 늘 하나님만 바라보고 살라는 이야기다. '월(月)용할 양식, 년(年)용할 양식'을 안 만드신 것은 그렇게 시간을 길게 주면 우리가 하나님을 찾는 주기도 한 달, 혹은 일 년에 한 번으로 뜸해질 수 있기 때문이다. 조금만 풍족해지면 우리는 선물에 취해서 선물 주신 자를 망각한다. 결국 일용할 양식은 우리와 지속적인 교제를 하기 위한 하나님의 초청이다. 하나님은 다음날 빵을 위해서라도 우리가 그

분께 와서 교제하기를 원하셨던 것이다.

또한 성경을 보면 만나를 자기 필요 이상으로 긁어모은 자의 것도 결국 정량이 되도록 해 주셨던 것을 볼 수 있다(출 16:18). 예나 지금이나 항상 욕심을 부려 오버하는 사람들이 있다. 그 사람들이 억지로 가서 욕심을 부려 더 갖고 왔기 때문에 힘이 약한 노인, 어린이, 여인네들은 적게 모았을 것이다. 그러나 집에 갖고 와서 재어 보면 많이 갖고 온 사람은 줄어들고, 적게 가져온 사람들은 채워져서 다 똑같게 되었다. 하나님이 조절해 주신 것이다.

이것은 중요한 사실을 가르쳐 준다. 하나님이 주시는 만나, "일용할 양식"이란 우리의 필요이지 욕심이 아니란 얘기다. 그런데도 우리는 더 가지면 가질수록 욕심을 부리고 감사를 모르고 산다. 영적 성숙의 중요한 증거 하나는 욕심을 절제하는 것이다. 주신 축복을 감사하고 만족하는 것이다.

다윗은 자신에게 "(하나님께서) 줄로 재어 준 구역은 아름다운 곳에 있음이여 나의 기업이 실로 아름답도다"라고 했다(시 16:6). "내게 줄로 재어 준 구역"이란 하나님이 내게 허락하신 만큼의 은혜를 말한다. 하나님이 내게 허락하신 만큼의 외모, 돈, 재주, 사역이다. 쉽게 말하면 하나님이 내 삶 곳곳에 그어 주신 어떤 보이지 않는 한계선이다. 이것에 만족하고 감사하자. 그러면 하나님이 기뻐하신다.

"내게 일용할 양식을 주옵시고"가 아니고, "우리에게 일용할 양식을 주옵시고"란 사실을 눈여겨보자. 나는 내 자신과 우리 식구밖에 생각하지 못하지만 하나님은 전세계의 수많은 자녀들의 일용할 양식을 다 걱정하시는 아버지시다. 영적으로 건강한 초대 교회 같은 교회는 서로 힘든 사람들을 챙겨줘서 핍절한 사람이 없었다. 하나님은 우리가 주기도문을 외울 때마다 굶주리고 있는 다른 형제자매들의 아픔을 깊이 되새기기를 원하신다. 그리고 우리가 팔을 걷어붙이고 뭔가 할 수 있는 것은 하길 원하신다. 사도행전에 보면 초대 교회가 선교사를 보내기 전에 먼저 구제를 했다는 사실을 알 수 있다.

육체적 필요를 채우신다

예수님은 참으로 돈 이야기를 많이 하셨다. 그만큼 이 세상을 살아가면서 물질 문제가 우리에게 피부로 느껴져 오는 현실임을 아신 것이다. 공중의 새도 먹이시고, 들의 꽃도 입히시는 하나님이 설마 너희를 먹이고 입히시는 것을 소홀히 하시겠냐는 것이다. 70년대 초반 처음 우리 식구는 서울로 이사를 왔다. 용암동에 있는 작은 교회 앞에 방을 얻어 살 때, 항상 어머니는 어린 우리들을 품에 안고 "암탉이 병아리를 품듯이 이 아이들을 지켜주시고 한 끼도 배고프지 않게 하옵소서"라고 기도하셨다. 그리고 정말 그 기도대로 먹고 살 길이 막막하던 그 시절에도 우리는 한 끼도 굶지 않았다.

마틴 루터는 '지갑이 회개하지 않은 사람은 아직 진정으로 회개하지 않은 사람'이라고 했다. 왕이신 예수님은 돈의 유혹의 심각성을 잘 아시고 두 주인을 섬기지 못한다고 엄중히 경계하셨다. 철저히 하나님께 의지하자. 황금을 목표로 라틴아메리카를 개척했던 스페인의 후예들이

다스리는 남미의 오늘의 경제상황과 신앙의 자유를 위해 북미 신대륙으로 왔던 미국 청교도들이 이뤄 놓은 미국의 오늘을 비교해 보라.

하나님은 상황에 따라서 여러 가지 방법으로 우리에게 만나, 일용할 양식을 주신다. 먼저, 우리의 노동을 통해서 우리에게 일용할 양식을 주신다. 만나는 하늘에서 내렸지만 백성들은 들판으로 나가서 그것을 거둬들여야 했다. 하나님의 축복도 우리의 손과 발을 부지런히 놀려야 주워 담을 수 있다. 우리는 혼자 힘으로 자수성가했다고 하지만 결코 그렇지 않다. 누군가 우리에게 좋은 머리를 주었고, 좋은 인맥을 주었고, 건강을 주었고, 좋은 교육을 시켜 주었고, 다치지 않도록 지켜 주신 분이 있었기에 가능했다. 또 좋은 시대, 좋은 나라에 태어나게 해 주셨기에 가능했지 일하고 싶어도 일할 능력도 직장도 없는 나라에서 태어났다면 불가능했을 것이다. 정상적인 노동으로 일용할 양식을 구할 수 없는 나라 사람들에겐 기적 같은 방법으로 하나님은 양식을 보내 주시기도 한다.

중국 지하 교회엔 기적 같은 일들이 매일 일어나는데, 중국 나환자들을 위해 사역하는 한 선교사님은 실제로 버림받은 수천 명의 나환자들이 아사 직전에 이르렀을 때, 얼마 안 되는 감자를 가지고 그 사람들을 다 먹인 기적을 간증했다. "중국판 오병이어의 기적"인 것이다. 하나님은 어떤 방법으로든 당신을 먹이신다!

영적인 필요를 채우신다

한 가시 더 덧붙인다면 상징적인 의미에서 이 "일용할 양식"은 단순히 우리의 육체적 필요를 채우는 양식일 뿐 아니라, 영혼의 필요를 채우는 영적 양식이기도 하다. 만나는 하나님의 말씀, 살아계신 예수 그리스도를 상징했다. 우리가 인생을 살면서 좋을 때도 있고, 힘들 때도 있고, 중요한 결정을 내려야 하는 위기의 순간들도 있다. 바둑이나 장기를 두다 보면 따로 부르지 않았는데 옆에 훈수 두는 사람들이 많아지듯이, 우리 인생에도 옆에서 이래라저래라 하는 사람들이 많다. 그러나 기도하는 하나님의 사람에게는 하나님께서 꼭 그 상황에 필요한 말씀으로 격려해 주시고 인도해 주신다.

나는 그런 경험이 많은데 한 예로, 2년 전 안면 마비로 교회 일도 못하고 밖에 나가지도 못하고 꼼짝없이 3개월을 집에서 요양하던 때였다. 주일날 교회를 가지 못하니까 TV로 중계되는 생방송 교회 예배를 드리면서 갑자기 마음이 너무 서러워졌다. '지금 내가 저기서 성도들과 함께 뜨겁게 찬양하고 열심히 설교하고 있어야 하는데, 이게 무슨 꼴이지?' 사람들 앞에 서서 설교하는 사람이 얼굴 한쪽 근육이 비틀어져 말도 잘 안 나오고 모습도 보기 흉하니 너무 속이 상했다. '과연 완벽하게 회복될 수 있을까?' 하는 두려움도 생겼다. 그때 아내가 "오늘의 QT 말씀이 당신을 위한 말씀"이라며 시편 42편 4-5절을 보여 주었다.

"내가 전에 성일을 지키는 무리와 동행하여 기쁨과 감사의 소리를 내며 그들을 하나님의 집으로 인도하였더니 이제 이 일을 기억하고 내 마음이 상하는도다 내 영혼아 네가 어찌하여 낙심하며 어찌하여 내 속에서 불안해하는가 너는 하나님께 소망을 두라 그가 나타나 도우심으로 말미암아 내가 여전히 찬송하리로다."

나는 심장이 멎는 것 같았다. 살아계신 하나님이 내 현재 심정을 그대로 읽고 계시는 것을 알 수 있었다. 특히 아내는 "그 얼굴의 도우심"에 밑줄을 그으며 이것은 안면 마비에 걸린 당신을 위한 말씀이라고 했다. 평소 같으면, 원어적 의미나 신학적 해석 운운하면서 아내를 고쳐 주었겠지만 당시 너무나 마음이 어렵던 나는 아무 갈등 없이 "아멘"으로 그 말씀을 받았다. 요양하던 세 달 내내 그 말씀은 나를 위로하고 세워 주는 하나님의 격려가 되었다. 기도하는 사람에게 하나님은 이처럼 꼭 때에 맞는 하늘의 양식, 하나님의 말씀을 부어 주신다.

나는 가끔씩 전혀 알지 못하던 분들로부터 예상치 못한 감사 인사를 받는 경우도 있다. 자신이 절망같이 어두운 시절을 지날 때, 자살까지 생각할 정도로 힘들었을 때, 그 주일 교회에 와서 내 설교를 통해 하나님이 자신에게 새 소망을 주셨다는 것이다. 설교한 나조차 까마득히 잊고 있었던 설교지만 하나님은 마치 맞춤양복처럼 그 사람의 그 시점에 가장 맞는 은혜를 공급하신 것이다.

거룩한 보호막

하나님은 우리에게 좋은 것을 주실 뿐 아니라, 그 좋은 것을 침탈하고자 하는 원수들의 손에서 우릴 지켜 주신다. 아론의 축복기도를 보면 다음과 같은 구절이 있다.

"여호와는 네게 복을 주시고 너를 지키시기를 원하며" (민 6:24).

광야 같은 세상을 살아갈 동안 우리는 수많은 적들의 공격에 맞닥뜨릴 것이다. 악성 루머와 감당하기 힘든 중상모략에 노출 될 수도 있다. 그러나 하나님이 우리의 방패가 되어 주신다. 여기서 "지키다"는 '모든 주위를 기울여 신중히 보호하다' 란 의미를 뜻한다. 하나님이 나를 지키시면 청와대 경호팀보다 훨씬 더 철저하고 섬세하게 지키실 것이다.

실제로 이스라엘은 이후 물리적으로 상대가 안 되는 엄청난 적들의 공격을 많이 받았지만, 이해할 수 없는 방법으로 기적같이 살아나곤 했다. 철제무기로 무장한 수많은 호전적인 부족들이 전직 노예 출신으로 전투 경험이 전무한 이스라엘에게는 덤벼드는 족족 패배했다. 어떤 원수의 공격에도 놀라거나 두려워하지 말라. 위축되지 말라. 하나님이 우리의 방패가 되어 주신다. 형 에서의 분노를 피해서 빈손으로 고향을 떠나는 야곱에게 하나님은 이렇게 약속하셨다.

"내가 너와 함께 있어 네가 어디로 가든지 너를 지키며 너를 이끌어 이 땅으로 돌아오게 할지라 내가 네게 허락한 것을 다 이루기까지 너를 떠나지 아니하리라" (창 28:15).

군대 가는 사람, 직장 옮기는 사람, 유학 가거나 이민 가는 사람, 새로운 일을 시작하는 사람 모두가 이 말씀을 가슴에 새겨야 한다. 전능하신 하나님께 지켜 달라고 기도하고, 지켜 주실 것을 믿어야 한다. 그러면 믿음대로 이뤄질 것이다. 하나님이 아브라함에게 복을 준 것도 아브라함이 혈혈단신으로 있을 때였다. 아무것도 없이 너무나 불안한 마음으로 새로운 시작을 하는 사람들은 용기를 가지고 기도하라. 위험한 데를 피한다고 안전해지는 게 아니라, 오직 하나님이 함께 계셔야 안전해진 다는 사실을 기억하기 바란다.

기도하는 하나님의 자녀에게 주는 엄청난 축복 중에 하나는 위기의 순간마다 하나님이 하늘의 은밀한 지혜를 미리 귀띔해 주셔서 희한하게 그 위기를 벗어나게 해 주신다는 것이다. 살다보면 인간적인 눈으로 볼 때 아주 매력적이고 괜찮은 사람을 만나는 경우가 있다. 성격도 좋고, 능력도 있고, 매너도 좋고, 나에게도 잘해 주는 것 같고, 사람들의 평도 좋다. 이 사람이라면 믿고 함께 일을 해도 될 것 같다. 그러나 결정적인 순간에 이상하게도 하나님이 브레이크를 거시면서 조심하라고 하는 경우가 있다. 이것은 하나님이 은밀한 하늘의 지혜를 사랑하는 사람에게 주시는 것이다.

한번은 너무나 부드럽고, 적극적이며, 사람들에게 좋은 인상을 심어 주는 사람을 만난 적이 있었다. 여러 가지 사업도 성공적으로 하고 있었기에 주위 사람들도 그 사람과 잘 사귀어 두면 좋을 거라고 했다. 그러나 모든 외형적인 조건과 주위 사람들의 추천에도 불구하고 뭔가 그 사람을 놓고 기도할 때마다 마음이 답답하고 평안함이 없었다. 하나님이 뭔가 경고를 주는 것을 느꼈다. 그런데 수년이 지나 보니, 과연 그 사람은 자신의 말과 행동이 완전히 다른 이중인격자임이 드러났다. 자기 가정도 파괴하고, 사업에 관해서도 약속한 것을 지키지 않아 신뢰도가 형편없이 추락하여 어디론가 잠적해 버렸다. 하나님이 주신 거룩한 경고가 아니었다면 그 사람의 실체를 어찌 알았겠는가?

성경에 보면 아람 왕이 치밀한 전략을 가지고 이스라엘의 허점을 찾아서 전광석화처럼 공격하는데, 이상하게도 공격할 때마다 어떻게 알았는지 이스라엘군이 번번이 지키고 있다가 반격해 오는 것이었다. 이런 일이 한두 번도 아니고 계속해서 반복되니까, 왕은 자신의 고위 참모들 중에 스파이가 있다고 단정하고 참모들을 추궁했다. 그러자 참모 중에 지혜로운 자가 왕에게 말했다. "왕이여, 우리 중에 스파이가 있는 것이 아닙니다. 저 이스라엘에는 하나님의 선지자 엘리사가 있는데 이스라엘의 하나님께서 우리가 은밀히 계획하는 일을 항상 엘리사에게 미리 말씀해 주시고, 엘리사는 그것을 이스라엘 군에 말해 주기 때문에 우리가 성공하지 못하는 것입니다."

우리 뒤에서 사람들이 어떤 무서운 정치적 음모를 꾸미고, 악한 가십을 하든지 두려워하거나 불안해 할 필요가 없다. 하나님을 믿고 기도하는 사람에게는 하나님이 하늘의 은밀한 지혜를 그때마다 주심으로 위기를 비켜 가게 하실 것이다.

하나님은 우리의 완벽한 보호막이시다

"하나님께로부터 난 자는 다 범죄하지 아니하는 줄을 우리가 아노라 하나님께로부터 나신 자가 그를 지키시매 악한 자가 그를 만지지도 못하느니라"(요일 5:18). 여기서 첫 번째 "하나님께로서 난 자"는 예수의 피로 거듭난 우리들을 말한다. 우리가 "범죄치 않는다"는 말은 아예 죄를 안 짓는 완벽한 인간이라는 말이 아니다. 그런 인간은 결코 존재하지 않는다. 대신 습관적으로 죄를 짓거나, 죄를 즐기지 않는다는 것이다. 우리는 하나님의 씨를 가졌기 때문에 죄를 짓고 편히 살 수 없는 영적 체질로 바뀌었다.

두 번째 언급된 "하나님께로서 나신 자" 앞에는 정관사 "더"(the)가 붙음으로써 고유명사가 된다. 즉, 세상에 다시없는 유일한 한 분, 하나님의 독생자 예수 그리스도를 가리킨다. 그분께서 우릴 항상 지키시므로, 악한 자의 공격이 차단된다. "악한 자가 우릴 만지지도 못한다"고 했다. 하나님의 자녀에겐 예수님이 보이지 않는 영적 보호막을 쳐 주신다. 마치 보이지 않는 하늘의 경호벽이 우리를 둘러싸는 것과 같다.

오래전 미국의 한 대학 캠퍼스에서 크리스천 여학생 하나가 저녁 늦게 캠퍼스 성경공부 모임을 끝내고 주차장으로 가던 중이었다. 어두운 길가에 한 불량하게 생긴 남자가 서 있었는데, 그 여학생은 본능적으로 너무 불안해지고 무서워졌다. 그래서 "주님, 도와주세요. 지켜 주세요"라고 간절히 기도했다.

그랬더니 그 사람 앞을 지나는데 그 사람이 시선을 땅으로 돌리며 어쩔 줄을 몰라 하는 것이었다. 이상하게 생각하면서도 빨리 차를 타고 그 자리를 떠났는데, 다음날 뉴스를 보니 어젯밤 자기가 지나가고 얼마 후에 그 장소에서 다른 여대생이 강도 살인을 당했다는 것이었다. 놀란 자매는 경찰에 출두하여 용의자의 인상착의를 말해 주었고, 신속한 제보로 경찰은 바로 범인 체포에 성공했다. 자매는 경찰에게 자기는 왜 공격하지 않았는지 물어봐 달라고 했더니 범인이 하는 말이 이랬다고 한다.

"어휴, 사실은 처음 지나간 그 아가씨를 공격하려고 했지요. 그런데 그 아가씨 옆에 갑자기 생전 처음 보는 무섭게 생긴 거인 세 사람이 함께 걸어가고 있어 잘못했다간 내가 맞아 죽을 것 같더라고요."

항상 주님이 힘한 세상 한가운데서도 당신을 지켜 주심을 믿는가? 육체적인 위협으로부터도 그렇지만 모든 정신적, 영적인 공격과 압박으로부터 주님이 지켜 주신다. 늘 기도하며 주님의 도움을 구하라.

"그가 내게 간구하리니 내가 그에게 응답하리라 그들이 환난 당할 때에 내가 그와 함께하여 그를 건지고 영화롭게 하리라" (시 91:15).

기도는 우리에게 영적 준비를 하게 한다

만약 땅과 하늘 사이에 있는 장막이 걷히게 된다면 사람들은 모든 죄와 악의 배후에, 모든 갈등과 전쟁의 배후에 무엇이 있는지를 알게 될 것이다. 수많은 악한 영들이 역사의 커튼 뒤에서 사람들을 속이고, 하나님의 사람들을 시험해서 하나님으로부터 떼어 놓으려고 하는 것을 보게 될 것이다. 세상의 뉴스는 겉으로 드러난 현상만 분석하고 보도한다. 전쟁과 테러와 음란과 폭력과 갈등을 우리는 항상 접하고 있다. 그러나 하나님의 사람은 눈에 보이는 현상 너머의 무서운 배후 세력, 영혼의 세계를 뚫어볼 수 있다. 하수인이 아니라 뒤에서 조종하는 어둠의 권세, 그 수하의 수많은 악한 영들의 움직임을 보고 그들을 공격하여 마비시킨다. 이것을 우리는 영적 전쟁이라고 한다.

영적 전쟁에서 필수적인 준비는 하나님의 전신갑주를 입는 것이다.

그리고 성령의 검, 말씀의 검을 예리하게 갈아서 손에 쥐는 것이다. 하나님의 전신갑주를 입고 성령의 검을 휘두를 수 있는 힘은 기도에서 나온다. 우리 힘으로는 결코 영적 전쟁에서 이길 수 없다. 모든 부흥과 성공적인 사역의 뒤에는 보이지 않는 엄청난 기도의 지원이 있었다. 광야에서 이스라엘 군대가 아말렉 군대와 큰 전쟁을 치를 때를 기억하는가? 모세는 산위로 올라가 전투를 바라보면서 지팡이를 들고 계속 중보기도를 했고, 최전방의 여호수아는 그 기도 지원으로 전쟁에서 이길 수 있었다. 영적 승리의 비결은 바로 기도다.

하나님의 능력은 우리로 하여금 하나님의 일을 할 수 있는 능력을 줄 뿐 아니라, 영적 전쟁에서 승리하게 한다. 사탄은 끊임없이 우리에게 우울증과 음란과 폭력과 분열과 열등감과 교만의 함포를 쏘아 댈 것이다. 어떤 경우는 교회 전체나 지역 전체가 사탄의 이런 악한 영향권 안에 지배당할 때가 있다. 특히 한 번 노출된 약점은 두고두고 계속해서 집중 공격을 당하기 때문에 조심해야 한다. 예를 들어, 음란 문제로 한 번 넘어진 사람은 사탄이 약점을 잡고 계속해서 그쪽으로 공격해 오기 때문에 조심해야 한다.

하나님의 자녀들은 악한 영의 공격이 극심해질수록 손을 들고 예수의 이름으로 기도하여 그 악한 영향력을 몰아내야 한다. 살아 있는 기도가 울려 퍼지기 시작하면 영적 전쟁의 향방이 바뀐다. 기도할 때 하나님의 영이 사탄의 함포 사격을 막는 보호막을 둘러쳐 주신다. 우리 자신과 가족과 교회와 국가를 어둠의 세력으로부터 지킬 수 있는 것은 기도뿐이다.

기
도
다
운
로
드

12

땅을 고쳐 주심

하나님의 사람의 기도는 반드시 응답이 된다. 그리고 하나님이 주시는 기도 응답 중에서 가장 큰 축복은 우리를 고쳐 주시는 것이다. 기도하면 하나님을 만나게 되지만 동시에 기도하면 자신을 보게 된다. 하나님이 기뻐하지 않는 자기 내면의 더러운 모습들을 발견하게 된다. 많은 영적 지도자들이 자기 내면의 문제들을 적당히 숨긴 채 사역에 빠져 있다. 그리고는 주님께 헌신했다는 생각을 한다. 하나님을 잘 믿고 있다고 생각한다. 그러다보면, 급히 짓긴 했지만 부실 공사한 건물처럼 자꾸 문제에 부딪치게 된다. 기도하면 우리 영혼 깊은 곳의 부실 공사 흔적들이 보이는 것이다. 전도할 때도, 성가대 연습할 때도, 봉사할 때도 보이지 않던 것들이 보이기 시작한다. 교회가 신나게 부흥할 때, 신나게 사역할 때도 보이지 않는다. 그러니까 많은 교회들이 성장한 다음에 사고가 나는 것이다. 교만하기 때문이기도 하지만 영혼의 기초 공사가 안 된 탓이기도 하다. 그래서 기도생활에 제대로 들어가면 성령께서 우리를 거룩과 순결로 몰아가신다. 아무도 뭐라 그러지 않는데도 뜨겁고 절절한 회개가 쏟아져 나오게 된다. 그리고 예수의 보배 피로 흰 눈보다 깨끗이 씻어 주는 체험을 계속하게 하신다. 그때 내 영혼의 독이 빠지고 하나님의 평안과 기쁨이 나를 채우기 시작한다. 주님은 변화산에서 기도하시면서 찬란한 하나님의 형상으로 변하셨다고 했다. 기도하면 사람이 변한다.

영혼의 치유

하나님의 사람이 기도하면 하나님이 땅을 고치시겠다고 했다. 그런데 하나님이 고치시는 첫 번째 땅은 우리의 영혼이다. 우리 영혼 안에 얼마나 많은 독이 내재해 있는지, 만약 우리가 우리 속을 들여다볼 수 있다면 기절할 것이다. 서로를 대할 때만 봐도 우리 안에 얼마나 많은 시기심과 악한 음모와 비교의식과 성적 상상력이 꿈틀대는가? 영혼이 그러니 우리가 말과 행동으로 서로 상처를 주고받는 것이다.

우리의 영혼은 살면 살수록 상처가 많이 생긴다. 그래서 사람들과 만나고 오면(그것이 아무리 좋은 모임이라 해도) 우리는 왠지 진이 빠지는 것을 느낀다. 우리 안에 있는 영혼의 독을 서로가 무의식 중에 주고받았기 때문이다. 세월이 가면서 그렇게 우리 안에 쌓인 독이 우리의 인격을 파괴시킨다. 그러나 기도는 하나님의 영이 우리 안으로 들어와 우리 영혼을 치유하게 한다. 부하 장군의 아내와 불륜을 저지르고 그것을 덮기 위해 아무것도 모르는 충직한 부하를 죽음으로 내몬 다윗 왕. 그는 하나님의 선지자가 그의 죄를 무섭게 추궁하자 눈물로 회개했다. "내 모든 죄를 씻어 주시고 깨끗하게 하옵소서. 내 안에 정결한 마음을 주시옵소서." 다윗은 자신의 영혼 안에 쌓인 죄의 독성을 견디지 못했다. 그래서 그토록 애절하게 하나님께 자신의 영혼을 씻어 달라고 했던 것이다. 우리 모두가 계속 죄를 짓기 때문에 우리는 다윗처럼 성령께서 계속해서 우리의 영혼을 씻어 달라는 기도를 해야 한다.

용서는 내 영혼을 자유롭게 한다

영혼을 씻는다는 것은 무엇보다도 하나님의 용서를 내 안에 충만하게 체험하는 것을 말한다. 신경정신과 전문가들에 따르면 만약 정신병원에 있는 모든 환자들이 자신들이 완전히 용서 받았다는 사실만 확신한다면 당장 그들 중 반은 더 이상 정신과 치료를 받지 않아도 될 것이라고 한다. 인간의 영혼은 그토록 간절히 용서를 필요로 한다. 단순히 서로 용서 받는 것뿐 아니라, 하나님으로부터 용서를 받는 게 중요하다. 그것은 우리의 영적 유전자 안에는 거룩을 갈망하는 끝없는 목마름이 있다는 이야기다.

우리는 하나님의 형상대로 창조되었다. 우리가 죄를 짓고 그 문제를 해결하지 않으면 우리 영혼은 결코 편안하지 않다. 왠지 마음이 무겁고 답답해진다. 감정적으로 예민하고 폭력적이 된다. 불면증과 우울증에 시달린다. 내적 평화가 없기 때문이다. 그것은 우리가 하나님의 용서를 간절히 필요로 한다는 증거다.

용서란 하나님께 의롭다는 인정을 받는 것이다. 예수님은 자신이 하나님 앞에서 행한 많은 일들을 자랑스럽게 떠벌인 바리새인보다, 성전 한쪽 구석에서 감히 하늘을 쳐다보지도 못하고 눈물을 흘리며 회개한 세리가 하나님으로부터 오히려 더 의롭다는 인정을 받고 돌아갔다고 하셨다(눅 18:14). 여기서 의롭다는 인정을 해 주는 분은 하나님이시다. "의롭다"는 것은 내가 의롭게 변하는 것이 아니라 하나님이 의롭다고 여겨 주시는 것이다.

그래서 참된 예배는 하나님께 의롭다고 인정 받는 것이다. 아벨이 참된 예배를 드렸을 때 "의롭다"고 인정을 받았다. "의롭다"는 것은 죄가 없어진 것이 아니라 죄가 감추어진 것을 말한다. 하나님이 죄를 덮어 주신 것이다. 바로 갈보리 언덕에서 흘리신 그리스도의 보혈로 우리의 죄를 덮어 주신 것이다. 자신의 죄인됨을 하나님 앞에 겸손히 인정하고 부르짖는 자를 하나님이 그리스도의 보혈로 덮어 주시고 의롭다 선언하신다. 영원토록 효력이 있는 용서, 하늘과 땅의 그 누구도 더 이상 뭐라 반박할 수 없는 엄청난 용서의 축복이 세리에게 임했다.

이제 그리스도의 피로, 우리 영혼에 내재하던 모든 독소가 씻겨 나갔다. 그리고 담대히 하나님께 나아갈 길을 얻었다. 아직 하나님을 모르던 사람에겐 구원을, 하나님을 믿지만 하나님을 떠나 있던 사람에게는 구원의 기쁨이 회복된다. 이 하나님의 의롭다 하심을 체험할 때, 우리는 하나님을 온몸과 마음으로 느끼게 된다. 하나님의 구원과 용서의 기쁨이 내 안에서 파도처럼 일어남을 느끼게 된다. 거룩한 능력이 내 안에서 솟아 남을 느낀다. 이것이 바로 진짜 예배다. 그래서 눈에서는 눈물이 하염없 이 흘러내리는데, 마음은 한없이 기쁜 희한한 현상이 동시에 일어난다.

20년 전 LA에서 청소년 집회를 인도했을 때, 마지막 날 밤 설교가 끝 날 무렵에 하나님의 성령이 너무나 강렬하게 임하고 있었다. 수많은 청 소년들이 너나 할 것 없이 땅에 무릎을 꿇고 울면서 회개를 하기 시작했 다. 곁에 가까이만 가도 담배 냄새, 마리화나 마약과 술 냄새가 물씬 나 는 그 청소년들이, 팔뚝에는 온갖 문신을 다 새긴 그 아이들이 수십, 수 백 명씩 꿇어앉아 하나님 앞에 기도하고 있었다.

그 다음날 아침, 아이들의 얼굴에는 천국의 영광이 흘러넘치고 있었 다. 어떤 아이의 얼굴에서는 너무나 잔잔한 평화의 빛이 넘쳐흘러서 평 소 아는 아이였는데도 못 알아볼 정도였다. 어떤 중학생은 종이가 없어 서 냅킨에다 하나님의 은혜가 감사하고, 하나님의 사랑을 설교해 준 목 사님이 감사하다고 편지를 써서 내게 주었다. 편지를 쓰면서도 얼마나 울었는지 눈물 자국이 냅킨 곳곳에 떨어져 잉크가 흐려진 곳이 한두 군 데가 아니었다. 나는 그 냅킨 편지를 십년이 넘게 간직하고 다녔다.

진정한 회개의 기도는 하나님의 용서가 강물처럼 흘러들게 한다. 그 때 내 영혼 속에 있는 모든 눌린 것들이 놓이며, 악한 독소들이 씻기어 나가는 놀라운 역사가 일어난다. 인간은 용서를 필요로 한다. 그것도 사 람이 주는 용서가 아닌 하나님이 주는 용서, 그리스도의 보혈의 피로 자 신의 모든 죄가 씻김을 받는 것. 내 영혼을 짓누르고 있던 그 엄청난 죄의 무게가 한순간에 들려 없어지는 그 엄청난 해방감. 그때부터 나는 죄를 이기고 살 수 있는 거룩한 능력을 받게 된다.

그것이 바로 "하나님의 의롭게 하심을 받는 것"이다. 그것이 바로 하늘의 용서를 체험하는 것이다. 오늘 그런 축복이 당신에게 임하기를 바란다. 성경은 위대한 역전 드라마로 가득차 있다. 처음 시작할 때 바리새인과 세리는 외형적으로는 게임이 안 되었다. 그러나 하늘나라의 법칙은 세상의 판단 기준과 다르다. 예수님은 사람의 중심을 보신다. 스스로를 낮추는 자를 하나님은 높이신다. 은혜의 강물은 자신의 영적 파산을 인정하고 겸손히 부르짖는 자에게 흘러간다. 우리 모두의 기도가 늘 그렇게 겸손한 부르짖음이길 소원해 본다. 하나님의 용서를 제대로 체험한 사람만이 이웃을 용서할 수 있다.

기도하면 기쁨이 충만해진다

기도하면 응답을 받을 뿐 아니라, 내 마음에 하늘의 기쁨이 가득차게 된다. 예수님은 이렇게 말씀하셨다.

> "지금까지는 너희가 내 이름으로 아무것도 구하지 아니하였으나 구하라 그리하면 받으리니 너희 기쁨이 충만하리라" (요 16:24).

그렇다. 나는 새벽기도를 끝내고 나오는 성도들의 얼굴 표정을 유심히 관찰하는 편이다. 기도하러 올 때와 기도를 끝내고 나갈 때의 표정이 너무나 다르다. 하늘의 영광이 빛나고 주님의 기쁨과 평화가 가득하다.

왠지 모를 자신감에 차서 나가는 모습들이 너무 보기 좋다. 현실은 아직 힘들지만 이제 하나님이 개입하시는 것을 확신하니까 어쩐지 안심이 된다. 그래서 표정이 바뀌는 것이다. 이건 기도해 본 사람만이 안다.

예수님은 기도하셨다. "내가 세상에서 이 말을 하옵는 것은 그들로 내 기쁨을 그들 안에 충만히 가지게 하려 함이니이다"(요 17:13). 조금 더 확실히 직역하면 "하나님의 기쁨을 할 수 있는 한 최대로 만끽하게, 누리게 해 달라"는 것이다. 하나님이 주신 기쁨은 너무나 큰데 우리는 그 만 분의 일도 누리지 못하고 산다. 기도하지 않기 때문이다.

기도는 축제다. 한국 교회의 기도하는 성도들을 보면 기도할 때 항상 두 눈을 감고 인상 쓰는 모습들이 많은 것을 나는 안타깝게 생각한다. 물론 인생이 힘들고 어려울 때 그렇게 간절하게 기도해야 할 때도 있지만, 나는 우리가 하늘의 기쁨에 가득찬 모습으로 기도하는 모습도 많이 보였으면 좋겠다. 특히 자라나는 차세대들에게 기도가 얼마나 큰 기쁨인가를 인식시켜 주고 싶다.

크리스천의 삶은 기쁨이다. 축제다. 성령의 열매 9가지 중에서 첫째가 사랑이고, 그 다음이 기쁨이다. 너무나 많은 사람들이 참된 크리스천의 모습을 지극히 근엄하고 엄격한 모습으로 착각하고 있다. 그러나 하나님은 축제를 주시는 분이다. 레위기와 신명기에도 보면 이스라엘 백성들은 일 년에 한 번씩 다 함께 모여 먹고 마시고, 하나님 앞에 즐거이 춤추며 기뻐하는 축제의 시간을 가졌다. 50년에 한 번씩 돌아오는 희년에는 1년 내내 농사짓는 땅도 쉬게 할 정도로 안식과 축제의 시간을 가졌다. 다윗은 주의 성령으로 가득 찼을 때 옷을 벗고 춤을 출 정도로 하늘의 기쁨을 표현했다. 기도는 내가 일방적으로 하나님께 말씀드리는 것이 아니고 하나님과 대화하는 것이라고 했다. 하나님의 말씀을 듣는 것은 기도의 핵심 부분이다. 예수님이 제자들에게 말씀하실 때 제자들 안에는 기쁨이 충만해진다고 했다.

크리스천의 기쁨은 환경에서 비롯되는 것이 아닌, 하나님의 말씀을 받아들임에서 온다. 그로 인한 영혼 깊은 곳의 내적 변화로 오는 하늘의 기쁨이다. 순도 100% 천국산 기쁨이기 때문에 이 땅의 그 어떤 것으로도 무너뜨릴 수 없다. 기도하는 사람은 하나님의 음성을 듣는다. 하나님의 말씀을 들으라. 말씀을 붙잡고 기도하라. 말씀을 실천하라. 당신의 삶에 알 수 없는 하늘의 기쁨이 넘쳐흐를 것이다.

기도하면 평강이 가득차게 된다

기도하면 하늘의 기쁨이 가득차면서 동시에 하늘의 평안이 나를 가득채우게 된다. 하나님은 모세와 아론에게 이스라엘 백성을 이렇게 축복하라고 하셨다. "여호와는 그 얼굴을 네게로 향하여 드사 평강 주시기를 원하노라"(민 6:26).

하나님이 "그 얼굴을 너를 향해 드신다"는 말은 아주 특별하고 적극적인 의미를 지닌 말로써, 하나님께서 "아주 특별한 관심을 가지고 열정적으로 당신을 지켜보고 계신다"는 뜻이다. 우리가 보통 드라마를 보면 막강한 권력자를 둔 사람은 무슨 일을 하든 그 권력자가 뒤에서 관심을 가지고 챙겨 주는 것을 볼 수 있다. 그런데 전능하신 하나님이 우리의 빽이 되어 주신다는 것이다. 하나님이 내 머리털 하나에도 특별한 관심을 가지고 챙겨 주신다. 당신이 자녀 문제로 고민하기 훨씬 전에 하나님이 먼저 당신의 자녀 문제를 챙기실 것이며, 당신이 경제적인 문제로 고민하기 훨씬 전에 하나님이 챙기실 것이다.

하나님과 늘 교제하며 사는 사람은 24시간, 크고 작은 모든 상황 속에서 자신을 바라보시는 하나님의 눈길을 느낀다. 어쩌면 마치 맞춤 서비스처럼, 하나님은 내 인생의 곱이곱이마다 꼭 필요한 은혜를 주신다. 내가 위로가 필요할 때면 누군가를 보내 격려해 주시고, 내가 지혜가 필요할 때면 생각도 못했던 아이디어를 주시고, 내가 당장 먹을 양식이 필요할 때면 만나를 보내 주신다. 정확하게 내 마음의 고민과 걱정을 다 읽으시고 항상 앞서가 문제를 해결해 주신다. 그 높으시고 바쁘신 하나님이 나 같은 것의 매일매일의 문제를 생각해 주시고 챙겨 주시는 것을 알게 되면 벅찬 감격에 차올라 어쩔 줄 모르게 된다. 다윗은 이렇게 노래했다.

"사람이 무엇이기에 주께서 그를 생각하시며 인자가 무엇이기에 주께서 그를 돌보시나이까"(시 8:4).

하나님이 이렇게 특별히 관심을 가지고 돌봐주는 사람의 마음에는 하나님의 평강이 가득차게 된다. "그 얼굴을 너를 향해 드시고 네게 평강을 주시기를 비노라." 축복의 피날레는 하나님의 샬롬, 하나님의 평강이다. 우리가 죄를 용서 받고 예수님을 구주로 영접했을 때 우리는 하나님과 평화했다. 하나님과 평화한 사람만이 하나님의 평화를 소유하게 된다. 하나님과 평화하지 못한 사람은 인간과도 평화하지 못한다. 사는 게 전쟁이다. 마음이 늘 불안하고 두렵다. 아직 하나님을 믿지 않아서 하나님과 평화하지 않은 분은 오늘 예수님을 믿는 결단을 하게 되길 축원한다.

그러나 사탄은 끊임없이 하나님의 자녀 속에 있는 하나님의 평강을 뒤흔들어 놓으려 한다. 온갖 근심과 걱정과 불만을 계속 집어넣어 불안하게 하고 두려워하게 한다. 우리가 너무 세상을 열심히 바라보고 있으면 이 사탄의 시험 바이러스에 감염된다. 이를 예방하기 위해 우리는 날마다 주님과 기도로써 깊이 교제해야 한다. 그리고 기도 중에 우리를 사랑스러운 눈길로 바라보시는 하나님의 얼굴을 보길 축원한다. 그러면 세상이 우리에게 어떻게 해도 우린 흔들리지 않을 것이다.

기도하면 거룩한 용기로 무장하게 된다

기도하면 아무리 겁이 많고 마음이 약한 사람도 신비한 담대함이 생긴다. 평소에 담대한 척하는 사람들도 결정적인 순간에는 몸을 움츠리기 마련이다. 그러나 기도한 사람의 마음에는 거룩한 용기가 충만하게 된다. 겟세마네 동산을 기억하는가? 예수님의 기도가 끝나자마자, 예수님을 체포하려는 무리들이 가룟 유다를 앞세우고 겟세마네로 몰려왔다. 날이 어두웠기 때문에 다른 제자들로부터 예수님을 알아보기가 어려웠다. 그래서 유다는 간특한 꾀를 냈다. 예수께 가까이 가서 입맞춤으로써 군병들에게 예수님이 누군지 알려 주는 것이었다.

고대 유대에서 입맞춤은 가장 친한 친구들 사이의 우정과 신의의 표현이었다. 유다는 이것을 예수님을 파는 도구로 악용한 것이다. 가장 선한 것도 악한 자의 손에 잡히면 가장 나쁘게 이용될 수 있는 법이다. 우리 인생에서도 그렇게 믿고 사랑했던 사람에게서 배신의 키스를 받을 때가 있다. 그때 상처는 너무나 아프고 쓰라리다. 분하여 잠을 못 이루고 울화병이 걸리고 미움과 증오로 가득차게 된다.

예수님은 자기의 모든 것을 던져 사랑했던 사람들로부터 거절 당하고 배신 당하는 것이 어떤 것인지를 잘 알고 계셨다. 이 땅에 그분이 오셨을 때 사람들은 그분의 사랑을 거절했고 핍박했지만, 그중에서 가장 가슴 아팠던 것은 열두 제자 중 하나였던 유다의 배신이었다. "내가 그들과 함께 있을 때에 내게 주신 아버지의 이름으로 그들을 보전하고 지키었나이다 그중의 하나도 멸망하지 않고 다만 멸망의 자식뿐이오니 이는 성경을 응하게 함이니이다"(요 17:12). 여기서 "멸망의 자식"이라고 하는 것은 두말할 것도 없이 가룟 유다를 가리킨다. 3년 동안 동고동락했던 유다의 배신은 시저에게 있어서 부르터스의 배신과도 같이 고통스런 것이었다.

어떤 사람들은 유다의 비참한 최후를 가리켜 "구원을 잃어버렸다"고 말하는 이들도 있는데, 이것은 결코 바른 해석이 아니다. 왜냐하면 하나님은 한 번도 자기가 구원하기로 작정한 사람, 흑암에서 빛으로 옮긴 사람들을 잃어버리신 적이 없다. 야곱같이 교활하고 빤질빤질한 사람도 끈질기게 추적하셔서 포기하지 않으신다. 혹은 실수하고 넘어져서 구원의 기쁨을 잃어버릴 수는 있지만 구원 자체를 잃어버릴 수는 없다.

그렇다면 유다의 경우는 어떻게 된 것일까? 한마디로 그는 처음부터 구원을 체험하지 못하고 그저 믿음의 사람들 속에 믿음이 있는 것처럼 섞여 있었던 존재라고 할 수 있다. 열두 제자 중에서 가장 고급 교육을 받은 유다는 나름대로의 야심을 가지고 예수님을 따르기 시작했다. 항상 자기 나름대로의 생각, 고집, 오염된 가치관으로 예수님을 바라보았고, 말씀을 들었기 때문에 가시밭에 뿌려진 씨같이 그의 영혼 속에는 믿음의 씨앗이 애당초 자라지를 못한 것이다. 그럼에도 불구하고 3년이란 세월 동안 진짜인 척하고 다른 제자들과 함께 예수님을 따라다녔던 것이다.

이와 같은 현실은 오늘날의 교회에도 곳곳에 재현되고 있다. 우리가 알지 못하는, 오직 하나님만이 아시는 영혼의 사각지대가 의외로 많다. 군중 속에 섞여 들어 함께 찬양도 하고, 예배도 참석하지만 그 마음속에 아직 너무나 무서운 자아의 벽이 있다. 죄로 오염되어 있으면서도 회개하지 않으려 하는 고집이 가득찬 사람, 자신의 선함에 스스로 도취되어 구세주를 절실하게 필요로 하지 않는 사람들이 많다. 이런 사람들은 가룟 유다와 같이 양의 무리 속에 섞여 있긴 하나, 아직 목자의 음성을 따르는 참 양이 아닌 것이다.

이들은 겉으로 보기엔 진짜 같으나 알곡과 쭉정이같이 하나님 눈에 보기에는 분명하게 구분되는 존재들이다. 오늘날 우리 사회의 정재계 인사들 중에도 자신이 크리스천이라고 주장하긴하지만 그들의 삶을 보면 정말 아닌 사람들이 많다. 공산주의 혁명을 주도한 러시아의 많은 지도자들 중에는 뜻밖에도 교회적 배경 속에서 성장한 사람들이 많았다.

그러나 예수님은 유다 같은 인간이 흐트러뜨리기에는 태산같이 큰 분이었다. 겟세마네의 기도를 마치신 주님은 이 모든 상황에 조금도 흔들리지 않으셨다. "유다야, 네가 입맞춤으로 인자를 배반하려느냐?" 마태복음에 보면 "친구여"라고 부르신다. 예수님은 유다의 배신도 다 하나님의 섭리 안에 있음을 인정하고 받아들이시고 있다.

이처럼 기도하는 사람에게는 배신과 실패, 고난과 역경이 문제가 되지 않는다. 갑자기 큰 병이 들었다고 선고 받을 수가 있고, 사업이 무너지고, 친구가 떠나가는 등 감당 못할 일들이 일어날 수도 있다. 믿었던 사람이 이제 그만 헤어지자고 말하거나 그토록 충성을 다했던 조직에서 매몰차게 쫓겨나기도 한다. 인생 전체가 무너지는 것 같은 위기에 휘말릴 수도 있다. 평소에는 간이라도 빼 줄 것같이 굴던 사람들이 어려울 때는 다 한 발짝 뒤로 물러서면서 함께할 수 없다고 한다. 그럴 때면 말할 수 없이 서럽고 슬프다.

그러나 예수님을 보라. 기도하는 사람에게는 어떤 일이 찾아올지라도 두려움이 없다. 세상일이란 잘될 수도 있고 안 될 수도 있다. 그러나 중요한 것은 어떤 상황이 닥쳐올지라도 두려워하지 않는 영혼이다. 기뻐하고 감사하고 하나님의 함께하심을 믿고 나가는 것이다. 그것이 기도하는 사람이다. 이런 사람은 세상이 감당 못하는 사람이다.

이처럼 기도하는 사람은 어떤 인생의 위기 앞에서도 거룩한 용기를 보인다. 그것이 겟세마네 동산에서 주님의 모습이다. 주님은 자신을 잡으러 온 무리들도 당당하게 꾸짖으셨다.

"너희가 강도를 잡는 것같이 검과 몽치를 가지고 나왔느냐 내가 날마다 너희와 함께 성전에 있을 때에 내게 손을 대지 아니하였도다 그러나 이제는 너희 때요 어둠의 권세로다"(눅 22:52-53).

첫째, 주님은 하나님의 아들을 흉악 범죄자 체포하듯이 달려드는 그들의 무지함, 그들의 폭력성을 꾸짖으셨다. 둘째, 사람들이 두려워서 대낮에 성전 앞에 있을 때는 주님께 손도 대지 못하다가 밤에 몰래 몰려온 그들의 이중성을 꾸짖으셨다. 셋째, 그러나 그들은 하수인에 불과하고 그들의 뒤에 있는 무서운 어둠의 권세를 뚫어보셨다. 그리고 그 실체를 드러내셨다.

예수님은 힘이 없어서 군병들의 물리적인 힘에 굴복하시는 무기력한 존재가 아니었다. 마태복음에 보면 예수님은 베드로의 칼을 도로 칼집에 넣게 하시면서 말씀하셨다. "내가 당장이라도 하늘 아버지께 청하면 12군단보다 더 많은 천사를 보내 주실 수도 있다." 그러나 예수님은 그 힘을 쓰기를 거부하셨다. 진짜 힘은 힘이 있으면서도 휘두르지 않는 것이다. 죄인인 우리를 죄에서 구하는 길은 십자가 죽음밖에 없기 때문에 주님은 자기 스스로를 지키는 것을 포기하셨던 것이다.

"이를 내게서 빼앗는 자가 있는 것이 아니라 내가 스스로 버리노라 나는 버릴 권세도 있고 다시 얻을 권세도 있으니 이 계명은 내 아버지에게서 받았노라 하시니라"(요 10:18).

예수님을 해하는 사탄의 권세는 오직 하나님의 허락 안에서만 움직일 수 있다. 기도하신 예수님은 상황에 끌려가는 것 같지만 궁극적으로는 역사의 주체이셨다. 그래서 총칼을 든 군병들 앞에서도 평안하고 당당할 수 있었다.

당신도 기도함으로써 역사의 주체가 될 수 있음을 믿으라. 상황의 노예가 아니라 예수의 이름으로 상황을 주도하라. 돈과 힘을 앞세운 세상의 힘 앞에 당당하고 편안한 마음으로 맞서라. 믿었던 사람에게 배신 당할 때도 결코 좌절하지 말라. 하나님이 당신과 함께하신다.

예수님의 겟세마네 기도가 끝나자마자 예수님을 체포하러 온 무리들이 들이닥쳤다. 그리고 제자들은 다 도망쳐 버렸다. 체포되신 예수님은 밤새도록 심문을 당하시고, 채찍에 맞으시고, 십자가에 못 박히셨다. 여기서 우리는 중요한 진리를 배운다. 주님이 밤새 피땀 흘리며 기도하신 결과가 무엇인가? 예수님이 감당하셔야 할 십자가가 사라진 것인가? 아니다. 십자가가 성큼 다가왔다. 그러나 십자가를 질 수 있는 능력이 생기셨다.

우리가 기도한다고 병이 다 낫는 것이 아니다. 나을 수도 있고 안 나을 수도 있다. 기도한다고 사업이 다 잘 되면 얼마나 좋을까? 그러나 꼭 그렇게 안 될 수도 있다. 하지만 기도하면 사업이 잘 되든 못되든 이겨낼 수 있는 능력이 생긴다. 믿었던 사람이 배신해도, 위기의 순간에 친구들이 다 떠나가도 서럽지 않게 된다. 기도하면 내가 원하지 않는 어려움이 올지라도 두려워하거나 절망하지 않는 능력이 생길 것이다.

교회와 세상의 치유

90년대 말, 나는 미국 동부 뉴저지 주에서 한 3년 살았던 적이 있다. 그곳에서 우연히 뉴욕-뉴저지 지역 미국 목회자들의 기도 모임인 "기도 합주회"(The Concert of Prayer)라는 곳에 참여할 기회가 있었다. 백인, 흑인, 남미계, 아시아계 할 것 없이 인종과 국적을 초월한 미국 목사님들 수백 명이 모여서 함께 기도하는데, 그 열기가 너무나 뜨거워서 깜짝 놀랐다. 그것도 손을 들고, 소리를 내어 눈물을 흘리면서 정열적으로 기도하는 것이 꼭 한국 교회의 뜨거운 기도 집회 같았다. 그 그룹의 지도자격인 목사님 한 분과 쉬는 시간에 우연히 커피를 마시는데 내가 한국인인 것을 알고는 반색을 하면서 "우리가 오래전 한국에 갔다가 이렇게 뜨겁게 기도하는 것을 보고 배워 왔어요"라고 하는 것이 아닌가?

기도 스타일은 한국에서 배웠다 치고, 정말 내가 감동 받은 것은 그들의 기도 주제였다. 그들은 지역사회의 변화를 위해 애절하게 기도하고 있었다. 알다시피 미국의 뉴욕 지역은 미국에서 살인, 강도, 마약, 강간, 절도 같은 범죄가 가장 극심한 지역 중의 하나이며, 무너진 가정과 불량 청소년, 도시 빈민 문제가 극에 달해 있었다. 그래서 언제부터인가 이 지역의 목사님들이 함께 모여 하나님께 이곳을 회복시켜 달라는 기도를 드리게 되었다는 것이다.

내가 참석했던 무렵이 시작된 지 7년이 넘은 때였는데, 그때 인도하던 목사님이 눈에 눈물을 흘리면서 뉴욕타임스에 난 기사를 읽어 주었다. 지난 7년간 뉴욕시의 살인 사건과 같은 중범죄 사건이 반으로 줄었다는 통계였다. "하나님이 우리의 기도를 들어 주셔서 뉴욕 땅을 고쳐 주고 계십니다. 더 열심히 기도합시다. 하나님은 아직 끝나지 않았습니다. 더 큰 은혜의 손길로 이 지역을 고쳐주시고 축복하실 것입니다. 집을 나간 우리의 청소년들은 돌아올 것이고, 무너진 가정들은 회복될 것이고, 범죄는 줄어들 것이고, 경제는 살아날 것입니다."

나는 그 순간 전류에 감전된 것 같은 충격과 감동을 받았다. '정말 그랬을까'라는 생각과 함께 나는 아직까지 그토록 구체적으로 내 주위에서 일어나고 있는 일들을 가지고 뜨겁게 기도하거나, 역사의 상황이 기도의 결과라고 확신하며 선포해 본 적이 없었다는 것을 깨달았다. 물론 당시 뉴욕에는 루돌프 줄리아니 라는 탁월한 시장과 블래드 머튼 경찰서장의 급소 경영식 치안강화 정책이 큰 효과를 보고 있긴 했다. 그러나 그 모든 것들도 다 하나님이 기도의 응답으로 주신 축복이 아니었을까? 하나님은 정말 하나님의 자녀들의 기도를 들으시고, 그들의 땅을 고쳐주시는 것이다.

국가와 사회를 위한 중보기도는 치유가 일어난다

야고보는 능력 있는 의인의 기도의 예로써 엘리야를 들었다. "엘리야는 우리와 성정이 같은 사람이로되 그가 비가 오지 않기를 간절히 기도한즉 삼 년 육 개월 동안 땅에 비가 오지 아니하고 다시 기도하니 하늘이 비를 주고 땅이 열매를 맺었느니라"(약 5:17-18). 특히 우리가 여기서 주목할 것은 "비를 내리지 않게 했다는 사실" 자체가 아니라 엘리야의 기도가 국가와 민족의 거룩, 회개, 정결을 위한 중보기도였다는 사실이다.

이 배경을 이해하기 위해서는 열왕기상 17-18장을 좀 읽어 볼 필요가 있다. 거기에 보면 아합 왕과 악한 왕비 이세벨이 이스라엘 백성들로 하여금 하나님을 버리고 바알 신을 섬기게 한 얘기가 나온다. 그러자 하나님은 비를 내리지 않으심으로써 이스라엘을 벌했다. 거짓말처럼 3년 6개월 동안 이스라엘에는 비 한 방울 내리지 않는 지독한 가뭄이 왔다. 그러다가 산에서 내려온 엘리야의 요구에 의해 거의 천명에 육박하는 바알과 아세라의 우상 선지자들이 갈멜산으로 모였다. 그는 거기서 누구의 하나님이 진짜인가를 알기 위해 제단에 올려놓은 제물을 태우는 내기를 했다. 우상 선지자들은 반나절 내내 갖은 짓을 다 해도 제물은 그대로였는데, 엘리야는 물이 흥건할 정도로 제단에 붓고도 한 번 기도하매 하늘에서 불이 내려 모든 것을 다 태워 버렸다. 이 기세를 몰아 엘리야는 선지자들을 다 끌어내어 죽이게 했다.

그러자 하늘에서 엄청난 비가 쏟아지기 시작했다. 그 빗속으로 엘리야가 뛰었다. 몇십 킬로는 족히 되는 거리를 아합 왕의 마차보다 훨씬 빨리 뛰었으니 사람의 힘으로 뛴 것이 아니었다. 그것은 성령의 힘으로 뛴 것이다. 아직 아합이 회개하지도 않았고 이스라엘이 변한 것도 아니지만, 하나님은 축복의 비를 내려 주셨다. 하나님은 살아계신 분이시고 역사를 주관하시는 분이셨다. 엘리야는 그것을 환호하며 선언하며 축제의 달리기를 한 것이다.

주님 오시기 전까지 이 답답하고 힘든 역사는 계속될 것이다. 새 나라와 새 땅이 올 때까지 완전한 사회 개혁은 불가능하다. 그러나 하나님의 사람들이 정신 차리고 기도하면 이 땅의 위기, 이 민족의 최악의 위기를 해결하는 축복의 비가 쏟아질 것이다. 역사와 민족을 위해 기도해야 한다. 우리가 중국처럼 인구가 많은가, 일본처럼 돈과 기술이 있는가? 우리 민족은 기도하지 않으면 소망이 없다.

1941년, 나치 독일군에 쫓긴 5-60만 가까운 영, 불 연합군이 프랑스 해안에 집결해 도버 해협을 건너 영국으로 철수하려고 했다. 그러나 히틀러의 100만 나치 대군과 압도적 공군력이 이를 가만 놔 둘 리가 없었다. 이때, 전 영국 국민이 교회로 달려나가 나라를 위해 결사적으로 기도하는 일이 일어났다.

"바다사자 작전"(Operation Sea Lion)이라 명명된 이 작전이 벌어진 당일 새벽, 한 치 앞을 볼 수 없는 칠흑 같은 안개가 도버 해협을 뒤덮었다. 앞을 볼 수 없었던 독일 공군은 바다에서 철수 병력을 공격하길 포기하고 육지의 병력에만 공격을 집중했는데, 그것마저도 짙은 안개 때문에 불가능했다. 결국 고깃배와 뗏목 등 물에 뜰 수 있는 것은 다 동원한 영, 불 양군의 결사적인 노력으로 거의 한 명의 사상자도 없이 연합군은 무사히 영국으로 철수할 수 있었다. 그리고 이 병력은 후에 시실리와 아프리카에 투입되어 연합군이 전쟁의 승세를 잡는데 결정적인 역할을 했다.

역사는 기도하는 자가 만든다. 엘리야는 우리와 성정이 같은 사람이었지만 기도를 통해 하늘의 비를 멈추게 했다. 당신의 크기는 기도의 크기다. 기도하라. 기적이 일어날 것이다.

힘 있는 자들을 위해서 중보기도를 해야 한다

바울은 권력자들을 위한 중보기도의 중요성을 특별히 강조했다.

"그러므로 내가 첫째로 권하노니 모든 사람을 위하여 간구와 기도와 도고와 감사를 하되 임금들과 높은 지위에 있는 모든 사람을 위하여 하라 이는 우리가 모든 경건과 단정함으로 고요하고 평안한 생활을 하려 함이라" (딤전 2:1-2).

초대 교회 당시 크리스천들은 권력자들을 자신들의 기도 대상에서 제외시켜 버리는 경향이 있었다. 지배 계급에 있는 사람들이 크리스천들에 대해 호의적이지 않다는 게 그 이유였다. 그러나 바울은 의도적으로 힘 있는 자들을 위해 특별히 기도하라고 했다. 왜냐하면 정부와 사회가 평화와 안정을 유지해 나갈 때 크리스천들도 자신들의 생활을 안정되게 이끌 수 있기 때문이다.

오늘날 짐바브웨 같은 곳에서는 아직도 정치적으로 조금만 예민한 의사 표현을 하면 한밤중에 괴한들에게 끌려가 봉변을 당한다고 한다. 멕시코나 콜롬비아 같은 나라도 중무장한 마약단체들이 무차별로 백주대낮에 총격전을 벌이고, 무고한 사람들을 납치하고 죽여도 경찰이 속수무책이다. 이런 무법천지의 나라들이 아직도 많다. 미국이나 한국 같은 나라는 그래도 비교적 안정된 정부 시스템이 기본적 질서와 보안, 인권 보호를 해 주기 때문에 사람들이 평안한 생활을 할 수 있다. 이것은 그냥 된 것이 아니고, 많은 하나님의 사람들이 열심히 나라를 위해 기도했기 때문이다.

특히 힘을 가진 자들이 힘을 잘못 휘두르지 않도록 우리는 열심히 기도해야 한다. 그들이 지혜와 분별력을 가지고 매번 좋은 결정을 내리고 집행할 수 있도록 기도해야 한다. 크리스천들의 집중력 있는 기도는 큰 힘을 발휘한다. 우리들의 기도로 나라의 진로와 사회의 안녕을 다질 수 있다. 어둠의 세력은 특히 힘 있는 자들의 영혼에 집중적으로 기생하기 때문에, 하나님의 사람들의 중보기도로 그 어둠의 세력의 촉수를 끊어 버려야 한다.

교회가 하나 되야 세상이 변한다

바울은 에베소 교회에 쓴 편지에서 "교회 안에서와 그리스도 예수 안에서 영광이 대대로 영원무궁하기를 원하노라"고 했다(엡 3:21). 교회는 그리스도의 몸이요, 그리스도는 교회의 머리이시다. 서로는 떼려야 뗄 수 없는 하나다. 하나님께서는 그리스도를 통하여 자신의 영광을 보여 주셨고, 그리스도께서 머리 되신 교회는 그 하나님의 영광이 나타나는 곳이다. 교회 안과 그리스도 안은 하나님의 영광이 가장 강렬하게 나타나는 영역이다. 교회와 그리스도는 신부와 신랑으로 영원히 함께 거하며 하나님의 영광을 나타내게 될 것이다. 우리는 이 귀한 교회, 주님의 몸 된 교회의 지체들이다.

교회를 사랑하자. 교회를 위해 기도하자. 교회를 자랑스럽게 여겨야 한다. 교회를 흔들려 하는 모든 악한 세력들에 맞서 기도해야 한다. 이 교회를 통해 주님을 깊이 만나고 성도들과 교제해야 한다. 그러면 자신도 모르게 하나님의 영광이 우리 속에 늘 충만하게 될 것이다. 교회가 제대로 된 영향력을 세상에 발휘하려면 교회가 하나 되어야 한다.

많은 크리스천들이 세상이 너무 악하다고 개탄들을 하는데, 사실 세상을 바로잡는 일의 열쇠는 교회에게 있다. 교회가 하나가 되면 하나님께서 그 땅을 고쳐 주기 시작하는 것이다. 예수님은 하나님께 이렇게 기도하셨다.

"내가 그들 안에 있고 아버지께서 내 안에 계시어 그들로 온전함을 이루어 하나가 되게 하려 함은 아버지께서 나를 보내신 것과 또 나를 사랑하심 같이 그들도 사랑하신 것을 세상으로 알게 하려 함이로소이다"(요 17:23).

이 말에 숨겨져 있는 깊은 의미는 무엇일까? 타락한 세상에 교회가 줄 수 있는 가장 큰 충격은 서로 사랑하는 것, 서로 하나가 되는 모습을 보여 주는 것이다. 그것도 세상을 사랑하라는 것이 아니라, 크리스천들끼리 서로 사랑하는 모습을 보여 주면 족하다는 것이다.

왜 세상이 크리스천들의 서로 사랑하는 모습에 그토록 큰 충격을 받을까? 세상은 본질적으로 전투적이기 때문이다. 하나님을 대적한 세상은 사랑이 무엇인지 모른다. 세상은 언제나 파벌을 조성하고, 남을 험담하고, 싸우고, 죽이게 한다. 세상에 젖은 사람들의 언어는 독화살과 같이 서로에게 상처를 준다. 세상에 젖은 사람들의 부부 관계는, 정부는, 기업은, 단체들은 걸핏하면 갈라지고 깨어진다. 얼마나 살벌하면 한국 속담에 "밤에 길 가다가 호랑이 만나는 것보다 더 무서운 것은 사람 만나는 것이다"라고 했을까? 서양 격언에도 "사람은 서로에게 늑대처럼 무서운 존재다"라는 말이 있다. 그래서 사람들과 함께 있다 돌아오면 왠지 모르게 힘이 들고 피곤하다. 인덕(人德)이 아니라, "인독"(人毒)이 오

12 땅을 고쳐 주심 | **263**

고 가기 때문이다.

크리스천들도 하나님을 묵상하는 일, 말씀과 찬양을 멀리하기 시작하면 예외 없이 이렇게 세상적이 되어 서로 싸우고 폭력적인 언어와 행동에 젖어들게 된다. 가벼운 일에도 예민하게 반응하고, 자기 자신과 다른 사람들을 너그러이 받아 주지 못한다. 그러나 크리스천들이 회개하고 서로를 사랑하기 시작하면 세상은 충격을 받는다.

1968년, 유고슬라비아의 수도 프라하의 한 유명한 교회에서 분열이 일어났다. 일곱 장로가 교회 내에서 알력이 생기면서, 서로를 비방하고 견제하는 덕스럽지 못한 행동을 보여 많은 교인들이 교회를 떠나고 예수를 믿지 않은 사람들까지 그 일로 교회를 욕하는 사태가 발생했다. 그러자 한 장로가 기도 중에 회개하고 먼저 다른 장로들을 찾아다니며 용서를 구했다. 마침내 일곱 장로가 눈물로 회개하며 화목하게 되고 교회의 흩어졌던 교인들이 다시 모여들기 시작했다.

얼마 있다가, 소련군 탱크가 밀려들면서 공산 정권의 손에 유고슬라비아가 넘어갔다. 당시 소련군 비밀 정보부였던 KGB는 기독교를 몰아내기 위해 전면적인 탄압을 시작하는 것보다 더 교활한 방법을 사용, 교회 리더십을 회유하기 시작했다. 그런데 도시에서 가장 영향력 있는 한 교회만은 그 방법이 전혀 통하지 않았다.

그래서 최후의 수단으로 KGB 장교는 그 교회의 리더십인 일곱 장로를 하나씩 따로 불러서 서로를 모함하더라는 거짓 유도 심문을 했다. 그런데 놀랍게도 그 일곱 장로는 하나같이 "나는 내 형제가 나에 대해 그런 악성 루머를 했다고는 절대 믿을 수 없고, 설혹 그랬다 할지라도 나는 그를 용서합니다"라고 했다. 나중에 기가 질린 이 KGB 장교는 손을 들고 탄식처럼 울부짖었다. "도저히 이 교회는 어떻게 해 볼 수가 없구나. 어떻게 인간이 다른 인간을 저렇게 사랑할 수 있단 말인가?"(Loren Cunningham, "The Father-heart of God"에 소개된 실화다.)

세상은 시기와 다툼과 미움과 전쟁에 워낙 익숙해져 있다. 그래서 하나님의 사람들이 서로를 사랑하기 시작하면 충격을 받는다. 미움이 사랑 앞에 부딪치면 너무나 무기력해져 버린다. 독기를 잃기 시작한다. 변화되기 시작한다. 당신도 세상을 변화시키고 싶은가? 우리가 서로를 사랑하면 된다. 목사가 목사를, 장로가 장로를, 목사가 장로를, 장로가 목사를, 교인들이 서로를 사랑하기 시작하면 될 것이다.

진정한 연합은 예배에서 온다

한 미국 이민 교회 청년부에서 영어를 하는 그룹과 한국어를 하는 그룹 사이에 오랜 다툼이 있었다. 이 문제를 해결하기 위해, 연합 행사도 해 보고 '어떻게 하면 하나가 될 수 있을까?' 란 주제로 세미나도 열어 보고 별별 방법을 다 써 보았지만 결국 포기했다고 한다. 교회가 하나가 되어야 함을 다 알면서도 진정한 연합을 이루기는 현실적으로 몹시 힘들다. 그래서 예수님은 우리에게 교회가 진정으로 하나 될 수 있는 중요한 지침을 주셨다.

"내게 주신 영광을 내가 그들에게 주었사오니 이는 우리가 하나가 된 것 같이 그들도 하나가 되게 하려 함이니이다"(요 17:22).

예수님은 십자가를 통해서 하나님의 영광을 우리에게 주셨다. 예배란 예수를 통해서 오는 그 하나님의 영광을 체험하는 것이다. 하나님의 영광을 체험한다는 것은 하나님의 사랑을 체험하는 것이다. 우리가 세상을 이길 수 있는 힘은 하나님의 말씀에서 오고, 말씀은 우리로 하여금 하나님의 사랑을 깨닫게 한다. 이것은 바로 하나님의 영광을 체험하는 것과 일맥상통하다.

참된 예배를 통해 하나님의 사랑을 체험하면 우리는 비로소 서로를 진정으로 사랑할 수 있게 된다. 예수님은 "아버지여, 아버지께서 내 안에 내가 아버지 안에 있는 것같이 그들도 다 하나가 되게 해 달라"고 기도하셨다(요 17:21). 진정한 연합은 우리가 하나님 안에 있을 때만이 이뤄지는 것이다. 우리 힘으로는 절대 서로를 용서하고 사랑할 수 없다. 우리는 받은 만큼 사랑하는 것이다.

우리 안에 있는 하나님의 사랑으로 사랑하는 것이다. 하나님을 체험한 사람들이 모여서 비로소 하나가 되고, 이들이 교회 공동체를 만드는 것이다. 이러므로 생명력 있는 예배(개인으로 드리는 예배, 공적으로 함께 드리는 예배 등)가 없으면 하나가 된다는 것은 절대 불가능하다.

난 원래 표현이 좀 약한 집안에서 자라서 그런지, 교회 집회에서 "축복송" 같은 것을 부르며 서로 바라보라고 하거나, 손을 잡거나 안아 주라고 하면 정말 질색이었다. 남자분들 중에는 나와 비슷한 심정을 갖는 분들이 많아서 아주 어색하고 굳은 표정으로 서 있기 일쑤다. 아무리 사회자가 시켜도 잘 되지 않는다. 그런데 정말 예배를 통해 말씀이 내 영혼 깊숙이 파고 들어오면, 찬양을 통해 내 영혼이 하늘의 터치를 경험하게 되면, 하지 말라 그래도 그냥 보이는 사람은 다 덥석 안아 주게 된다. 사랑은 억지로 할 수 있는 게 아니라 이처럼 흘러나와야 할 수 있는 것이다.

옛날 전도사 시절, 대학생들을 제자훈련 시켜 보면 단 10개월 함께 제자 훈련한 팀 멤버들이 인간적으로 10년 사귄 친구보다 더 친해지는 것을 보게 된다. 예수님 안에서 만나니까, 말씀 안에서 기도 안에서 만나니까, 피를 나눈 형제보다 더 친해지는 것이다. 사람은 마치 돌과 같다. 돌은 딱딱해서 절대 서로 붙지 않는다. 그러나 시멘트가 사이에 들어오면 망치로 부숴도 안 떨어질 정도로 딱 붙어버린다. 그런 의미에서 예수님은 우리를 딱 붙여버리는 시멘트와 같다. 원수도 사랑하게 한다. 하나님의 사랑이 당신의 가슴에서 흘러 나게 하라. 그것이 하나 되는 비결이다. 우리 모두가 하나님을 깊이 체험하려 씨름하면 할수록 우리는 자신도 모르게 조금씩 조금씩 서로를 더 사랑하고 있음을 느끼게 될 것이다.

참된 연합은 전도와 선교의 목적을 띠고 있다

우리가 하나 되게 하는 데는 우리끼리 그냥 다정히 잘 살라는 게 아니다. 우리가 하나 되야 함은 큰 목적을 위해서인데 그것은 전도를 위해서, 선교를 위해서다. "그들도 다 하나가 되어 우리 안에 있게 하사 세상으로 아버지께서 나를 보내신 것을 믿게 하옵소서"(요 17:21). 교회는 땅 끝까지 가서 제자 삼으라는 지상 명령을 받았는데, 성도들끼리 서로 하나가 되지 못하여 물고 다투며 싸우면 이 지상 명령을 실천하기가 너무 힘들어진다. 세상은 크리스천의 말보다 크리스천의 삶에 더 관심을 갖고 보고 있기 때문이다.

실제로 로마의 고위 관리들은 3백년 가까이 무섭게 그리스도인들을 핍박하면서도 자기들끼리는 "보라, 저들이 얼마나 서로를 사랑하는가를! 저런 사랑이 어떻게 가능할까?" 하면서 감탄했다는 역사의 기록이 있다. 끝없는 정치 싸움과 물질주의, 미움과 음모, 살인에 지쳐 있던 로마인들은 크리스천들의 목숨을 건 형제 사랑에 녹아내리기 시작한 것이다. 결국 핍박하던 군인들부터 서서히 무너지기 시작해서 상류층의 다수가 복음을 받아들여 마침내 전 국가가 복음화 되기에 이른 것이다. 사랑의 힘이 이렇게 크다. 세상은 정말 서로를 목숨처럼 사랑하는 믿음의 공동체를 애타게 그리워하고 있다. 즉 전도와 선교는 모두 우리가 서로를 하나님 사랑으로 사랑하지 않으면 힘을 받지 못한다.

전도와 선교의 사명은 결코 쉽지 않다. 악의 권세가 세상을 잡고 있기 때문이다. 그래서 예수님은 하나님의 보호를 기도하시지만, 그렇다고 해서 우리가 비겁하게 싸움터에서 물러서는 것을 원치 않으신다.

"내가 비옵는 것은 그들을 세상에서 데려가시기를 위함이 아니요 다만 악에 빠지지 않게 보전하시기를 위함이니이다" (요 17:15).

오늘날 교회는 옛날 만리장성 안에 자신을 가두어 버렸던 중국처럼 주변에 벽을 치고 세상과 단절되어 살아간다. 주님은 우리가 세상 속으로 가라고 하셨는데, 우리는 불신자들더러 "교회 안으로 들어오라"고만 한다. 교회에 많이 나오고 자주 나와야만 훌륭한 평신도라고 인정을 해 준다. 그러나 교회는 세상 속으로 깊이 들어가야 한다.

내가 아는 한 미국 목사님은 교회 안에 좋은 커피숍을 만들어서 그 지역 젊은이들을 오게 하려고 했다. 그런데 어느 날 하나님이 "그러지 말고 이 동네 불신자 젊은이들이 많이 모이는 커피숍으로 네가 가면 되지 않느냐?"고 말씀하셨다. 그래서 당장 그 다음날부터 그렇게 했는데 거기서 너무나 많은 젊은이들을 전도하게 되었다고 한다. 두려워하지 말고 세상 속으로 교회를 가져가라.

온누리교회를 사임하고 새로운 교회를 개척하기 전, 두 달 동안 나는 미국에서 많은 영적 지도자들과 만나 교제했다. IHOP의 리더들을 비롯한 몇몇 경건한 하나님의 사람들이 내가 개척할 새로운 교회에 대해 동일한 예언의 말씀을 주었다. 그것은 나도 직접 기도 중에 하나님으로부터 확인 받은, 이 새로운 교회가 감당해야 할 이 시대의 사명이기도 했다. 하나님은 그들을 통해 나와 내가 개척할 새로운 교회에 주신 비전을 정리하면 대충 다음과 같다.

"하나님께서 당신을 사용하셔서 한국에 중국과 아시아와 예루살렘까지 세계 곳곳으로 선교의 전투함들을 보내실 해군기지를 만드실 것입니다. 당신 교회는 한국뿐 아니라 북한의 변화와 개혁의 시대, 통일 한국의 시대를 준비하게 될 것이며, 중국 교회를 도와 아시아 부흥의 고리가 될 것입니다. 그래서 실크로드를 타고 이슬람권 깊숙이까지 교회들을 세우며, 선교의 사명을 감당하게 될 것입니다. 당신은 성숙한 글로벌 교회를 만들어 주님의 나라를 확장해야 될 것입니다. 당신은 많은 한국과 아시아, 미국의 영적지도자들과 함께 교제하며 힘을 합쳐서, 이 마지막 때에 모든 캠퍼스와 도시와 나라의 부흥의 세대를 일깨워 주님께 나아가야 합니다. 이를 위해서 하나님께서 새로운 포도 부대로 당신의 교회를 탄생시키신 것입니다.

하나님께서는 당신의 교회의 영적 DNA를 준비시키셔서 한국에서도 성령의 능력으로 하루 24시간, 매주 7일을 계속 하나님께 기도하는 운동과 교회개척 운동을 일으키시길 원하십니다. 그래서 열방을 흔들고 지상명령을 그분의 은혜 가운데 완수하기를 원하십니다.

하나님은 아주 빠르게 움직이고 계십니다. 한국은 중국과 아시아와 전세계에 앞으로 10년 안에 큰 문화적 영향력을 미칠 것입니다. 당신의 교회는 정부와 비즈니스와 교육계와 연예계에 하나님의 군대를 일으켜서 신약의 사도행전적 능력을 가지고 거룩하게 행진하게 될 것입니다. 당신의 교회는 사회 최고 엘리트들을 전도하고 목회하겠지만, 동시에 고아와 과부와 가난한 자들을 돌보는 교회가 될 것입니다. 당신의 교회를 통해서 특히 수많은 젊은이들과 청소년들이 새로운 부흥을 경험하게 될 것입니다.

그러나 이 모든 것을 이루는 과정에서 영적 전쟁이 심할 것입니다. 그러나 견뎌 내야 합니다. 기도하고 또 기도하며 견뎌 내라고 하십니다. 그러면 하나님께서 놀라운 일을 이루실 것입니다."

각각 다른 사람들을 통해 몇 번씩 이 축복의 사명을 확인 받으면서 나는 심장이 터질듯 했다. 아무것도 없이 맨손으로 시작하는 새로운 교회가 감당할 수 있는 비전이 아니었다. 오직 하나님의 능력으로만 가능한 이 엄청난 비전. 나는 보잘것없는 내게 이 놀라운 비전의 사명을 주신 하나님께 감사의 눈물을 흘리면서 "아멘!"으로 이 비전을 받았다. 단순한 하나의 교회가 아니다. 교회 담장을 넘어 사회를 바꾸고 역사를 바꿀 교회가 되게 하옵소서. 그렇게 기도하며 한국으로 돌아왔다.

교회가 서로 사랑하며 하나가 되면 엄청난 영향력을 발휘하게 된다. 그 지역사회 전체가 이 거룩한 영향력 안에 들어가게 되면 범죄율이 떨어지고, 가정들이 회복되고, 거리가 깨끗해지며, 보이지 않은 밝은 기운이 도시 전체를 가득 채우게 된다. 교회를 통해서 하나님이 땅을 고쳐 주시는 것이다.

특히 요즈음 한국의 자살률이 세계 2위로 점프한 것이 내내 마음에 걸린다. 그것도 자살하는 사람들의 많은 수가 젊은이, 청소년들이라니 더욱 마음이 아프다. 하나님이 이 땅을 고쳐 주셔서 죽음의 영을 막아야 한다. 그러기 위해서는 한국 교회가 기도하며 하나가 되어야 한다. 영적인 집중력을 모아야 한다. 이 절망하는 세상 속에 거룩한 하나님의 영을, 생명의 기운을 불어넣어야 한다. 기도하는 우리가 바로 그 통로가 될 것이다.

파워 기도
Prayer

오 주님, 우리에게 성령의 은혜를 주옵소서.
기도할 수 있는데, 기도하지 않고 걱정만 했던 우리를 용서해 주옵소서.
기도할 수 있는데, 바쁘다고 기도하지 않았던 우리를 용서해 주옵소서.
구하고, 찾고, 두드리게 하옵소서.
포기하지 않고, 매달리게 하옵소서.
믿음으로 기도하게 하옵소서.
무엇보다 우리에게 하나님 당신을 주시옵소서.
성령을 주시옵소서.
성령의 은혜를 주시옵소서.
예수에 목마릅니다.
오셔서 기름 부으소서.

모두 다 쓸어 넣었습니다.
서러움도 걱정도 근심도 아픔도 상처도 두려움도
내 불같은 기도에 다 넣어서 녹여 버렸습니다.
당신께서 그러라고 하셨습니다.
그리고 기다리라고 하셨습니다.

이제 주께서 전진해 오십시오.
여리고를 무너뜨리던 그 능력으로

홍해를 가르시던 그 노도와 같은 기세로
제 목마른 인생에 임재하여 주십시오.
불이 되어 오십시오. 바람이 되어 오십시오.

뜨거운 가뭄을 해갈시키는 소낙비처럼,
적조를 뒤엎어 버리는 폭풍처럼
하나님은 그렇게 내 기도에 응답으로 오시옵소서.
내 앞을 가로막고 있던 태산이 무너지고
내 가슴에 박혀 있던 가시들이 뽑혀 나가고
나의 막힌 숨통을 탁 틔어 주는 통쾌함으로 오시옵소서.

기도할 때 내게 하나님의 영이 임하고
하나님의 영이 임하면 내 인생에 새로운 장르가 펼쳐질 것입니다.

상륙의 아침,
약속의 땅으로 들어갈 감격과 흥분이 있습니다.
함께하여 주시옵소서.

예수님의 이름으로 기도합니다. 아멘.

리더십만으로는 부족하다

Prayer

기도에 관해 책을 준비하고 집필하는 동안, 항상 내 마음 깊은 곳에서 나를 잡아당기던 부담감이 있었다. '한국 교회 성도들처럼 기도를 많이 하는 성도들은 없다고 세계적으로 알려져 있는데, 왜 한국 교회가 세상에 주는 영향력이 이리도 미미할까?' 하는 것이었다. 그리고 그 대답은 너무나 간단했다. 바로 우리 크리스천들이 "아멘" 하고 난 다음부터 제대로 살지 못하기 때문이다.

Part 5

아멘
다음이 중요하다

행함이 있는 기도 실천 |

기도야말로 가장 연약한 사람을 가장 위대한 거인으로
바꾸어놓는 하나님의 반전입니다

Prayer

아
멘
다
움
이
:

13
행함이 있는 기도 실천

　　기도에 관해 책을 준비하고 집필하는 동안, 항상 내 마음 깊은 곳에서 나를 잡아당기던 부담감이 있었다. '한국 교회 성도들처럼 기도를 많이 하는 성도들은 없다고 세계적으로 알려져 있는데, 왜 한국 교회가 세상에 주는 영향력이 이리도 미미할까?' 하는 것이었다. 그리고 그 대답은 너무나 간단했다. 바로 우리 크리스천들이 "아멘" 하고 난 다음부터 제대로 살지 못하기 때문이다.

　"아멘"을 했다고 기도가 완전히 끝난 것이 아니다. 진짜 중요한 기도의 마무리는 "아멘" 한 뒤부터다. 아무리 홈런을 쳤다 해도 치고 나서 베이스를 확실히 밟지 않으면 점수를 내지 못하듯, 기도도 하나님이 명하신 거룩한 삶을 실천하지 못하면 완성 된 것이 아니다.

아멘은 끝이 아니라 시작이다

기도의 끝말은 "아멘"이다. 이것은 "옳소! 하나님 만세! 하나님을 위해서 충성을 다하겠습니다! 그렇게 되길 소원합니다!"란 크리스천의 파이팅 구호이며 헌신의 맹세다. 움직일 수 없는 굳센 믿음의 확인이다. 요즘은 우리 사회 곳곳에 반대와 냉소주의, 불순종의 영이 너무 많이 넘쳐 난다. 그러나 크리스천들은 어디까지나 긍정적이며 헌신적이어야 한다. 역사를 만드는 것은 비평가들이 아니라 확신에 찬 "아멘!"의 사람들이다. 그러나 아멘은 단순히 형식적인 구호 열창이 아니다. 목숨을 건 삶의 현장에서의 헌신이다.

이 악한 세상에서 주님 뜻대로 아멘의 인생을 살기란 쉽지 않다. 산상수훈의 마지막 부분은 좁은 문으로 들어갈 것을 강조한다. 하나님의 말씀을 듣고 행하지 않으면 모래 위에 집을 짓는 것과 같다고 했다. "부름 받아 나선 이 몸 어디든지 가오리다"라는 찬송가 가사처럼, 우리는 좁고 험한 가시밭길이라도 하나님의 길이기에 그 길을 택했다. 그러므로 제대로 된 크리스천이라면 말과 혀로만 충성하는 게 아니라 행함과 진실함으로 주님의 뜻을 묵묵히 행해야 한다.

바로 이런 맥락에서 우리는 주기도문의 끝부분인 "나라가 임하옵시며"를 이해해야 한다. 이 땅의 나라들은 언제나 우리에게 실망을 주었다. 우리나라도 그렇고 외국 정부나 비교적 잘되어 간다는 나라들도 온갖 모략과 거짓, 약점 투성이다. 대개 나라의 질은 그 나라의 리더십, 지도층이 결정한다. 하나님의 나라는 전지전능하시고 사랑이신 하나님이 리더이시다. 하나님이 다스리신다. 하나님은 세상 리더들같이 부패하고, 거짓말하고, 권력욕에 취한 병든 리더가 아니다. 그분은 사랑과 정의와 지혜와 능력이 완전한 리더다. 그래서 그분이 다스리는 나라는 완벽하다. 물론 궁극적인 하나님 나라는 우리가 죽어서 갈 천국이다. 그러나 이 땅에 발을 딛고 살면서도, 예수님을 주님으로 모신 그 순간부터 우리의 가슴 속에도 하늘나라가 임했다. 리더이신 예수님이 계신 곳은 그 어디나 하늘나라이기 때문이다. 어디에 있느냐가 문제가 아니라 누구와 함께 있느냐가 문제다. "높은 산이 거친 들이, 초막이나 궁궐이나, 내 주 예수 모신 곳이 그 어디나 하늘나라."

이미 하나님의 자녀가 된 우리에게 "나라가 임하옵소서"라고 하는 것은 실제적으로 두 가지 의미가 있다. 첫째는 주님의 다시 오심, 그래서 영원한 천국이 이 땅에 완전히 도래하기를 갈망하는 자세다. 아무리 교회가 초라해 보이고 세상이 화려하고 강해 보여도, 이 모든 세상은 언젠가는 아침 안개처럼 사라지고 모든 인류는 하나님의 심판대 앞에 서게 될 것이다. 그러한 다가올 하나님 나라에 대한 확신이 없으니까 크리스천들도 이 땅의 보이는 것들에 욕심내며 피곤하게 산다.

아무리 사는 게 힘들어도 우리에겐 빛난 천국이 있다. 천국에 초점을 맞추지 않으니까 땅의 것을 가지고 죽어라고 아웅다웅하면서 사는 것이다. 화장실에서 쓸 휴지를 장식하는 사람을 봤는가? 이 세상의 것들도 필요하지만 다 쓰고 버릴 사라질 것들이다. 거기에 목숨을 걸지 말자. 영원한 것을 위한 일이 아니면 그 어떤 것도 당신의 시간과 마음을 그렇게 간절히 투자할 가치가 없다.

　기도하는 사람이라면 눈 뜨고 살아가는 현실 속에서 시대의 급변하는 트렌드에 따라 지나치게 목매달지 않는다. 새로 나오는 드라마나 영화, 패션 트렌드에 대해서 좀 몰라도 괜찮다. 시대를 파악하는 기본 지식은 있어야겠지만, 내 말과 행동과 생각이 거기에 매여 있어선 안 된다. 가치관이 하나님 나라에 딱 맞춰진 사람은 벌써 풍기는 향기가 다르다. 그게 하나님의 자녀들이 가져야 할 기본적인 격(格)이다.

　둘째는 내 삶 모든 면에 있어서 주님의 주권을 인정하여 그분의 말씀을 전적으로 순종하는 일이다. 그 나라의 법을 지키지 않는 국민은 벌을 받듯이 하나님 나라의 법을 지키지 않는 시민들도 하나님 법을 어기면 삶이 편하질 않다. 우리는 이 땅의 법이 아닌 하나님 나라의 법으로 살아가는 하늘나라 시민들이다. 예를 들어 미국에는 간통법이 없으므로 성적으로 문란해도 법에 저촉되지 않는다. 그러나 미국에 사는 크리스천들은 하나님의 법에 민감하기 때문에 가정을 사랑하고 지킨다. 즉 "나라가 임하옵소서"라는 기도는 "주여, 당신의 말씀을 늘 순종할 수 있는 힘을 주옵소서"의 간구다. 쉽게 말해서 "나라가 임하옵시며"라는 기도는 "아멘!" 한 다음에 세상에 나가서 제대로 살아야 한다는 뜻이다.

교회가 하나 되어야 세상이 변한다

　예수님은 그의 제자들이 세상으로부터 도피해서 자기들끼리 은둔하는 것을 원치 않으셨다. 세상이 그토록 무서운 곳임을 아셨음에도 불구하고 그들이 세상 속으로 들어가기를 원하셨다. 다만 하나님이 그들을 악한 권세에서 보호해 주실 것을 간구했다.

"내가 비옵는 것은 그들을 세상에서 데려가시기를 위함이 아니요 다만 악에 빠지지 않게 보전하시기를 위함이니이다"(요 17:15).

얼마나 적극적이고 능동적인 전사(戰士)의 자세인가?

초대 교회 때부터, 수도주의(monasticism)이라고 해서 "타락한" 세상과 결별하고 산 속이나 사막으로 들어가서 자기들끼리 공동체를 이루고 사는 크리스쳔 수도자들이 많이 생겨났다. 오늘날에도 세상이 너무 힘들다고 교회 안으로만 들어오는 교인들이 있다. 그러나 이 자세는 바람직한 것이 아니다.

군인은 전장에서 죽는 것을 가장 큰 영예로 안다고 했다. 교회는 하나님의 군대인데 군대가 자꾸 후방으로, 본부로만 들어와서야 되겠는가? 우리가 진정한 하나님의 사람이라면 어려워도 우리에게 주어진 세상의 그 부분으로 뛰어드는 야성미를 회복해야 할 것이다. 말씀을 가지고, 기도를 가지고, 담대히 세상으로 전진하자. 하나님이 우리와 함께하실 것이다. 우리가 이 어두운 세상의 그 자리에 존재한다는 것만으로도 하나님의 나라는 그곳에 임하고 있는 것이다.

우리를 그토록 사랑하시면서도, 핍박과 환난이 기다리는 세상 속으로 보내시는 예수님. 그분이 우리를 파송하시는 것에는 하나님이 아들 예수를 이 땅에 파송하신 것과 같은 엄청난 권위가 담겨 있다.

"아버지께서 나를 세상에 보내신 것같이 나도 그들을 세상에 보낸다"고 하셨다 (요 17:18).

최초의 선교사는 예수님이셨다. 사랑하는 독생자를 십자가가 기다리는 세상으로 보내시는 하늘 아버지의 마음이 어떠했을까? 그러나 영원한 나라를 위해서는 파송해야 했다. 예수님의 탄생(성육신), 삶, 십자가. 그 파송의 삶은 얼마나 거룩하고 아름다운 것이었던가? 그런데 우리를 세상에 보내심에도 예수님의 삶같이 거룩하고 놀라운 위엄과 중요성을 부여하신 것이다. 우리는 보내어지는 곳에 "작은 예수"(예수님 같은 사명을 행하는 존재)가 되는 것이다. 당신이 서 있는 그 자리, 그 모퉁이는 정말 소중하고 고귀한 자리다. 최선을 다하라.

이 책의 서두부터 나는 기도란 하나님과 우리간의 지속적인 쌍방향 커뮤니케이션임을 분명히 했다. 우리는 하나님의 응답을 기다리지만 실은 하나님도 우리의 응답을 기다리고 계신다. 우리는 하나님이 축복을 주시는 것이 응답이라고 생각하지만 하나님은 우리가 말씀을 순종하는 것, 혹은 거룩한 삶을 사는 것을 응답이라고 보신다. 그렇다. 하나님이 축복으로 응답하시길 원한다면 우리 또한 거룩한 삶으로 응답해 드려야 한다. 그래야 기도가 살아난다.

제대로 된 기도를 한 사람은 삶이 달라진다. "아멘!" 한 뒤에 우리가 가서 바꾸어야 할 영역은 크게 세 가지다. 먼저 자기 자신이 변해야 하고, 배우자와 부모와 자녀를 대하는 것이 변해 가정이 변해야 하며, 그로 인해 교회와 사회가 변하고 국가가 변하게 된다. 개인의 삶과 가정과 세상에서, 자기가 기도한 대로 살아 보려고 하는 한 그리스도인의 정직한 몸부림만이 진정한 기도의 마침표인 것이다.

리더십만으로는 부족하다

Prayer

기도는 우리를 위해서 하는 게 아니라, 하나님을 위해서 하는 것이다. 물론 시작은 우리의 필요로부터 비롯된다. 병이 낫고, 자식이 잘되고, 우리의 앞을 막고 있는 장애물이 없어지기를 바라는 마음에 하나님 앞에 기도로 나아갔다. 그렇다면 우리가 바라던 그것들이 이뤄지면 기도의 최종 목표가 달성된 것일까? 그것은 결코 아니다. …우리의 크고 작은 많은 기도들이 수많은 강물의 지류들처럼 다 함께 모여서 거대한 어떤 목표를 향해 가고 있다. 과연 그 거대한 기도의 피날레는 무엇일까?

Part 6

기도의
피날레

하나님의 영광 |

기도야말로 가장 연약한 사람을 가장 위대한 거인으로
바꾸어놓는 하나님의 반전입니다

Prayer

기
도
의
피
날
레

14
하나님의 영광

기도는 우리를 위해서 하는 게 아니라, 하나님을 위해서 하는 것이다. 물론 시작은 우리의 필요로부터 비롯된다. 병이 낫고, 자식이 잘되고, 우리의 앞을 막고 있는 장애물이 없어지기를 바라는 마음에 하나님 앞에 기도로 나아갔다. 그렇다면 우리가 바라던 그것들이 이뤄지면 기도의 최종 목표가 달성된 것일까? 그것은 결코 아니다. 그 모든 것들은 결코 우리가 드리는 기도의 최종 목표, 최고의 하이라이트라고 할 수 없다. 하나님의 뜻에 관해서 다룰 때 잠시 언급한 적이 있듯이, 우리의 크고 작은 많은 기도들이 수많은 강물의 지류들처럼 다 함께 모여서 거대한 어떤 목표를 향해 가고 있다. 과연 그 거대한 기도의 피날레는 무엇일까? 우리는 그 대답의 실마리를 주님 가르쳐 주신 기도의 마지막 부분에서 풀어 가야 한다.

주기도문의 마지막

뭐든지 끝이 멋있어야 하는 법인데 역시 주기도문도 피날레가 너무 장엄하다. "나라와 권세와 영광이 아버지께 영원히 있사옵나이다."

먼저 기도하는 모든 하나님의 사람들은 "하나님의 나라"를 갈망한다. 우리에게 항상 상처를 주고 실망을 주어 왔던 세상과는 달리 하나님의 나라는 완전한 정의와 사랑으로 다스려지는 영원한 나라다. 우리는 이 땅에 살면서도 그 나라를 바라보고 산다. 그 나라의 시민임을 자랑스럽게 선언하며, 그 나라의 법에 철저히 순종하며 살 것을 다짐하는 것이다.

이 땅의 정치, 이 땅의 정권들이 움직이는 데 그렇게 예민하게 반응하고 낙담하고 흥분할 것 없다. 우리가 관심을 가져야 할 나라는 하나님의 나라이기 때문이다. 예수님이 다시 오시는 그날, 이 땅의 모든 악하고 부패한 나라들이 사라지고, 완전하신 예수님이 왕으로 다스리시는 영원한 하나님 나라가 들어서게 될 것이다. 독재도, 부패도, 추한 파워게임도 없는 그 아름다운 나라를 바라보며 우리는 오늘의 불완전한 제국의 추태를 견뎌 낼 수 있다. 기도하려고 엎드릴 때마다 우리는 그 영원한 하나님 나라에 대한 확신을 다시금 새롭게 한다.

지난 10년 동안 국내외 영화들을 보면 유달리 거대한 재난 영화나 인류 종말에 대한 영화들이 많았다. 외계인의 침략 때문이건, 행성들이 떨어지기 때문이건, 핵전쟁 때문이건, 환경 파괴 때문이건 간에 어쨌든 눈에 보이는 이 땅의 제국들이 너무나 무기력하게 무너지는 모습들을 보여 준다. 나는 이것이 단순히 우연의 일치라고 보지 않는다. 세상 문화를 주도해 가는 사람들도 다가오는 심판에 대한 어떤 무서운 영적 예감을 느끼고 있는 것이다. 하나님의 말씀을 묵상하는 사람, 기도하는 하나님의 사람들은 단순히 불길한 예감이 아닌 정확한 하나님의 말씀에 기초하여 보이는 세상이 결코 영원하지 않음을 알고 있다. 그래서 영원한 하나님의 나라에 대한 기대를 날이 갈수록 더 높여 가는 것이다.

바울은 우리에게 항상 하늘의 것에 마음을 두라고 했다(골 3:1). 그런데 우린 말로는 천국을 사모한다 하면서도 실은 이 땅의 것들을 너무 즐기려고 한다. 그래서 누군가 말하기를 천국을 가장 갈망하는 사람은 아마 북한 지하 교회의 성도들일 것이라고 했다. 이 땅의 삶에 전혀 미련이 없는 이들에게는 하늘에 대한 갈망이 정말 강렬하기 때문이다. 기도하는 사람은 겉모습만 화려한 세상에 속지 않는다. 기도하는 사람은 항상 영원한 천국에 대한 그리움이 강렬하다.

나라를 다스리려면 힘이 있어야 한다

어떤 정부는 군사적 힘이나 돈을 그리고 국민의 인기를 가지고 나라를 통치하는 힘을 창출해 내지만 이 모든 것에는 영원성이 없다. 세상의 통치자들은 권력은 잡아도 진정한 권세는 가질 수 없다. 권력은 힘으로 압박하는 것이지만 권세는 마음으로부터 존경하고 순종하게 한다. 하나님의 나라는 영원불변한 그분의 권세로 다스려진다. 하나님의 권세는 거룩한 능력으로 입증된다. 예수님이 이 땅에서 사역하실 때 가는 곳마다 하나님의 능력이 드러났다. 벙어리가 말을 하고, 장님이 눈을 뜨고, 앉은뱅이가 일어나고, 귀신이 쫓겨 나가며, 물이 변하여 포도주가 되는 역사들을 통하여 하나님의 능력이 햇살처럼 쏟아졌다.

하나님을 순전한 마음으로 믿는 우리에게도 하나님은 그 권세를 부어주셨다고 했다. 예수님은 이렇게 약속하셨다.

"믿는 자들에게는 이런 표적이 따르리니 곧 그들이 내 이름으로 귀신을 쫓아내며 새 방언을 말하며 뱀을 집어 올리며 무슨 독을 마실지라도 해를 받지 아니하며 병든 사람에게 손을 얹은즉 나으리라" (막 16:17-18).

믿는 우리 모두에게 이 말씀이 능력으로 나타날 것이다. 당신은 하나님의 능력을 의심 없이 믿고 인정하라. 그러면 그 능력이 순식간에 축복의 현실이 되어 당신의 삶에 임할 것이다.

하나님의 영광

영광은 헬라어로 "하나님의 무게, 하나님의 광채, 하나님의 황홀하도록 아름다움"을 의미한다. 원래 인간을 가리켜 쓴 말이 아니다. 나이아가라 폭포 같은 놀라운 대자연도 하나님의 영광을 반사하는 하나의 거울이다. 이 영광은 정확히 눈에 보이게 드러나기도 한다. 예수님이 변화산에서 모세와 엘리야와 함께 서셨을 때 그 모습이 해같이 빛나고 옷이

빛과 같이 희어지도록 변했다. 하나님의 영광이 조금만 드러나도 그 정도다.

그러나 하나님의 영광은 눈에 보이지는 않아도 분명하게 영적으로 느껴지면서 다가오는 때가 있다. 하나님의 충만한 임재, 어루만지심, 아름답고 뜨겁게 기름 부으심을 체험한 적이 있는가? 목회에 뛰어든 지난 20년 동안, 나는 수없이 많은 예배와 소그룹 모임 현장에서 하나님의 강렬한 임재를 체험했다. 도무지 예수님을 믿지 않을 것 같던 사람들이 회개하고 예수님 앞에 나올 때, 도무지 변하지 않을 것 같던 강퍅한 사람들이 조금씩 말씀으로 변해갈 때 입이 떡 벌어진다. 그것은 하나님의 영광의 드러남이다. 미국 교회나 한국 교회의 안타까움은 기적, 하나님의 영광에 대한 감격이 줄어들고 있다는 사실이다. 오히려 중국 지하 교회나 제3세계 교회들은 상황은 열악한데, 초대 교회 때와 같은 초자연적인 기적들을 체험하고 있다. 하나님의 영광이 폭발하고 있고, 거기에 대해 사람들이 믿음으로 반응한다.

아들을 영화롭게 하사 아들로 아버지를 영화롭게 하옵소서

요한은 "영광"(glory)이라는 단어를 18번이나 썼고, "영광 돌리다"라는 동사를 무려 23번이나 썼다. 이것은 다른 어떤 복음서보다 많은 숫자다. 4복음서 중에서 가장 늦게 기록된 요한복음에서 요한은 그 무엇보다도 하나님의 아들, 예수 그리스도의 영광을 강조하고 싶었던 것이다.

보통 우리는 영광이라는 단어를 들으면 무엇을 생각하는가? 피나는 훈련의 결과로 큰 대회의 우승컵을 손에 쥔 스포츠 팀이나, 수많은 유명 인사들이 도열할 가운데 군악대가 연주하는 장엄한 음악이 울려 퍼지고 열광적인 박수갈채를 받으면서 걸어 나오는 제왕의 모습이 아닐까? 그러나 요한이 말하는 영광은 그런 것과는 차원이 달랐다. 왕의 왕이신 예수 그리스도가 보여 주신 영광은 가장 낮고 겸손한 섬김에 있었다. 하늘 높은 보좌를 버리고 낮고 더러운 땅으로 내려오신 그 겸손. 변덕스럽고, 감사할 줄 모르며, 불성실하고, 이기적이고, 독기 어린 죄인들을 참아 주시고 품어 주신 그 인내. 말 한마디면 천군천사를 동원해서 이 땅을 멸망시킬 수 있는 힘을 가지고 있으면서도 묵묵히 그 많은 사람들의 죄를 자신의 어깨에 지고 십자가로 가신 그 사랑. 요한은 바로 그것이야말로 지상의 그 무엇과도 견줄 수 없는 영광의 모습이라고 본 것이다.

그런데 십자가 사건이 영광의 핵심이라고 한다면 "아들을 영화롭게 하사 아들로 아버지를 영화롭게 하옵소서"라는 말은 무슨 뜻일까? 이 것은 십자가 사건이 예수님 혼자 하신 일이 아닌, 아버지와 아들의 합작품임을 말해 준다. 십자가에 못 박히신 예수님만큼이나 아들을 십자가에 죽도록 내어 주신 아버지의 마음이 아프셨음을 우린 알아야 한다. 세상을 이처럼 사랑하사 독생자를 내어 주신 하나님 아버지의 사랑은 아이를 키워 본 사람이면 얼마나 쉽지 않은 일인지 안다.

아버지의 사랑이 있으면 아들의 순종이 있었다. "아버지께서 내게 하라고 주신 일을 내가 이루어 아버지를 이 세상에서 영화롭게 하였사오니"(요 17:4). 예수님의 이 땅에서의 삶을 보면 정말 기가 막힐 정도로 철저하게 하나님 뜻만 순종하며, 하나님의 타임 스케줄에 따라 움직인 부분이셨다. 30년 동안 나사렛에서 이름 없는 목수로서 조용히 보내셨고, 40일 금식기도 후 광야로 가서 시험 받으셨고, 정말 무식하고 자기 개성 강한 제자들을 사랑해 주시고, 십자가를 받아들이는 것까지 하나님의 뜻이면 군소리 없이 즉시로 기쁘게 순종하셨다. 순종이 제사보다 낫다고 했다. 하나님을 영화롭게 하는 도구는 순종이다. 아무리 위대하고 큰 일을 해도 하나님이 원하시는 일을 순종하는 것이 아니면 그것은 무의미한 것이다. 반대로 아무리 하찮고 보잘 것 없는 일 같아도 당신이 하나님의 뜻을 순종하고 있으면 당신은 하나님께 영광 돌리고 있는 것이다.

십자가는 승리의 영광이다

우린 보통 십자가 하면 슬퍼하면서 예수님을 동정하기까지 감정적이 되기 쉬운데, 성경은 특히 요한복음은 십자가의 비극적인 측면보다는 십자가의 영광을 강조한다. 왜일까? 십자가는 끝이 아니었기 때문이다. 그것은 새벽을 준비하는 어둠처럼 부활을 예비하는 준비 작업이었을 뿐이다. 예수님은 이렇게 기도하셨다.

"아버지여 창세 전에 내가 아버지와 함께 가졌던 영화로써 지금도 아버지와 함께 나를 영화롭게 하옵소서" (요 17:5).

십자가를 통해 예수님은 사탄의 세력에 결정타를 가하시고, 승리의 왕이 되셨다. 그것은 인류의 영원한 운명을 바꿔 버렸다. 죽음을 이기고 부활하심으로써 다시 하나님 보좌 오른 편에 앉으실 주님은 창세 전에 아버지와 함께 가졌던 영광의 자리에 컴백하셨다.

우리에겐 다 감당해야 할 십자가가 있다. 십자가는 하나님이 내 인생에 주신 어떤 사명을 위해 치러야 할 대가다. 각자의 십자가는 우리의 시간, 재주, 돈, 관계, 생명까지도 아낌없이 불사를 것을 요구한다. 그것이 아무리 힘들고 어려운 길이라 할지라도 하나님의 뜻이기 때문에 우린 순종해야 한다. 순종하면 십자가를 통해 하나님의 영광이 드러났듯이, 우리의 삶을 통해서도 하나님의 크신 영광이 드러날 것이다.

하나님 영광이 전제되어야 인간을 위한 기도가 열린다

주님의 '대제사장 기도'의 첫 도입부는 주님 자신을 위한 기도였다. 그 핵심 주제는 하나님의 영광이었다. 예수님의 영광의 극치는 바로 십자가였고, 하나님의 리듬에 맞춰 사시던 주님의 인생의 절정도 십자가였다. 그 십자가는 우리에게 영원한 생명을 주었다. 아담의 죄로 인해 망가졌던 인류의 영적 운명을 다시 창조 이전의 영광으로 회복시킨 것은 바로 그 십자가였던 것이다.

주님이 대제사장 기도에서 자신의 기도를 제일 먼저 하신 것은 이기적인 행동이 아니다. 하나님의 영광이 전제되어야 인간의 문제의 근본이 풀리기 시작하기 때문이다. 십자가가 기초가 되어야 참되고 거룩한 인간관계의 지평이 열리기 때문이다. 보혈의 능력이 아니고는 그 어떤 사람도 사랑하고 품어 줄 수가 없다. 십자가가 일단 길을 닦아야 다른 모든 것들이 올 수 있다. 십자가에서 하나님의 영광을 이루실 준비를 하신 뒤에야, 주님은 바로 이 땅에 남겨 두고 갈 제자들을 위한 기도를 하셨다.

그러므로 하나님의 사람들이 드리는 모든 기도의 핵심에는 십자가가 있어야 한다. 무조건 오래, 열심히 기도한다고 되는 것이 아니다. 십자가에 달리신 예수님의 사랑을 온 마음으로 받아들여야 한다. 그 십자가 보혈의 능력이 우리를 완전히 죄의 능력으로부터 자유케 했음을 의심 없이 믿고 선포해야 한다. 그 십자가에 달리신 주님의 영광의 빛을 영혼의 눈으로 바라보고 감탄해야 한다. 우리의 크고 작은 모든 기도가 응답받을 줄 확신하는 것은 예수의 십자가가 하나님과 우리 사이를 연결했기 때문이다. 그렇기 때문에 기도의 세계에 깊이 들어가면 빛나는 십자가의 환상을 보게 된다.

십자가에 못 박히신 주님의 아름다운 모습과 그 영광의 광채가 내가 기도하는 공간 전체를 채우는 것을 나는 몇 번씩 체험한 적이 있다. 십자가의 영광을 경험하면 내 기도 속에 남아 있던 세상적이고 인간적인 독소들이 깨끗이 씻겨 나간다. 나의 언어가 얼어붙고 하늘의 감동이 촉촉이 내 영혼을 적시는 것을 경험하게 된다.

하지만 십자가에서 보여 주신 주님의 영광은 시작에 불과하다. 모든 기도하는 하나님의 백성들이 기다리는 주님의 영광은 다시 오실 주님의 영광이다. 십자가의 주님과 다시 오실 영광의 주님을 우리는 연결해서 보아야 한다. 십자가에서 돌아가심으로써 우리를 향한 하나님의 사랑의 절정을 보여 주신 주님은 이제 곧 이 악하고 더러운 세상을 심판하러 돌아오실 심판의 하나님이시다. 지난 2천년 동안 살았던 전 세계 크리스천들은 다 십자가의 열매로 만들어진 사람들이다. 모든 교회들은 십자가의 사랑과 능력으로 움직여 왔다. 세계 복음화는 십자가의 복음을 지구촌 곳곳에 전달함으로써 이뤄진 것이다. 그 십자가의 영향력으로 만든 역사는 이제 마지막을 향해 치닫고 있다.

인간들은 자신들이 마치 하나님인 것처럼 욕심과 음란과 폭력의 문명을 만들었지만, 하나님은 언제까지 인간들의 방자함을 묵과하지 않으실 것이다. 항상 깨어서 하나님께 기도하는 모든 기도의 사람들은 보이는 세상의 종말과 함께 새 하늘과 새 땅의 시작을 선포하실 주님의 발자국 소리를 듣고 있다. 다시 오실 주님의 영광을 준비하기 위해서, 그리스도의 신부된 하나님의 모든 교회들은 거룩을 회복해야 한다. 새로운 차원의 부흥과 예배의 불길 속에 다시 태어나야 한다. 그리고 벌써 그런 조짐들은 세계 곳곳에서 일어나고 있다. 기도하는 사람들은 모두 그것을 강렬하게 느끼고 있다.

당신도 느끼고 있는가? 하나님의 거대한 영적 쓰나미가 지금 몰려오고 있는 것을 말이다.

자녀를 위한 기도
Prayer

하나님, 여기 하나님이 사랑하는 당신의 아들이 있습니다.
이 아이가 태어난 것이 우연이 아니며,
영원부터 준비된 하나님의 섭리였음을 저는 압니다.
이 아이의 진정한 부모는 제가 아니라 하나님이십니다.
그러니, 하나님께서 이 아이의 평생을 책임져 주십시오.

이 아이에게 다니엘의 결단력을, 요셉의 인내를,
솔로몬의 지혜를, 다윗의 열정을, 모세의 리더십을 주시옵소서.
이 아이가 자라면서 무엇보다도 만남의 축복을 평생 받게 하소서.
좋은 친구, 좋은 스승, 좋은 목사, 좋은 배우자를 만나게 하시고,
만나는 사람마다 이 아이에게 사랑과 존경을 주게 하소서.

이 아이가 남을 이용해서 성공하는 사람이 아니라,
자신의 성공으로 남을 세워 주는 축복의 통로가 되게 하여 주옵소서.
이 아이가 뛰어드는 분야에서 최고의 탁월함을 발휘하게 하시며,
뛰어나지만 남에게 상처를 주지 않는 겸허한 인품을 허락하옵소서.
건강한 육체와 맑은 정신과 깊은 영성을 갖춘 아이가 되게 하옵소서.
21세기 한국에 꼭 필요한 글로벌 인재가 되게 하옵소서.
벽은 허물고, 간극은 메우는 사람이 되게 하시고,
무엇보다도 평생 자기를 의지하지 않고
범사에 하나님께 기도하는 습관이 몸에 배게 하여 주옵소서.

예수님의 이름으로 기도합니다. 아멘.

| 에필로그 |

　이 책의 마무리 글을 쓰고 있는 나는 미국 캔자스 시티의 '국제기도의 집'(IHOP: International House of Prayer)에 와 있다. 1999년 9월 19일, 마이클 비클이라는 비전의 지도자에 의해 시작된 이 기도와 찬양 모임은 그 후 매일 24시간, 매주 7일, 일 년 365일 한 번의 쉼도 없이 계속되어 왔다. 10여 개가 넘는 예배 찬양팀이 2시간씩 교대로 돌아가며 24시간 내내 끊임없이 예배 찬양을 인도한다. 현재 1,100명이 넘은 자원봉사 스태프들에 의해서 움직이는 이 모임에는 전세계에서 매주 평균 2백 명이 넘는 방문자들이 몰려든다.

　그들은 중보와 예배와 치유와 예언의 기도에 헌신하며, 365일을 빼놓지 않고 돌아가며 금식하고, 주님의 복음을 땅 끝까지 전하는 지상명령을 실천하고 있다. 그들은 교회의 머리이신 주님이 다시 오실 때 부끄러움이 없는 신부로 지상 교회가 거룩함을 회복하는 데 온전히 헌신한 사람들이다. 잭 헤이포드, 로렌 커닝햄, 빌 브라이트, 피터 와그너 같은 복음주의 거장들은 모두 IHOP이 지난 10년 동안 전세계 기독교 기도부흥운동에 미친 영향에 대해 아낌없는 찬사를 보냈다. 그러나 IHOP의 사람들은 그들이 이런 기도운동의 효시였다고는 감히 주장하지 않는다. 그들은 신약성경이 기록되기 훨씬 전인 다윗 왕 시대부터 시작하여, 수천 년 기독교 역사 곳곳에서 있었던 기도의 역사를 알고 있다.

3천 년 전, 다윗 왕은 하나님의 법궤가 예루살렘으로 돌아왔을 때 시온산 위에 처소를 예비하고 장막을 쳤다. 그리고 거기에서 이때까지 한 번도 그 유례를 찾아 볼 수 없었던 파격적인 예배를 시작했다. 레위 지파 안에서 수천 명의 찬양자들과 음악가들을 뽑아서 매일 밤낮으로 하나님께 예배드리는 데 헌신하게 한 것이다. 이것이 무려 33년 동안이나 계속되었다고 한다(대상 16:37, 23:5, 25:6-7; 삼하 5:5).

서기 4백년, 콘스탄티노플에서 알렉산더 아키메데스라는 사람은 약 350명 정도의 수사들과 함께 "영원한 찬양"(laus perennis)이라는 모임을 창설했다. "쉬지 말고 기도하라"(살전 5:17)는 바울의 권유를 확실히 실천하겠다는 목표로 시작된 이 모임은 곧 아코메테(Acoemetae: 잠자지 않는 사람들)란 새 수도원 조직의 모체가 되었다. 이들은 6개의 성가대로 나뉘어 매일 교대로 하나님을 찬양하고 예배했는데, 이렇게 함으로써 24시간 동안 한시도 예배와 찬양이 끊이지 않았다고 한다.

Epilogue

1727년, 진젠도프 공작과 모라비안 성도들이 보여 준 기도 운동은 당시 전 유럽에 새로운 부흥의 바람을 일으키며 사람들에게 거룩한 충격을 주었다. 2주일 동안 전에 볼 수 없었던 성령의 강렬한 기름 부으심이 있었고, 24명의 남자들과 24명의 여자들은 매 시간 교대로 중보기도에 임하기로 헌신했다. 그들은 레위기 6장 13절 말씀처럼 "(기도와 예배의) 불은 끊이지 않고 단 위에 피워 꺼지지 않게" 하기를 원했던 것이다. 이 기도 모임은 그 후 백년 동안 단 하루도 멈추지 않고 계속되었고, 이것은 웨슬리의 대부흥 운동을 비롯한 당시 수많은 영적 대각성 운동의 기반이 되었다.

IHOP의 리더들은 기독교 역사의 분수령이 되었던 이런 놀라운 기도 운동의 바톤을 자신들이 이어가고 있다고 믿는다. 특히 내가 이곳에 와서 놀란 것은 IHOP의 찬양팀이나 중보 기도팀 등 모든 스태프들이 대부분 2-30대 젊은이들이며, 10대 청소년들과 초등학생들까지 너무나 많이 뜨겁게 찬양하고 하나님을 예배하고 있다는 사실이었다. IHOP은 주님의 다시 오심을 예비할 다음 세대가 다윗의 영으로 하나님을 뜨겁게 예배하는데 집중하고 있다. 요엘서의 예언처럼 마지막 날에 하나님께서 하나님의 신을 사람들에게 부어 줄 것인데, 그때 어린 "자녀들은 예언할 것이며, 젊은이들은 환상을 보고, 아비들은 꿈을 꾸게 될 것"이다. 오늘날 대부분의 미국 교회들, 그리고 한국 교회도 주일학교 침체현상과 교회 고령화 현상이 심각한데 여기서는 어린 자녀들의 부흥의 불길이 일어나고 있었다.

그리고 특이한 것은 5-6백 평 남짓 될 듯한 IHOP의 기도와 예배의 분위기가 자유함과 평안함, 그리고 조용한 열정으로 채워져 있다는 점이다. 대개 우리 한국의 기도원에 가보면 피를 토하는 듯한 절박함과 울부짖음이 가득하다. 우리의 지난 반세기 역사가 그만큼 힘들었기 때문이기도 하겠지만, 그래서인지 우리는 기도원에 간다하면 마치 죽을 각오를 하고 가듯 비장한 결의로 가는 경우가 대부분이다.

그런데 IHOP에서는 평소에도 늘 다윗의 영으로 자유롭게 기도하고 예배하며, 신부가 신랑을 맞이하듯이 기쁨과 평안함으로 기도할 것을 장려한다. 이 책의 중반부에서 언급했던 것처럼 항상 "기도 모드"에 들어가 살라는 것이다. 그래서일까? 처음 IHOP의 기도실에 들어가 찬양을 들으며 눈을 감았을 때 온몸과 마음으로 느껴지는 것은 평안함이었다. 마치 정글 같은 세상에서 아버지의 품으로 돌아와 잠이 든 어린 아이의 심정. 그것이 바로 기도의 시작이라는 것이다.

기도는 마치 언어를 배우는 것과 같다. 한국에서 명문 대학의 영문과를 나온 사람도 정작 영국이나 미국에 떨어뜨려 놓으면 영어로 평범한 대화 한마디 제대로 못하고 쩔쩔맨다. 영어를 학교에서 문법부터 배웠기 때문이며, 시험 성적을 위해서 배웠기 때문이다. 그러나 영어 한마디 못하는 코흘리개 어린 시절에 영국이나 미국으로 이민 간 꼬마들은 6개월만 있으면 아주 스스럼없이 본토박이 백인 아이들과 대화하며 어울린다. 영어를 몸으로 부딪치면서, 놀면서, 즐기면서 배웠기 때문이다. 문법은 그렇게 영어의 바다 속에 실컷 뛰어논 다음에 차츰 체계를 잡아가며 배우면 된다. 문법과 단어, 주해가 중요하지 않다는 것이 아니다.

Epilogue

다만 영어를 즐기기 전에 그것부터 배우면 경직되어 버린다는 얘기다.

기도도 마찬가지다. 조직적인 신학이나 방법론을 배우면서 기도의 세계에 입문하려면 고통스럽다. 먼저 그냥 하나님 아버지 앞에 나가서 스스럼없이 시작하면 된다. 기도를 즐겨야 한다. "기도하자!"고 하면 즐거워야 하고 편안해야 한다. 한국 교회는 나무뿌리를 뽑는 기도, 사생결단의 필사적 기도, 한 맺힌 눈물의 기도로 유명하다. 그러나 나는 이제 우리도 기도의 기쁨, 기도의 평안함을 한껏 누렸으면 좋겠다. 기도에 대한 두려움을 버리고 아버지 품에 안기는 아이처럼 기도 시간을 기대하고, 즐거워하고, 자연스러워 했으면 좋겠다. 기도하고 나오면서 눈에 눈물자국이 얼룩지는 것도 좋지만 동시에 얼굴에 환한 웃음, 하늘의 기쁨이 충만한 것도 보고 싶다. 바울이 데살로니가서에서 "항상 기뻐하라"는 말과 "쉬지 말고 기도하라"는 말을 한 세트로 붙여 말한 것이 바로 그런 뜻이 아니겠는가?

기도의 세계는 넓고 깊다. 그러나 그것 때문에 기죽거나 압도 당할 필요는 없다. 기도의 세계는 점점 들어가면 갈수록 새롭고 아름다운 감동을 전하기 때문이다. 자기가 할 수 있는 것만큼 경험하면서 모르는 분야로는 하나님의 때가 되면 점점 들어가면 된다. 하나님은 우리의 매순간 기도하는 과정을 100% 즐기시고 축복하신다. 우리의 기도는 평생 미완성 교향곡같이 서툴고 실수가 많을 것이다. 그러나 그렇더라도 한순간도 기도의 끈을 놓지 않는 것이 중요하다. 부족한 것을 너무 의식하지 말고, 겸손히 마음 문을 열어 놓고 있으면 하나님이 우리 인생의 순간순간마다 우리 기도의 부족한 부분들을 채워 주실 것이다.

신앙이란 하나님과 우리 사이의 영원한 사랑 이야기이며, 기도는 하나님과 우리 사이의 끝없는 러브레터다. 아침에 잠에서 깰 때 나는 제일 먼저 하나님의 이름을 부르며 나의 사랑을 고백하며 하루를 시작한다. 하루 종일 차에서나 사무실에서나 혼자 있는 시간에는 시도 때도 없이 하나님께 내 마음을 쏟아 놓는다. 커피의 은은한 향기를 즐기면서 아내에게도 차마 하지 못한 이야기들을 스스럼없이 하나님께 다 풀어 놓는 것이다. 하늘과 땅을 다스리시는 그분이 태산같이 내 뒷배경이 되어 주시는 까닭에 나는 세상 누구 앞에서도 서럽거나 기죽지 않는다. 밤에 자기 전에 베개에 머리를 대고 힘들었던 하루의 이야기를 하면서 잠이 든다. 꿈속에서도 나는 하나님의 꿈을 꾸고 싶다. 언젠가 이 세상을 떠나야 할 때도 나는 기도하면서 잠자듯이 그렇게 하나님 나라로 가고 싶다.

세계 복음화와 주님 다시 오시는 그 감격의 날은 이제 멀지 않았다. 역사의 시계 바퀴는 이제 거의 자정을 가리키고 있다. 전세계의 기도하는 사람들은 모두 그것을 느끼고 있다. 오랫동안 기다려 왔던 신랑과의 첫날밤을 눈앞에 둔 신부처럼 우리 모든 하나님의 자녀들의 가슴은 흥분으로 뛰고 있다. 그렇기 때문에 세상이 아무리 힘들어져도 기도하는 사람들은 절망하지 않는다. 이 슬픔과 폭력과 혼란의 역사 속을 뚫고 한 줄기 혜성처럼 달려오시는 그분의 발자국 소리를 듣기 때문이다. 우리는 기도로써 하늘의 능력을 다운로드 받고 사는 사람들이다. 기도할 수 있다는 것은 이 세상 최고의 축복인 것이다.

사명선언문

너희가 흠이 없고 순전하여……세상에서 그들 가운데 빛들로
나타내며 생명의 말씀을 밝혀 _ 빌 2:15-16

1. 생명을 담겠습니다
만드는 책에 주님 주신 생명을 담겠습니다.
그 책으로 복음을 선포하겠습니다.

2. 말씀을 밝히겠습니다
생명의 근본은 말씀입니다.
말씀을 밝혀 성도와 교회의 성장을 돕겠습니다.

3. 빛이 되겠습니다
시대와 영혼의 어두움을 밝혀 주님 앞으로 이끄는
빛이 되는 책을 만들겠습니다.

4. 순전히 행하겠습니다
책을 만들고 전하는 일과 경영하는 일에 부끄러움이 없는
정직함으로 행하겠습니다.

5. 끝까지 전파하겠습니다
모든 사람에게, 땅 끝까지, 주님 오시는 그날까지
복음을 전하는 사명을 다하겠습니다.

서점 안내

광화문점 서울시 종로구 새문안로 69 구세군회관 1층
02)737-2288 / 02)737-4623(F)

강남점 서울시 서초구 신반포로 177 반포쇼핑타운 3동 2층
02)595-1211 / 02)595-3549(F)

구로점 서울시 동작구 시흥대로 602, 3층 302호
02)858-8744 / 02)838-0653(F)

노원점 서울시 노원구 동일로 1366 삼봉빌딩 지하 1층
02)938-7979 / 02)3391-6169(F)

일산점 경기도 고양시 일산서구 중앙로 1391 레이크타운 지하 1층
031)916-8787 / 031)916-8788(F)

의정부점 경기도 의정부시 청사로47번길 12 성산타워 3층
031)845-0600 / 031)852-6930(F)

인터넷서점 www.lifebook.co.kr